职业教育财经类
"十二五"规划教材

基础统计实务

The Practice of Basic Statistics

惠亚爱 主编

周洁 达航行 潘剑锋 孟沙沙 副主编

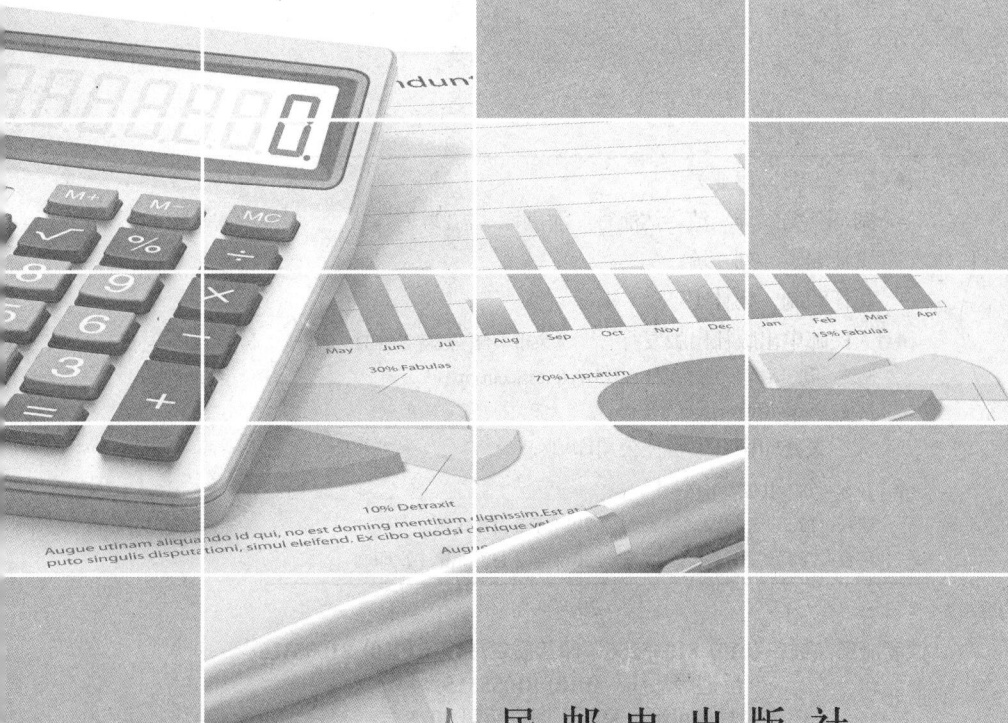

人民邮电出版社

北京

图书在版编目（CIP）数据

基础统计实务 / 惠亚爱主编. -- 北京：人民邮电
出版社，2014.2
职业教育财经类"十二五"规划教材
ISBN 978-7-115-33935-5

Ⅰ. ①基… Ⅱ. ①惠… Ⅲ. ①统计学－高等职业教育
－教材 Ⅳ. ①C8

中国版本图书馆CIP数据核字(2013)第303672号

内 容 提 要

统计学是经济管理类各专业的核心课程之一，本书主要介绍了统计学的对象、方法、过程及应用。全
书包括统计概述、统计数据的搜集、统计数据的整理与显示、综合指标分析法、动态数列分析法、统计指
数分析法、抽样推断分析法、相关分析与回归分析法及 Excel 在统计分析中的应用九部分内容。

本书结构严谨，体系完整；语言简练，注重实用；既适合高职高专院校财会、管理、营销、经济等专
业的师生使用，也适合培训学校学员以及广大从业人员阅读。

◆ 主　编　惠亚爱
　　副主编　周　洁　达航行　潘剑锋　孟沙沙
　　责任编辑　刘　琦
　　责任印制　杨林杰

◆ 人民邮电出版社出版发行　　北京市丰台区成寿寺路 11 号
　　邮编　100164　　电子邮件　315@ptpress.com.cn
　　网址　http://www.ptpress.com.cn
　　大厂聚鑫印刷有限责任公司印刷

◆ 开本：787×1092　1/16
　　印张：12.5　　　　　　　　2014 年 2 月第 1 版
　　字数：288 千字　　　　　　2014 年 2 月河北第 1 次印刷

定价：29.80 元

读者服务热线：(010) 81055256　印装质量热线：(010) 81055316
反盗版热线：(010) 81055315
广告经营许可证：京崇工商广字第 0021 号

前 言
Preface

统计基础是经济、管理类学科各专业的基础课程，也是核心课程之一。这是一门定量研究社会经济现象的方法论学科。市场经济的不断发展和市场经济体制的不断完善，越来越要求从事经济工作的人员能迅速提高管理水平和业务素质，以适应变化迅猛、竞争激烈的市场经济的新形势。掌握统计学科中的定量分析方法，是对市场经济进行科学分析和正确决策的必要条件之一。统计学课程的一个重要特点和基本要求是理论必须密切结合实践，所以它又是一门提高我们分析和解决问题能力的应用性学科。

本书针对高职学生的特点，阐述统计基础的基本知识，注重学生基本技能的培养和训练。本书具有如下特点。

1. 结构严谨，体系完整

本书包括统计概述、统计数据的搜集、统计数据的整理与显示、综合指标分析法、动态数列分析法、统计指数分析法、抽样推断分析法、相关分析与回归分析法和 Excel 在统计分析中的应用共九部分内容。

项目一简要介绍了统计的含义、作用，统计研究的对象、方法、过程与应用等统计学中的一些基本概念；项目二主要介绍了统计数据的搜集方法，包括调查数据的获取和调查问卷的设计；项目三主要介绍了统计数据的整理与显示；项目四主要介绍了综合指标分析法，包括总量指标、相对指标、平均指标及变异指标；项目五主要介绍了动态数列分析法，包括时间数列的编制、时间数列的水平指标、速度指标等；项目六主要介绍了统计指数分析法，包括统计指数及其种类、总指数的编制与应用、指数体系与因素分析等；项目七主要介绍了抽样推断分析法，包括抽样推断的一般问题、总体指标的推断和样本容量的确定等；项目八介绍了相关分析与回归分析法，主要包括相关分析的意义和内容、相关关系的测定及一元线性回归分析；项目九重点介绍了 Excel 在统计分析中的应用。

2. 理念先进，体例新颖

根据职业教育的目标，本书把培养学生的综合能力作为人才培养的重点，采用了项目教学、任务驱动的先进理念；本书每部分按照学习目标、案例导入、基本知识、练习题、项目总结、技能训练的顺序编排，使教材体例活泼新颖，趣味性强，有利于提高学生学习的兴趣。

3. 语言简练，注重实用

本书在写法上力求概念准确、重点突出、简明扼要、深入浅出、通俗易懂，不着重于理论公式的推导和论证，而是以数学理论的应用为主，以够用、会用为度。

本书由陕西邮电职业技术学院的惠亚爱教授统稿并编写了项目二和项目三；陕西邮电职业技术学院的周洁老师编写了项目四和项目六；陕西财经职业技术学院的达航行老师编写了项目五和项目八；浙江邮电职业技术学院的潘剑锋老师编写了项目七和项目九；吉林科技职业技术学院的

孟沙沙老师编写了项目一。

本书可供高职高专学生使用，也可作为企业各类管理人员培训和自学参考的读物。

由于编者水平和经验有限，书中难免有欠妥和错误之处，恳请读者批评指正。

编　者
2013 年 8 月

目 录
Contents

项目一

统计概述

学习目标

◆ 领会统计的含义、产生与发展、特点
◆ 理解统计学的研究对象、研究过程、研究方法及其在经济社会中的重要应用
◆ 掌握统计总体、单位、标志、指标、指标体系等常用的基本概念

案例导入

2009 年 3 月 28 日，利用"Google"搜索引擎对因特网有关包含"统计"的网页进行搜索，得到的结果是：包含"统计"这一词汇的所有网页有 282 000 000 项（其中包括 142 000 000 项中文网页），包含"金融危机"这一热门词汇的网页有 25 400 000 项（其中包括 7 890 000 项中文网页），前者是后者的 11 倍多。

在瑞典皇家科学院负责颁发的诺贝尔经济学奖项中，历届获奖者的研究成果有三分之二以上都与统计和定量分析有关。因此，著名经济学家萨缪尔森在经典教科书《经济学》（第 12 版）中特别提到："在许多与经济学有关的学科中，统计学特别重要。"

美国杜邦公司的前 CEO 理查德森曾经指出："现代公司的许多方面是根据统计数据进行科学决策的。"

1980 年，首届国际《红楼梦》研讨会在美国召开，威斯康星大学的陈炳藻教授独树一帜，宣读了一篇题为《从字汇上的统计论〈红楼梦〉的作者问题》的论文。他从字词出现的频率入手，通过计算机统计分析，对《红楼梦》后 40 回系高鹗所著的流行看法提出质疑，认为整个 120 回合均出自曹雪芹之手。

本书专门阐述如何对现象（特别是经济现象）进行数据搜集、数据整理以及数据分析的理论和方法。我们将在本项目介绍统计的研究对象与基本研究方法。

1.1 | 统计的含义和作用

本任务主要介绍统计的含义、作用，为后续学习统计知识奠定良好的基础。

1.1.1 统计的含义

"统计"一词从字面上理解，是对大量事物的数量进行汇总和计数，即"统而计之"的意思。后来，从反映社会活动方面理解，"统计"一词延伸为用数字反映现象，表明统计还有用数字说明问题的作用。现代的"统计"一词，可以从三个不同方面理解，一般包括统计工作、统计资料和统计学。

● 统计工作，指具体从事统计设计、资料搜集、整理，并进行分析研究、预测和提供各种统计资料和统计咨询的实践活动的总称。

● 统计资料，指在统计工作过程中所获得的各种有关数字资料以及与之相联系的各种变动规律。它的表现形式为各种统计表、统计图、统计报告、统计年鉴及其他有关统计数字信息的载体等。其内容是反映社会经济现象的规模、水平、速度、结构、比例关系、变动规律等数字或文字资料。

● 统计学，是指阐述统计理论和方法的学科体系。从广义上讲，统计学是包括自然科学和社会科学在内的统计科学理论的总和。而本书则专门阐述作为社会科学分支的统计学理论和方法，也可称为社会经济统计学，主要论述如何对社会经济现象进行统计设计、调查、整理和分析统计资料的理论和方法。

以上所述统计一词的三种含义是有着密切联系的。统计资料是统计工作的成果，统计学则是统计工作和统计资料的理论概括，而统计学形成的理论则对统计工作起着指导作用。统计工作一方面受统计理论指导，另一方面也检验着统计理论的正确与否，促进统计理论的不断发展。统计学与统计工作、统计资料之间的关系表明，理论既来源于实践，又反过来为实践服务，被实践检验，体现着理论与实践辩证统一的关系。

1.1.2 统计的作用

（1）统计是制定计划、实行宏观调控的基础

我国是社会主义国家，实行社会主义市场经济体制，对国民经济和社会发展仍须实行一定的计划管理，从基层单位直到整个社会都要制定计划，以指导经济建设和文化事业的发展。这就必须以正确的统计资料为依据，使计划工作建立在科学可靠的基础上。计划制定之后还要进行监督、检查，搞好经济预测，进行宏观调控，这些也要以统计为依据。

（2）统计是制定政策的依据

各级党政领导机关在制定政策、方针时，都必须根据具体情况，从实际出发。如果离开了对实际情况的了解，想当然地制定政策，其后果是不可想象的。任何事物都是质与量的辩证统一，从数量方面了解并掌握具体情况是制定政策时所必须注意的。正如毛泽东同志所说："对情况和问题一定要注意到它们的数量方面，要有基本的数量分析……我们有许多同志至今不懂得注意事物的数量方面，不懂得注意基本的统计、主要的百分比，不懂得注意决定事物质量的数量界限，一切都是胸中无'数'，结果就不能不犯错误。"（毛泽东：《党委会的工作方法》）

（3）统计是实行管理的手段

从社会发展而言，社会分工越来越细，生产技术不断进步，这就要求管理适应这种要求。社会主义社会是一个包含多部门、多层次的有机整体，各级领导要善于从错综复杂且多变的经济联系中，抓住主要环节，对瞬息万变的经济情况及时做出反应，这就需要各方面迅速而准确地提供信息。统计信息是各种信息的中心，是最重要的一种信息。因此，无论是宏观经济规划、管理、协调和平衡，还是微观管理、指挥调度和组织，都一刻也离不开统计。各级统计机构必须及时而有效地提供统计信息、提供咨讯、实施监督、参与监督，这是各级党政领导机关实施管理所不可或缺的。

（4）统计是科学研究的工具

自然科学研究自然现象的主要方法是科学试验，可通过人为创造条件和控制，使其反复发生，进行观察、试验，其中要用到数理统计方法。社会科学的统计则是社会科学研究的主要工具。因为社会科学研究的对象是社会现象，对它不可能完全人为地加以控制和模拟，只能将某种社会经济现象的发生和发展忠实地"记录"下来，然后进行统计分析研究，得出结论。社会科学的各学科的研究需要借助于"记录"事实的统计资料，进行分析比较研究，才能得到发展。

练习题

一、判断题（将"√"或"×"填在题后的括号里）

1. "统计"是对大量事物的数量进行汇总和计数。（   ）
2. 统计工作指具体从事统计设计、资料搜集和资料整理工作的总称。（   ）
3. 统计是制定计划、实行宏观调控的基础。（   ）
4. 综合指标是用来描述统计学的核心内容。（   ）

二、单选题

1. 统计的主要特点是（   ）。

    A. 社会性，总体性   B. 总体性，数量性，具体性

    C. 具体性，总体性   D. 数量性，总体性

2. 社会经济统计现象形成总体的必要条件是（　　　）。

    A. 总体单位的大量性　　　　　　　　B. 总体单位间的同质性

    C. 总体单位间的差异性　　　　　　　　D. 总体单位的社会性

3. 对某城市工业企业未安装设备进行普查，总体单位是（　　　）。

    A. 工业企业全部未安装设备　　　　　　B. 工业企业每台未安装设备

    C. 每个工业企业的未安装设备　　　　　D. 每一个工业企业

4. 已知某位教师的工龄是 15 年，这里的"工龄"是（　　　）。

    A. 变量　　　　　　B. 指标　　　　　　C. 品质标志　　　　　　D. 数量标志

5. 以产品等级来反映某种产品的质量，则该产品的等级是（　　　）。

    A. 数量标志　　　　　B. 数量指标　　　　　C. 品质指标　　　　　D. 品质标志

三、多选题

1. 在全国人口普查中（　　　）。

    A. 全国人口总数是统计总体　　　　　　B. 每一户是总体单位

    C. 人的年龄是变量　　　　　　　　　　D. 性别男或女是品质标志表现

    E. 人口的平均寿命是统计指标

2. 下列变量属于连续变量的是（　　　）。

    A. 某高校学生总数　　　　　　　　　　B. 身高

    C. 某企业固定资产总额　　　　　　　　D. 城乡居民储蓄存款余额

    E. 某市发生的交通事故总数

3. 下列各项中，属于统计指标的有（　　　）。

    A. 某企业总资产额 2000 万元　　　　　B. 某学生统计学考试成绩 85 分

    C. 某地区国民生产总值 150 亿元　　　　D. 某居民户的人均支出 500 元／月

    E. 某市年末就业人口数

1.2　统计研究的对象、方法、过程及应用

本任务主要介绍统计研究的对象、方法、过程及在社会经济中的重要应用。

1.2.1　统计的研究对象

    统计、统计学是从研究社会经济的数量方面开始的，随着统计实践的发展，统计方法的不断完善，统计学得以不断发展。这种理论与实践的关系，决定了统计学与统计工作的研究对象最终是一致的，都是社会经济现象总体的数量方面，即在质与量的辩证统一中研究大量社会经济现象总体的数量，反映社会经济现象发展变化规律在具体时间、地点和条件下的数量表现，揭示事物的本质、相互联系、变动规律和发展趋势。但它们又有区别：统计工作是从实践中研究具体的社

会经济现象发展规律；统计学则是从理论角度为统计工作提供数量研究和认识规律的科学方法，包括指导统计工作的原则、统计过程所应用的核算和分析方法及组织方法。其核心内容是数据的搜集、整理、归纳、分析的原理和方法，这些方法论构成了统计学的科学体系。所以统计学就其性质来说，是研究如何搜集数据、分析数据，以便从中做出正确推断的方法论科学。

1.2.2　统计的特点

（1）总体性

统计的研究对象不是个体现象的数量方面，而是许多个体现象构成的总体的数量方面。例如，进行城镇居民家庭调查的目的不在于了解个别居民家庭的生活状况，而是要反映一个城市、一个地区、一个部门的居民收入水平、收入分配、消费水平消费结构等。当然，统计研究又必须从个体入手，如居民家庭调查必须先从了解每个家庭的情况开始，然后经过分组、汇总，过渡到对城镇居民家庭总体特征的了解与认识。在认识和研究方法上遵循个体到总体的路径。

（2）数量性

统计的研究对象是社会经济现象的数量方面，即用大量数字资料说明现象的规模、水平、现象间的数量关系，以及决定现象质量的数量界限等。统计研究对象的数量性，是区别于其他社会经济调查研究活动的根本特点。必须指出的是，统计对现象数量方面的认识，是与现象的质紧密结合在一起的，是以定性认识为基础，遵循定性—定量—定性的科学认识规律。例如，要了解和研究工业增加值的数量及其变化，首先必须了解工业增加值的概念，然后才能根据这种认识去确定工业增加值的口径、范围和计算方法。

（3）具体性

统计工作研究的总体数量是一个有具体时间、具体地点、具体条件限定的数值。例如，利润额 900 万元，在统计看来，它只是一个毫无意义的抽象数量。如果说 2008 年 9 月某企业利润额为 900 万元，这就是统计中所说的具体数量了。可见具体性就是指在时间、地点、条件三方面有着明确的规定性。

统计固然是研究具体的数量，但为了进行复杂的定量分析，还需要借助抽象的数学模型和数理统计方法，遵循一定的数学规则。因此说统计中对具体的数量研究需要密切联系抽象的数学方法。以抽象方法为手段，以具体数量为目的，体现了统计中具体和抽象的辩证关系。

1.2.3　统计的研究方法

统计是一门方法论科学，它提供对社会经济现象调查研究的理论、原则和方法。由于统计研究具有多阶段性，每个阶段都有许多特定的统计方法，归纳起来主要有以下几种基本方法。

（1）大量观察法

大量观察法是指对所研究现象总体中的足够多数的个体单位进行观察，以期认识具有规律性的总体数量特征的方法，如统计报表、普查等。由于社会经济现象是在诸因素的综合作用下形成的，各单位的特征及表现有很大差别，不能只对少数单位进行调查。只有调查足够多的单位，才能从中认识客观现象的规律性。大量观察法主要用于统计调查阶段。

（2）统计分组法

由于所研究现象本身的复杂性、差异性及多层次性，需要我们对所研究现象进行分组或分类研究，以期在同质的基础上探求不同组或类之间的差异性。统计分组在整个统计活动过程中都占有重要地位，在统计调查阶段可通过统计分组法来搜集不同类的资料，并可使抽样调查的样本代表性得以提高（即分层抽样方式）；在统计整理阶段可以通过统计分组法使各种数据资料得到分门别类的加工处理和储存，并为编制分布数列提供基础；在统计分析阶段则可以通过统计分组法来划分现象类型、研究总体内在结构、比较不同类或组之间的差异（显著性检验）和分析不同变量之间的相关关系。

（3）综合指标法

统计研究现象的数量方面的特征是通过统计综合指标来反映的。所谓综合指标，是指用来从总体上反映所研究现象数量特征和数量关系的范畴及其数值，常见的有总量指标、相对指标、平均指标和标志变异指标等。综合指标法用来描述统计学的核心内容。如何最真实客观地记录、描述和反映所研究现象的数量特征和数量关系，是统计指标理论研究的一大课题。

（4）统计模型法

在以统计指标来反映所研究现象的数量特征的同时，我们还经常需要对相关现象之间的数量变动关系进行定量研究，以了解某一（些）现象数量变动与另一（些）现象数量变动之间的关系及变动的影响程度。在研究这种数量变动关系时，需要根据具体的研究对象和一定的假定条件，用恰当的数学方程来进行模拟，这种方法就叫做统计模型法。

（5）统计推断法

在统计认识活动中，我们所观察的往往只是所研究现象总体中的一部分单位，掌握的只是具有随机性的样本观察数据，而认识总体数量特征是统计研究的目的，这就需要我们根据概率论和样本分布理论，以一定的置信标准，由样本观测数据来推断总体数量特征。这种由样本来推断总体的方法就叫统计推断法。它可以用于总体数量特征的估计，也可以用于对总体某些假设的检验，所以在统计研究中应用很广泛，已成为现代统计学的基本方法。

以上五种方法相互联系，相辅相成，构成了一个完整的统计研究方法体系。

1.2.4　统计的研究过程

就一次完整的统计研究活动来讲，一般要经过统计设计、统计调查、统计整理和统计分析四个阶段。

（1）统计设计阶段

统计设计是对统计活动各个方面和各个环节所做的通盘考虑和合理安排，如确定调查对象、设计指标体系、编制分类目录、制定调查、整理和分析方案等。优秀的统计设计是科学、有效地组织统计研究活动的前提。

（2）统计调查阶段

统计调查就是根据一定的目的，通过科学的调查方法，搜集社会经济现象的实际资料的活动，主要有统计调查方案的设计等。此为统计工作过程的第一阶段，实现统计设计的第一步，是认识客观经济现象的起点，也是统计整理和统计分析的基础。

（3）统计整理阶段

统计整理是对调查来的大量统计资料加工整理、汇总，使之系统化、条理化，成为能够说明总体特征的综合资料的过程。它是统计工作过程的第二阶段，既是统计调查的继续，又是统计分析的前提，起着承前启后的作用。

（4）统计分析阶段

统计分析是将加工整理好的统计资料加以分析研究，采用各种分析方法，计算各种分析指标，来揭示社会经济过程的本质及其发展变化的规律性，这是统计工作的第三阶段，通过第三阶段，对事物由感性认识上升到理性认识。

统计研究过程的四个阶段并不是孤立、截然分开的。它们是紧密联系的一个整体，其中各个环节常常是交叉进行的。例如，小规模的调查，常把调查和整理结合起来，在统计调查过程中就有对事物的初步分析，在整理和分析过程中仍须进一步调查，如图 1-1 所示。

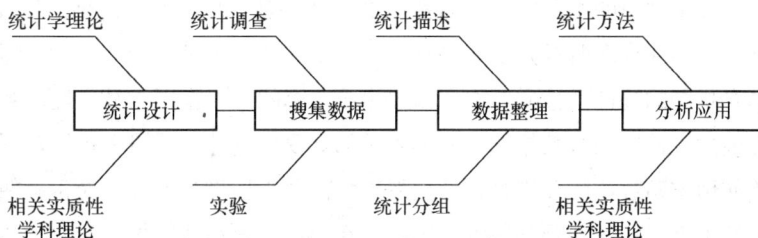

图 1-1　统计研究的过程描述

1.2.5　统计在社会经济中的应用

统计学是一种关于数据的方法论。它指导人们应用自然科学领域、工程技术科学领域、社会经济领域的数据去研究本领域的问题。

本课程是在普通高等学校经济学、管理学学科开设的一门共同课，它自然应当着重阐述怎样应用统计学的理论方法，通过社会经济数据，去研究社会经济领域中的问题。因此，我们现在所开设的"统计学"课程，说得更具体些，应当把它叫做"社会经济领域中的统计学"。

在统计学的历史发展过程中形成了两个基本分支。第一个分支是在 17 世纪由"政治算术学派"的代表人英国人威廉·配第（William Petty，1623—1687 年）开创的，当时叫作"政治算术"，后来改称"统计学"。这个分支的主要内容是通过编制适当的统计指标体系来描述社会经济发展状况。为此，各国政府都建立了专门的机构，每年收集社会经济数据，计算并公布本年的统计指标数字。第二个分支是 19 世纪末形成的以概率论为理论基础的统计学，称为"数理统计学"，并且也叫作"统计学"。这个分支的主要内容是研究怎样通过数据（样本）去推断不确定性现象的未知特征。

我国统计学界曾广泛使用过"社会经济统计学"这一名称。它属于上述"政治算术统计学"的范畴。20 世纪 80～90 年代国内出版的各种版本的《社会经济统计学原理》，以及旨在描述社会与经济各部门运行情况的各种统计学教材（如《经济统计学》、《工业统计学》、《农业统计学》、《商业统计学》、以介绍社会统计指标体系为主要内容的《社会统计学》等）反映了"社会经济统计学"的基本内容。

我们现在所说的"社会经济领域中的统计学"，除了包括上面所说的"社会经济统计学"之外，还包括将数理统计学应用到社会经济领域，通过社会经济数据来研究社会经济领域的不确定性问题。

用数理统计学理论方法来处理社会经济数据，研究社会经济领域中的事情，需要首先回答两个基本问题：一是这样做是否合理，也就是说，能不能做；二是怎样使用社会经济数据，也就是说，怎样做。

之所以提出第一个问题，是因为数理统计学是在自然科学和工程技术科学的土壤中形成和发展起来的，这种领域中现象的不确定性，通常是由"自然力"的作用形成的；然而，社会经济领域中现象的不确定性，在许多时候是由人的自主行为造成的。于是会问：后一种情形下的不确定性是否与前者具有相同的统计学性质？之所以提出第二个问题，是因为社会经济数据几乎都属于调查数据，前面说过，使用调查数据的时候，须采用必要的统计学手段来控制数据发生的条件。换句话说，正确使用实验数据的关键是在数据发生之前科学地设计实验。而正确使用调查数据的关键则是在数据发生之后科学地处理数据。因此，在使用社会经济数据的时候，要讨论专门针对调查数据的一些特有的统计学问题。

练习题

一、判断题（将"√"或"×"填在题后的括号里）

1. 统计就其性质来说，是研究如何收集数据、分析数据，以便从中做出正确推断的方法论科学。（　　　）

2. 总体数量是一个有具体时间、具体地点、具体条件限定的数值。（　　　）

3. 综合指标常见的有总量指标、相对指标、平均指标和变异指标。（　　　）

4. 大量观察法主要用于统计调查阶段。（　　　）

二、单选题

1. "统计"一词的基本含义是（　　　）。

　　A. 统计调查、统计整理、统计分析　　B. 统计设计、统计分组、统计计算

　　C. 统计方法、统计分析、统计预测　　D. 统计科学、统计工作、统计资料

2. 调查某大学 2 000 名学生学习情况，则总体单位是（　　　）。

　　A. 2 000 名学生　　　　　　　　　　B. 2 000 名学生的学习成绩

　　C. 每一名学生　　　　　　　　　　　D. 每一名学生的学习成绩

3. 统计指标按其说明的总体现象的内容不同，可以分为（　　　）。

　　A. 基本指标和派生指标　　　　　　　B. 数量指标和质量指标

　　C. 实物指标和价值指标　　　　　　　D. 绝对数指标、相对数指标和平均数指标

4. 统计学的基本方法包括（　　　）。

　　A. 调查方法、整理方法、分析方法、预测方法

　　B. 调查方法、汇总方法、预测方法、实验设计

　　C. 相对数法、平均数法、指数法、汇总法

　　D. 实验设计、大量观察、统计描述、统计推断

三、多选题

1. 统计学的研究方法主要有（　　　）。

　　A. 实验设计　　　　　　B. 大量观察　　　　　　C. 统计分组

　　D. 综合分析　　　　　　E. 统计推断

2. 统计学研究对象的特点可以概括为（　　　）。

　　A. 社会性　　　　　　　B. 数量性　　　　　　　C. 总体性

　　D. 同质性　　　　　　　E. 具体性

3. 统计工作过程包括（　　　）。

　　A. 统计设计阶段　　　　B. 统计调查阶段　　　　C. 统计整理阶段

　　D. 统计分析阶段　　　　E. 统计汇总阶段

4. 统计职能有（　　　）。

　　A. 信息职能　　　　　　B. 咨询职能　　　　　　C. 监督职能

　　D. 决策职能　　　　　　E. 协调职能

1.3 统计学中的一些基本概念

本任务主要介绍统计学的几个基本概念，使学生掌握几个基本概念的含义，为后续学习统计知识做好铺垫。

1.3.1 统计总体、总体单位和样本

(1) 统计总体

统计是研究客观现象总体的数量特征和数量关系。首先要对统计总体要有明确的认识。

统计总体就是根据一定目的确定的所要研究事物的全体。它是由客观存在的、具有某种共同性质的许多个别事物构成的整体（集合体），简称总体。例如，我们要研究全国乡镇工业企业发展情况，全国的乡镇工业企业就组成为一个总体。这些乡镇工业企业尽管资产规模、产品品种、技术力量、设备状况、经济效益等各不相同，但它们都是乡镇企业，都是工业生产单位，向社会提供工业产品或劳务服务，在这方面具有共同性，或称同质性，是统计总体赖以形成的客观基础。

总体具有以下三个特征。

① 大量性

总体的大量性，是指总体应该由许多足够数量的同质性单位构成，而不能只有个别或少数单位。这是因为研究总体数量特征的目的是要揭露现象的规律性。而事物的规律性，特别是社会经济现象的规律性只有在大量现象的汇总综合中才能显示出来，个别单位的现象有很大的偶然性，而大量现象的总体则相对稳定，表现出共同性的倾向，这就是现象的必然性。

根据总体大量性的特点，总体可以分为有限总体和无限总体两类。无限总体是指包括的单位很多，以至无限的总体。例如，我们要研究海洋鱼类，海洋鱼类就是无限总体。又如在一条自动化加工的连续生产线上制造某种零件，这些零件可以被假定为永远不停地被制造出来，也属于无限总体。有限总体规模和范围相对较小，是由有限个单位事物构成的总体。例如某市工业企业组成的总体，高等学校在校学生组成的总体。社会经济统计中，大多数属于有限总体，可以采用全面调查，也可以用非全面调查。对无限总体，只能采用抽样调查来推断总体的情况。

② 同质性

总体的同质性，是指构成总体的各个单位至少具有同一个性质，它是将总体各单位结合起来的基础也是总体的质的规定性。

同质性又是相对的，它是根据研究目的而定的，目的不同确定的总体就不同。例如研究企业职工的工资水平，全体企业职工构成总体，凡属企业职工都是同质的。但如果研究困难职工的工

资水平, 并确定困难线在年工资 5000 元以下, 那么工资水平在这个界限上下的职工就属于不同质的了。

③ 变异性

总体各个单位除了具有某种或某些共同的性质以外, 在其他方面则各不相同, 具有质的差别和量的差别, 这种差别称为变异。正因为变异是普遍存在的, 才有必要进行统计研究, 是统计的前提条件。总体中各个单位之间具有变异性的特点, 这是由于各种因素错综复杂作用的结果, 所以有必要采用统计方法加以研究, 才能表明总体的数量特征。

(2) 总体单位

构成总体的每一个事物或基本单位就是总体单位, 也称个体 (元素)。原始资料最初就是从各个总体单位取得的, 所以总体单位是各项统计数字最原始的承担者。例如, 研究某个工业部门的生产情况时, 该工业部门的所有工业企业可以作为一个总体, 每个工业企业则是总体单位, 将每个工业企业的某些数量特征加以登记汇总, 就取得该工业部门的统计资料。

总体和总体单位是相对而言的, 根据研究目的的不同, 同一事物在不同情况下, 可以作为总体, 也可以作为总体单位。

(3) 样本

从某个总体中抽取部分单位所组成的整体, 称为样本。样本中个体的数目称为样本容量。一般情况 (不同领域标准不一) 下, 样本中个体的数目大于 30 称为大样本; 样本中个体的数目小于或等于 30 称为小样本。在有些情况下, 大样本和小样本所用的统计处理方法不一样。

1.3.2 标志和标志表现

(1) 标志

标志是反映总体各单位属性和特征的名称。每个总体单位从不同方面考察都具有许多属性和特征。例如, 每个工人都具有性别、工种、文化程度、技术等级、年龄、工龄、工资等属性和特征, 这些就是工人总体单位的标志。

(2) 标志表现

标志表现是总体各单位的某一标志之后所表明的属性或数值。标志分为品质标志和数量标志两种。凡是只能用文字表示的、表明单位属性方面的特征, 如工人的性别、设备的种类、企业的经济类型等称为品质标志。性别标志具体表现为男或女; 设备的种类标志具体表现为车床、铣床、冲床等。凡是可用数值表示的、表明单位数量方面的特征, 称为数量标志, 如工人的工龄、工资, 企业生产设备的数量, 职工人数, 产品产值等。工龄标志具体表现为不同的年数, 某工人工龄是

15 年，则工龄是数量标志，15 年是该标志的数值表现。

不论品质标志还是数量标志，如果在一个总体的各单位具体表现都相同，就称之为不变标志。例如，在工人总体中，职业这一标志各单位表现都是工人，所以职业便是不变标志。在一个总体中，当一个标志在各单位的具体表现有可能不同时，这个标志便称为可变标志。例如，在工人总体中，各单位的工龄可能表现不同，所以工龄便是可变标志。可变标志的属性或特征的具体表现由一种状态变到另一种状态，统计上称之为变异，所以可变标志也称为变异标志。在一个总体中不变标志和变异标志各自发挥着重要的作用。一个总体至少要有一个不变标志，才能够使各单位结合成一个总体。

1.3.3　统计指标和指标体系

（1）统计指标

统计指标是反映统计总体数量特征的概念和数值。例如，2007 年江苏省国内生产总值 25 741.15 亿元，其中，第二产业 14 306.40 亿元，占 55.58%；年末全省就业人员 4 618.14 万人；全省在岗职工年平均工资 27 374 元等。每一项统计指标都从规模、水平、速度、比例等方面反映江苏省国民经济和社会发展的数量特征。

由此可见，完整的统计指标是 6 项基本要素构成的：时间范围、空间、指标名称、核算方法、指标数值以及计量单位，其中指标名称和指标数值是核心两个要素。

● 指标的概念（名称），是统计所研究的社会经济现象的科学概念，表明社会经济现象的质的规定，反映某一社会现象内容所属的范围；

● 指标数值则是统计所研究现象的具体数量综合的结果，对某一社会经济现象总体特征从数量上加以说明。

统计指标必须包括时间状态、空间范围、计量方法等限定，不能随意变动，同时必须注意由于上述条件的变化而引起数值的可比性问题。总之，统计指标是统计指标名称及其指标数值的有机结合，是统计研究对象的具体化，也是统计对客观事物认识过程由质到量、质量结合的起点。

（2）统计指标的分类

统计指标按其所反映的数量特点不同，可以分为数量指标和质量指标。凡是反映现象总规模、总水平和工作总量的统计指标称为数量指标，如人口总数、企业总数、职工总数、工资总额、国内生产总值、商品流转额、商品进出口总额等。这些指标不论是总体单位总量或是总体标志值总量都反映现象或过程的总规模和水平，所以数量指标也称为总量指标，用绝对数来表示。

凡是反映现象相对水平和工作质量的统计指标称为质量指标，如粮食平均亩产量、职工平均工资、人口密度、出生率、死亡率、工人出勤率等。质量指标是总量指标的派生指标，用相对数或平均数来表示，以反映现象之间的内在联系和对比关系。

(3) 指标和标志的区别与联系

两者的主要联系如下。

● 许多统计指标的数值是从总体单位的数量标志值汇总而来的。例如，我国钢产量（统计指标）是由我国每一个钢铁企业（总体单位）的钢产量（数量标志）的具体数值汇总而来的。所以，数量标志是统计指标的基础。

● 有些统计指标与数量标志之间在一定条件下存在着变换关系。由于研究目的不同，原来的统计总体可以变为总体单位，相应的统计指标就变成数量标志。例如，当把某企业作为统计总体时，其产量、职工人数、工资总额都是统计指标；当把该企业作为总体单位时，其产量、职工人数就成了数量标志。

两者的主要区别如下。

● 说明的对象不同。指标是说明总体特征的，而标志则是说明总体单位特征的。

● 表示方法不同。标志有不能用数值表示的品质标志与能用数值表示的数量标志两种，而指标都是用数值来表示的，没有不能用数值表示的指标。

(4) 指标体系

单个统计指标只反映总体某一个数量特征，说明现象某一侧面情况。但是客观现象是错综复杂、具有多方面联系的。要反映客观现象的全貌、描述现象发展的全过程，只靠单个统计指标是不够的，应该设立统计指标体系。

统计指标体系是由一系列相互联系的统计指标所组成的有机整体，用以反映所研究现象各方面相互依存、相互制约的关系。例如，工业企业是在一定生产经营主体的组织下，由资本金、劳力、物资、技术、设备、生产、供应、销售等相互联系的整体活动。为了反映企业生产经营的全貌，就应设立产量、产值、品种、质量、职工人数、劳动生产率、工资总额、原材料、设备、财务成本等指标群，来组成工业企业统计指标体系，其中，产品产量、总产值、增加值、品种、质量指标又构成企业生产统计指标体系，而固定资金、流动资金、生产费用、产品成本、销售利润又构成企业财务指标体系等。

社会经济统计指标体系大体上可以分为两大类，即基本统计指标体系和专题统计指标体系。基本统计指标体系是由社会指标体系、经济指标体系、科技指标体系三个子系统构成的，每个子体系又可以设若干门类指标或指标群，以反映其基本情况和相互联系。专题统计指标体系是指针对社会经济专门问题而制定的专项指标体系，如经济效益指标体系、国际收支指标体系、小康生活水平指标体系等。

指标体系的设置不但是客观现象的反映，而且也是人们对客观认识的结果。随着客观形势的发展变化以及实践经验和理论研究的积累，指标体系也将不断更新，日臻完善。

练习题

一、判断题（将"√"或"×"填在题后的括号里）

1. 统计总体就是根据一定目的确定的所要研究的事物的全体。（　　　）

2. 在有些情况下，大样本和小样本所用的统计处理方法一样。（　　　）

3. 标志表现是总体各单位的某一标志之后所表明的属性或数值。（　　　）

二、单选题

1. 已知某位教师的工龄是 15 年，这里的"工龄"是（　　　）。

    A. 变量　　　　　　　B. 指标　　　　　　　C. 品质标志　　　　　D. 数量标志

2. 以产品等级来反映某种产品的质量，则该产品的等级是（　　　）。

    A. 数量标志　　　　　B. 数量指标　　　　　C. 品质指标　　　　　D. 数量指标

3. 某地区商业企业数、商品销售总额是（　　　）。

    A. 连续变量　　　　　　　　　　　　　　　B. 离散变量

    C. 前者是连续变量，后者是离散变量　　　D. 前者是离散变量，后者是连续变量

三、多选题

1. 下列统计指标中，属于质量指标的有（　　　）。

    A. 工资总额　　　B. 单位产品成品　　　C. 出勤人数

    D. 人口密度　　　E. 合格品率

2. 有一统计报表如下：某市国有商业企业 650 家，职工总数 41 万人，上月的商品零售总额 90 亿元，职工平均工资额为 1500 元。其中，A 企业的零售额为 39 万元，职工人数 820 人，则报告中出现有（　　　）。

    A. 统计总体　　　B. 总体单位　　　C. 标志

    D. 指标　　　　　E. 变量

项目总结

1. "统计"一词有三种含义：统计工作、统计资料和统计学。统计工作是对客观事物数量方面的调查研究。在社会经济领域，通过统计调查、资料的整理和分析，以综合指标的形式反映社会经济现象在一定时间、地点、条件下的数量特征和数量关系，揭示现象发展变化的规律，为社会和各级政府管理部门提供信息和咨询，对国民经济和社会发展进行监测。在当今信息时代，统计信息是社会信息的主体。统计不只是认识社会的有力武器，而且也是科学决策和管理的重要工具。

2. 统计研究对象。在质与量的辩证统一中研究大量社会经济现象总体的数量方面规律。具有总体性、数量性和具体性的特征。

3. 统计研究的基本方法。从统计工作过程看，统计在各个不同阶段有着不同的工作内容和要求，相应地，就需要运用各种不同的统计研究方法，其中最基本方法有大量观察法、统计分组法、

综合指标法、统计模型法和统计推断法。

4. 统计研究过程。一个完整的统计研究过程一般包括统计设计、统计调查、统计整理及统计分析四个阶段过程。

5. 统计学中最基本的概念是统计总体和总体单位、样本、标志和标志值、指标和指标体系。对这些概念必须正确理解，根据具体的研究任务和对象加以确定。

技能训练

调查某商场销售的全部洗衣机情况，指出总体、总体单位是什么？试举若干品质标志、数量标志、数量指标、质量指标。

项目二
统计数据的搜集

学习目标

◆ 了解数据的两种基本来源、统计调查的方法、问卷设计的技巧及问卷设计中应注意的问题

◆ 熟悉概率抽样与非概率抽样的方法、统计调查的几种方式

◆ 掌握调查方案的主要构成部分及设计的方法、问卷设计的具体程序及设计方法

案例导入

2008 年是极不平凡的一年。我国经济社会发展经受住了历史罕见的重大挑战和考验。在中国共产党的正确领导下，全国各族人民迎难而上，奋力拼搏，战胜各种艰难险阻，改革开放和社会主义现代化建设取得了新的重大成就。

——国民经济继续保持平稳较快增长。国内生产总值超过 30 万亿元，比上年增长 9%；物价总水平涨幅得到控制；财政收入 6.13 万亿元，增长 19.5%；粮食连续 5 年增产，总产量 52 850 万吨，创历史最高水平。

——改革开放深入推进。财税、金融、价格、行政管理等重点领域和关键环节的改革取得新突破。进出口贸易总额 2.56 万亿美元，增长 17.8%。实际利用外商直接投资 924 亿美元。

——社会事业加快发展，人民生活进一步改善。城镇新增就业 1 113 万人；城镇居民人均可支配收入 15 781 元，农村居民人均纯收入 4 761 元，实际分别增长了 8.4% 和 8%。

——全面夺取抗击特大自然灾害的重大胜利。成功举办北京奥运会、残奥会。圆满完成神舟七号载人航天飞行。

这些成就，标志着我们在中国特色社会主义道路上迈出新的坚实步伐，极大地增强了全国各族人民战胜困难的勇气和力量，必将激励我们在新的历史征程上继续奋勇前进。

那么如何去搜集现象资料，又如何去整理资料信息呢？这正是本项目所要回答的。让我们带着这个问题，一起进入本项目的学习吧！

2.1 | 数据的来源

数据来源是进行数据搜集和整理的基础，本任务主要介绍间接数据的来源和直接数据的来源。

数据的搜集与整理是统计研究的基础，统计研究所需要的基础资料，就是通过数据的搜集和对这些数据进行分类整理后建立的。有了这些基础资料，我们才能对总体数据特征和数量关系做进一步描述和推断。数据的搜集和整理历来是统计学家十分关注和致力研究的领域，它在整个统计研究中占有重要地位。所有的统计数据追踪其初始来源，都来自调查或试验。但是，从使用者的角度看，统计数据主要来源于两种渠道：一是来源于直接的调查和科学试验，这是统计数据的直接来源，称为第一手或直接的统计数据；二是来源于别人调查或试验的数据，这是统计数据的间接来源，称为第二手或间接的统计数据。

2.1.1 间接数据的来源

如果与研究内容有关的原信息已经存在，我们只是对这些原信息重新加工整理使之成为我们进行统计分析可以使用的数据，则把这些数据称为间接数据。这些数据可以取自系统内部，也可以取自系统外部。系统内部数据是从被调查单位内部直接获取的与调查有关的信息数据资料，如资产负债、现金流量表、各种统计台账、统计报表等。

系统外部的数据来源非常广泛，有各级政府、非营利机构、贸易组织和行业机构、商业性出版物等。其中，政府机构所编辑出版的统计资料是宏观、微观信息数据的主要来源。在我国，国家统计局出版的统计资料汇编刊物主要有：《中国统计年鉴》、《国民收入统计资料汇编》、《中国物价统计年鉴》、《全国城镇居民家庭收支调查》、《中国农村统计年鉴》、《中国劳动工资统计年鉴》、《中国证券期货统计摘要》、《世界经济年鉴》、《中国金融年鉴》、《中国证券期货统计年鉴》、《中国经济年鉴》等。除了国内出版的刊物外，也可以利用国际和外国组织机构公开发表的资料汇编，如《联合国统计年鉴》、《世界发展报告》、《世界经济展望》、《美国统计摘要》、《日本统计月报》等。

在计算机与网络技术飞速发展的今天，互联网已成为获取统计数据的重要途径，主要有：中国统计信息网（www.stats.gov.cn），中国经济信息网（www.cei.gov.cn），中国经济时报网（www.cet.com.cn）以及其他相关网站。

间接数据可以弥补搜集原始信息数据成本高、时间长和不方便的缺点，因此调查人员可以广泛地使用间接数据。使用间接数据还有如下优点。

（1）间接数据可以提供必要的背景信息和调查报告的创意。

（2）间接数据有可能提供原始信息数据搜集的方法。

（3）间接数据可以警示调查人员注意潜在的问题和困难。

2.1.2　直接数据的来源

虽然间接数据具有显著的优点，但是它也存在一些缺陷，比如说难以获得、相关性差和不够准确等，所以仅靠间接数据还不能回答研究所提出的问题，这时就要通过调查的方法和实验的方法来直接得到数据。调查是取得社会经济数据的重要手段，其中有统计部门进行的调查，也有其他部门或机构为特定目的而进行的调查。实验是取得自然科学数据的主要手段。

（1）调查

所谓调查是指组织搜集调查数据的形式与方法。常用的统计调查方式主要有普查、抽样调查、统计报表等。

① 普查

普查是为了某种特定的目的而专门组织的一次性的全面调查，用以搜集重要国情国力和资源状况的全面资料，为政府制定规划、方针政策提供依据，如人口普查、科技人员普查、工业普查、物资库存普查等。普查多半是在全国范围内进行的，而且所要搜集的是经常的、定期的统计报表所不能提供的更为详细的资料，特别是诸如人口、物资等时点的数据。

普查有两个主要特点：第一，普查通常是一次性的或周期性的。由于普查涉及面广、调查单位多，需要耗费大量的人力、物力和财力，通常需要间隔较长的时间，一般每隔 10 年进行一次；第二，它是一种全面调查，比其他任何一种调查形式更能掌握大量、详细、全面的统计资料。

根据普查的特点，进行普查工作必须十分重视普查项目、调查实践和调查方法上的集中和统一。普查的基本要求如下。

第一，规定统一的标准时点。标准时点是指对被调查对象登记时所依据的统一时点。调查资料必须反映调查对象的这一时点上的状况，以避免调查时因情况变动而产生重复登记或遗漏现象。例如，我国第六次人口普查的标准时点为 2010 年 11 月 1 日零时，就是要反映这一时点上我国人口的实际状况；农业普查的标准时点定为普查年份的 1 月 1 日零时。

第二，规定统一的普查期限。在普查范围内各调查单位或调查点尽可能同时进行登记，并在最短的期限内完成，以便在方法和步调上保持一致，保证资料的准确性和时效性。

第三，规定普查的项目和指标。普查时必须按照统一规定的项目和指标进行登记，不准任意改变或增减，以免影响汇总和综合，降低资料质量。同一种普查，每次调查的项目和指标应力求一致，以便于进行历次调查资料的对比分析和观察社会经济现象发展变化情况。

普查的组织方式一般有两种：一种是建立专门的普查机构，配备大量的普查人员，对调查单位进行直接的登记，如人口普查等；另一种是利用调查单位的原始记录和核算资料，颁发调查表，由登记单位填报，如物资库存普查等。这种方式比第一种简便，适用于内容比较单一、涉及范围较小的情况，特别是为了满足某种紧迫需要而进行的"快速普查"，就可以采用这种方式，它由登记单位将填报的表格越过中间一些环节直接报送到最高一级机构集中汇总。

② 抽样调查

抽样调查是实际工作中应用最广泛的一种调查方法，它是从调查对象的总体中随机抽取一部分单位作为样本进行调查，并根据样本调查结果来推断总体数量特征的一种非全面调查方法。关于抽样调查的理论及应用将在项目七中介绍。

③ 统计报表

统计报表是一种以全面调查为主的调查方式，它是由政府主管部门根据统计法规，以统计表格形式和行政手段自上而下布置，而后由企事业单位自下而上层层汇总上报，逐级提供基本统计数据的一种调查方式。

统计报表按其性质和要求不同，有如下几种分类。

● 按报表内容和实施范围不同，分为国家统计报表、部门统计报表和地方统计报表。国家统计报表——国民经济基本统计报表，由国家统计部门统一制发，用以搜集全国性的经济和社会基本情况，包括农业、工业、基建、物资、商业、外贸、劳动工资、财政等方面最基本的统计资料。部门统计报表——为了适应各部门业务管理需要而制定的专业技术报表。地方统计报表——针对地区特点而补充制定的地区性统计报表，是为本地区的计划和管理服务的。

● 按报送周期长短不同，分为日报、旬报、季报、半年报和年报。周期短的，要求资料上报迅速，填报的项目比较少；周期长的，内容要求全面一些；年报具有年末总结的性质，反映当年中央政府的方针、政策和计划贯彻执行情况，内容要求更全面和详尽。

● 按填报单位不同，分为基层统计报表和综合统计报表。基层统计报表是由基层企事业单位填报的报表，综合统计报表是由主管部门或部门根据基层报表逐级汇总填报的报表。

统计报表主要用于搜集全面的基本情况，此外，也常为重点调查等非全面调查所采用。

（2）实验

实验是指从影响调查问题的许多因素中选出一至两个因素，将它们置于一定条件下进行小规模的实验，然后对实验结果做出分析的调查方法。如根据一定的调查研究目的创造某种条件，采取某种措施，把调查对象置于非自然状态下观察其结果。某种商品在改变品种、包装、设计、价格、广告、陈列方法等因素时观察因变量引起的效果。

实验的优点有：①实验的结果具有一定的客观性和实用性。它通过实地实验来进行调查，将实验与正常的活动结合起来，因此，取得的数据比较客观，具有一定的可信度；②实验具有一定的可控性和主动性。如在市场调查中，调查者可以成功地引起市场因素的变化，并通过控制其变化来分析、观察某些市场现象之间的因果关系以及相互影响程度，是研究事物因果关系的最好方法；③实验可提高调查的精确度。在实验调查中，可以针对调查项目的需要，进行合适的实验设计，有效地控制实验环境，并反复进行研究，以提高调查的精确度。

实验的缺点有：①实验中的可变因素难以掌握，实验结果不易相互比较。在现实生活中各种政治、经济、社会、自然等随机因素较多，因此，必然会对检验结果产生影响，完全相同的条件是不存在的；②有一定的限制性。实验仅限于对现实社会生活中各经济变量之间关系的分析，而无法研究过去和未来的情况。

练习题

一、判断题（将"√"或"×"填在题后的括号里）

1. 间接数据可以取自系统内部，也可以取自系统外部。（　　　　）

2. 常用的统计调查方式主要有普查、抽样调查、统计报表等。（　　　　）

3. 统计报表按填报单位不同，分为基层统计报表和综合统计报表。（　　　　）

二、单选题

1. 重点调查中，选择重点单位是由于（　　　　）。

　　A. 这些单位数量占总体全部单位总量的很大比重

　　B. 这些单位的标志总量占总体标志总量的很大比重

　　C. 这些单位具有典型意义，是工作重点

　　D. 这些单位能用以推算总体标志总量

2. 有意识地选择三个农村点调查农民收入情况，这种调查方式属于（　　　　）。

　　A. 典型调查　　　　B. 重点调查　　　　C. 抽样调查　　　　D. 普查

3. 2010 年 11 月 1 日零点的第六次全国人口普查是（　　　　）。

　　A. 典型调查　　　　B. 重点调查　　　　C. 一次性调查　　　　D. 经常性调查

4. 调查大庆、胜利等几个主要油田，以了解我国石油生产的基本情况，这种调查方式属于（　　　　）。

　　A. 普查　　　　　B. 典型调查　　　　C. 重点调查　　　　D. 抽样调查

5. 某些不能够或不宜用定期统计表搜集的全面统计资料，一般应采取的方法是（　　　　）。

　　A. 普查　　　　　B. 重点调查　　　　C. 典型调查　　　　D. 抽样调查

三、多选题

1. 获取直接数据的主要手段有（　　　　）。

　　A. 调查　　　　　B. 普查　　　　　C. 抽样调查　　　　D. 实验

2. 按统计报表内容和实施范围不同，分为（　　　　）。

　　A. 国家统计报表　　　　B. 部门统计报表　　　　C. 地方统计报表

3. 实验的优点有（　　　　）。

　　A. 客观性和实用性　　　　B. 可控性和主动性　　　　C. 精确度

2.2 调查数据

本任务主要介绍调查数据的基本方法即概率抽样与非概率抽样和数据的搜集方法(访问调查、邮寄调查、电话调查、座谈会、个别深度访问、网上调查),为后续数据的整理奠定基础。

2.2.1 概率抽样与非概率抽样

使用调查的方式采集数据的具体方式有很多种,根据抽样是否遵循随机原则可以将这些不同的方式分为两大类:概率抽样与非概率抽样。

(1)概率抽样

概率抽样也称随机抽样,是指遵循随机原则进行的抽样,总体中每个单位都有一定的机会被选入样本,是根据样本对总体进行统计推断的唯一方法。所谓的随机原则就是总体每一个单位都有相等的被选中的机会。从理论上讲,概率抽样是最理想、最科学的抽样方法,它能保证样本数据对总体参数的代表性,而且它能够将调查误差中的抽样误差限制在一定范围之内。

进行概率抽样需要抽样框,抽样框通常包括所有总体单位的信息,如大学学生花名册(抽选学生)、城市黄页里的电话列表、工商企业名录(抽选企业)、街道派出所里的居民户籍册(抽选居民)。抽样框的作用不仅在于提供备选单位的名单以供抽选,它还是计算各个单位入样概率的依据。

概率抽样主要分为简单随机抽样、分层抽样、整群抽样、等距抽样等类型。现实生活中绝大多数抽样调查都采用概率抽样方法来抽取样本。

① 简单随机抽样

简单随机抽样就是从包括总体 N 个单位的抽样框中随机地、一个一个地抽取若干个单位作为样本,每个单位的入样概率是相等的。简单随机抽样分为重复抽样和不重复抽样。在重复抽样中,每次抽中的单位仍放回总体,样本中的单位可能不止一次被抽中。不重复抽样中,抽中的单位不再放回总体,样本中的单位只能抽中一次。社会调查采用不重复抽样。简单随机抽样适用于样本差异不大、总体规模较小的情况。简单随机抽样是最基本的抽样方法,是其他抽样方法的基础,其特点是简单、直观,便于对总体特征值进行估计和计算估计量误差。但是简单随机抽样必须有一个完整的抽样框,即总体各单位的清单。总体太大时,计算抽样框的工作量巨大,故在大规模社会调查中较少采用纯随机抽样。简单随机抽样通常采用抽签法和随机数字表法。抽签法是将总体的全部单位逐一做签,搅拌均匀后进行抽取。随机数字表法是将总体所有单位编号,然后从随机数字表中一个随机起点(任一排或一列),开始从左向右或从右向左、向上或向下抽取,直到达到所需的样本容量为止。

② 分层抽样

分层抽样就是根据样本的某些共同特征把总体 N 个样本分成不同的层(或者类型),然后在每一层中采用简单随机抽样，再把各层的样本合并在一起，对总体的目标量进行估计。分层抽样要尽量使每一层内的样本差异性较小而层与层之间的差异较大。分层抽样能够保证样本中包含各种特征的抽样单位，样本的结构与总体的结构比较接近，从而可以有效地提高估计的精度。分层抽样容易组织实施，除了能估计总体的参数值，还可以分别估计各个层内的情况，因此分层抽样技术常被采用。

③ 整群抽样

整群抽样就是先把总体划分为若干群，然后随机地从这些群中抽取几群，对选中群的所有单位全部实施调查，整群抽样的特点是调查单位比较集中，调查工作的组织和进行比较方便。但调查单位在总体中的分布不均匀，准确性要差些。因此，在群间差异性不大或者不适宜单个地抽选调查样本的情况下，可采用这种方法。比如对某县农村人均年收入状况进行调查，就可以首先在所有村中选取若干个村子，然后只对这些选中的村子里的人进行调查。在各村情况差别不大的情况下可以采用整群抽样方法。

整群抽样与分层抽样的区别是：分层抽样要求各层之间的差异很大，层内个体或单元差异小，而整群抽样要求群与群之间的差异比较小，群内个体或单元差异大；分层抽样的样本是从每个层内抽取若干单元或个体构成，而整群抽样则是要么整群抽取，要么整群不被抽取。

④ 等距抽样

等距抽样又称系统抽样，是首先将总体中各单位按一定顺序排列，根据样本容量要求确定抽选间隔，然后随机确定起点，每隔一定的间隔抽取一个单位的一种抽样方式。具体方法是先将总体从 $1 \sim N$ 相继编号，并计算抽样距离 $K=N/n$，其中 N 为总体单位总数，n 为样本容量。然后在 $1 \sim K$ 中随机抽取一个数字 r 作为初始单位，接着取 $r+K$，$r+2K$，…，直至抽够 n 个单位为止。所以，可以把系统抽样看成是将总体内的单位按顺序分成 K 群，用相同的概率抽取一群的方法。等距抽样的最主要优点是简便易行，且当对总体结构有一定了解时，充分利用已有信息对总体单位进行排队后再抽样，则能提高抽样效率。缺点是对估计量方差的估计比较困难。

（2）非概率抽样

非概率抽样是相对于概率抽样而言的，指抽取样本时不是依据随机原则，而是根据统计分析的目的对数据的要求，调查者根据自己的方便或主观判断采取某种方式从总体中抽取部分单位对其实施调查。非概率抽样不是严格按随机抽样原则来抽取样本，所以失去了大数定律的存在基础，也就无法确定抽样误差，无法正确地说明样本的统计值在多大程度上适合于总体。虽然根据样本调查的结果也可在一定程度上说明总体的性质与特征，但不能从数量上推断总体。非概率抽样主要有方便抽样、判断抽样、定额抽样、滚雪球抽样等类型。

① 方便抽样

最常见的方便抽样是偶遇抽样，是指研究者根据现实情况，以自己方便的形式抽取到偶然遇到的人作为对象，或者仅仅选择那些离得最近，最容易找到的人作为对象。"街头拦截法"就是一种方便抽样。方便抽样与随机抽样从表面看两者有些相似，都排除了主观因素的影响，纯粹依靠客观机遇来抽取对象。但两者的根本差别在于，方便抽样没有保证总体中的每一个成员都具有同等被抽中的概率。那些最先被碰到的、最容易见到的、最方便找到的对象具有比其他对象大得多的机会被抽中。因此，我们不能依赖方便抽样得到的样本来推论总体，但在科学研究中，使用方便样本可以产生一些想法以及对研究内容的初步认识，或建立假设。

② 判断抽样

判断抽样是指研究人员从总体中选择那些被判断为最能代表总体的单位做样本的抽样方法。当研究者对自己的研究领域十分熟悉，对研究总体比较了解时采用这种抽样方法，可获代表性较高的样本。这种抽样方法多应用于总体小而内部差异大的情况，以及在总体边界无法确定或因研究者的时间与人力、物力有限时采用。

③ 定额抽样

定额抽样类似于概率抽样中的分层抽样，它是首先将总体中的所有单位按一定的标志（变量）分为若干类，然后在每类中采用方便抽样或判断抽样的方式选取样本单位。这种抽样方式操作比较简单，而且可以保证总体中不同类别的单位都能包括在所抽的样本中，使得样本的结构和总体的结构类似。但是分层抽样中各层样本是随机抽取的，而定额抽样的各层样本是非随机的。

④ 滚雪球抽样

滚雪球抽样通常用于稀少群体的调查。在滚雪球抽样中，首先选择若干个具有所需特征的人为最初的调查对象，然后依靠他们提供认识的合格的调查对象，再由这些人提供第三批调查对象……依次类推，形成滚雪球效应。滚雪球抽样多用于总体单位的信息不足或观察性研究的情况。滚雪球抽样的主要优点是容易找到那些属于特定群体的被调查者，调查成本较低。它适合对特定群体进行研究的资料搜集。例如，要研究退休老人的生活，可以清晨到公园去结识几位散步老人，再通过他们找到更多的退休老人。

2.2.2　数据的搜集方法

样本单位确定之后，对这些单位实施调查，即从样本单位那里得到所需的数据，可以采用不同的方法。搜集数据的基本方法有以下几种。

（1）访问调查

访问调查又称派员调查，它是调查者与被调查者通过面对面的交谈从而得到所需资料的调查方法。访问调查的方式有标准式访问和非标准式访问两种。标准式访问又称结构式访问，它是按照调查人员事先设计好的、有固定格式的标准化问卷，有顺序地依次提问，并由受访者做出回答；非标准式访问又称非结构式访问，它事先不制作统一的问卷或表格，没有统一的提问顺序，调查人员只是给一个题目或提纲，由调查人员和受访者自由交谈，以获得所需的资料。

（2）邮寄调查

邮寄调查是通过邮寄或其他方式将调查问卷送至被调查者，由被调查者填写，然后将问卷寄回或投放到指定收集点的一种调查方法。邮寄调查是一种标准化调查，其特点是调查人员和被调查者没有直接的语言交流，信息的传递完全依赖于问卷。邮寄调查的问卷发放方式有邮寄、宣传媒介传送和专门场所分发三种。

（3）电话调查

电话调查是调查人员利用电话同受访者进行语言交流，从而获得信息的一种调查方式。电话调查速度快、范围广、费用低、回答率高、误差较小。被访者在电话中回答问题一般较坦率，适用于不习惯面谈的人。但电话调查时间短，答案简单，难以深入，受电话设备的限制。

目前电话调查技术正向计算机辅助电话调查（Computer Assisted Telephone Interview，CATI）方向发展。CATI 将通信技术及计算机信息处理技术应用于传统的电话访问。在 CATI 系统中，传统访问中的拨号、问卷显示与逻辑跳转、数据审核、数据存储等步骤全部计算机化，极大地简化了访问员的工作负荷，有利于访问员将全部精力集中于理解问卷、投入沟通与精确访问，同时由于计算机控制，增强准确性。CATI 系统通常的工作形式是：访员坐在计算机前，面对屏幕上的问卷，向通话另一端的被访者读出问题，并将被访者回答的结果记录到计算机中去；督导在另一台计算机前借助局域网和电话交换机的辅助对整个访问工作进行现场监控。目前国内外越来越多的专业商业调查机构、政府机构和院校已在积极地大量使用这种技术。

（4）座谈会

座谈会也称集体访谈法，它是将一组受访者集中在调查现场，让他们对调查的主题（如一种产品、一项服务或其他话题等）发表意见，从而获取调查资料的一种方法。参加座谈会的人数不宜太多，通常 6～10 人，并且是有关调查问题的专家或有经验的人。通过座谈会，研究人员可以从一组受访者那里获得所需的定性资料，这些受访者与研究主题有某种程度上的关系。为获得此类资料，研究人员通过严格的甄别程序选取少数受访者，围绕研究主题以一种非正式的、比较自由的方式进行讨论。这种方法适用于搜集与研究课题有密切关系的少数人员的倾向和意见。

（5）个别深度访问

深度访问是一次只有一名受访者参加的特殊的定性研究。"深访"这一术语也暗示着要不断深入受访者的思想当中，努力发掘其行为的真实动机的意思。深访是一种无结构的个人访问，调查人员运用大量的追问技巧，尽可能让受访者自由发挥，表达他的想法和感受。

深度访问常用于动机研究，如消费者购买某种产品的动机等，以发掘受访者非表面化的深层意见。这一方法最宜于研究较隐秘的问题，如个人隐私问题或较敏感的问题、政治性的问题。对于一些不同人之间观点差异极大的问题，采用深度访问法比较合适。

座谈会和个别深访属于定性方法，它通常围绕一个特定的主题取得有关定性资料。在此类研究中，从挑选的少数受访者中取得有关意见。这种方法和定量方法是有区别的，定量方法是从总体中按随机方式抽取样本取得资料，其研究结果或结论可以进行推论。而定性研究着重于问题的性质和未来趋势的把握，不是对研究总体数量特征的推断。

（6）网上调查

它是指利用互联网进行的统计调查，其实质是传统的调查方法与现代电子网络技术的结合，其操作方法有以下几种。

① 站点法。它是将调查问卷设计成网页形式，附加到一个或几个网站的 Web 页上，由浏览这些站点的用户在线回答调查问题的方法，这是目前网上调查的基本方法。

② 电子邮件法。它是通过给被调查者发送电子邮件的形式将调查问卷发给一些特定的网上用户，由用户填写后以电子邮件的形式再反馈给调查者的调查方法。与传统邮寄调查法相似，优点是电子邮件传送的时效性大大地提高了。

③ 随机 IP 法。它是以产生一批随机 IP 地址作为抽样样本的调查方法，其理论基础是随机抽样。利用该方法可以进行纯随机抽样，也可以依据一定的标志排队进行分层抽样和分段抽样。

④ 电视会议法。它是基于 Web 的计算机辅助访问（Computer Assisted Web Interviewing，CAWI），将分散在不同地域的被调查者通过互联网电视会议功能能虚拟地组织起来，在主持人的引导下讨论调查问题的调查方法，适合于对关键问题的调查研究。

练习题

一、判断题（将"√"或"×"填在题后的括号里）

1. 现实生活中绝大多数抽样调查都采用概率抽样方法来抽取样本。（　　　）

2. 简单随机抽样分为重复抽样和不重复抽样。（　　　）

3. 等距抽样又称系统抽样。（　　　）

4. 座谈会和个别深访属于定性方法。（　　　）

二、单选题

1. 统计数据中，最基本的计算尺度是（　　　）。

　　A. 定类尺度　　　　B. 定序尺度　　　　C. 定距尺度　　　　D. 定比尺度

2. 工厂对生产的一批零件进行检查，通常采用（　　　）。

　　A. 普查　　　　　　B. 抽样调查　　　　C. 重点调查　　　　D. 典型调查

三、多选题

1. 概率抽样主要分为（　　　）。

A. 简单随机抽样　　B. 分层抽样　　C. 整群抽样　　D. 等距抽样

2. 非概率抽样主要分为（　　　　）。

A. 方便抽样　　　　B. 判断抽样　　C. 定额抽样　　D. 滚雪球抽样

3. 数据的搜集方法包括（　　　　）。

A. 访问调查　　　　B. 邮寄调查　　C. 电话调查　　D. 座谈会

E. 个别深度访问　　F. 网上调查

2.3 调查问卷

问卷又称调查表或询问表，是以问题的形式系统地记载调查内容的一种印件。问卷可以是表格式、卡片式或簿记式。设计问卷，是询问调查的关键。完美的问卷必须具备两个功能，即能将问题传达给被问的人和使被问者乐于回答。要完成这两个功能，问卷设计时应当遵循一定的原则和程序，运用一定的技巧。本任务主要介绍调查问卷的有关知识。

2.3.1 问卷设计的原则

（1）有明确的主题。根据调查主题，从实际出发拟题，问题目的明确，重点突出，没有可有可无的问题。

（2）结构合理、逻辑性强。问题的排列应有一定的逻辑顺序，符合应答者的思维程序。一般是先易后难、先简后繁、先具体后抽象。

（3）通俗易懂。问卷应使应答者一目了然，并愿意如实回答。问卷中语气要亲切，符合应答者的理解能力和认识能力，避免使用专业术语。对敏感性问题采取一定的技巧调查，使问卷具有合理性和可答性，避免主观性和暗示性，以免答案失真。

（4）控制问卷的长度。回答问卷的时间控制在20分钟左右，问卷中既不浪费一个问句，也不遗漏一个问句。

（5）便于资料的校验、整理和统计。

2.3.2 问卷设计的程序

（1）确定主题和资料范围。根据调查目的和要求，研究调查内容、所需搜集的资料及资料来源、调查范围等，酝酿问卷的整体构思，将所需要的资料一一列出，分析哪些是主要资料，哪些是次要资料，哪些是可要可不要的资料，淘汰那些不需要的资料，再分析哪些资料需要通过问卷取得、需要向谁调查等，并确定调查地点、时间及对象。

（2）分析样本特征。分析了解各类调查对象的社会阶层、社会环境、行为规范、观念习俗等社会特征，需求动机、潜在欲望等心理特征，理解能力、文化程度、知识水平等学识特征，以便针对其特征来拟题。

（3）拟定并编排问题。首先构想每项资料需要用什么样的句型来提问，尽量详尽地列出问题；然后对问题进行检查、筛选，看它有无多余的问题，有无遗漏的问题，有无不适当的问句，以便进行删、补、换。

（4）进行试问试答。站在调查者的立场上试行提问，看看问题是否清楚明白，是否便于资料的记录、整理；站在应答者的立场上试行回答，看看是否能答和愿答所有的问题，问题的顺序是否符合思维逻辑。估计回答时间是否合乎要求。有必要在小范围进行实地试答；以检查问卷的质量。

（5）修改、付印。根据试答情况，进行修改，再试答，再修改，直到完全合格以后才定稿付印，制成正式问卷。

2.3.3　问题的形式

（1）开放式问题

开放式问题又称无结构的问答题。在采用开放式问题时，应答者可以用自己的语言自由地发表意见，在问卷上没有已拟定的答案。

例如：您抽香烟多久了?您喜欢看哪一类的电视节目？您认为加入 WTO 对我国政府管理体制有何影响？

显然，应答者可以自由回答以上的问题，并不需要按照问卷上已拟定的答案加以选择，因此应答者可以充分地表达自己的看法和理由，并且比较深入，有时还可获得研究者始料未及的答案。通常而言，问卷上的第一个问题采用自由式问题，让应答者有机会尽量发表意见，这样可制造有利的调查气氛，缩短调查者与应答者之间的距离。

然而，开放式问题亦有其缺点。因记录应答者答案的是调查者，调查者极可能使答案失真，或并非应答者原来的意思，如调查者的偏见。如果调查者按照他自己的理解来记录，就有出现偏见的可能。但这些不足可运用录音机来弥补。开放式问题的第二个主要缺点是资料整理与分析的困难。由于各种应答者的答案可能不同，所用字眼各异，因此在答案分类时难免出现困难，整个过程相当耗费时间，而且免不了夹杂整理者个人的偏见。因此，开放性问题在探索性调研中是很有帮助的，但在大规模的抽样调查中，它就弊大于利了。

（2）封闭式问题

封闭式问题又称有结构的问答题。封闭式问题与开放式问题相反，它规定了一组可供选择的答案和固定的回答格式。

例如：你购买雕牌洗衣粉的主要原因是（选择最主要的两种）：

① 洗衣较洁白；

② 售价较廉；

③ 任何商店都有出售；

④ 不伤手；

⑤ 价格与已有的牌子相同，但分量较多；

⑥ 朋友介绍。

封闭式问题的优点包括以下几个方面：答案是标准化的，对答案进行编码和分析都比较容易；回答者易于作答，有利于提高问卷的回收率；问题的含义比较清楚。因为所提供的答案有助于理解题意，这样就可以避免回答者由于不理解题意而拒绝回答。

封闭式问题也存在一些缺点：回答者对题目不正确理解的，难以觉察出来；可能产生"顺序偏差"或"位置偏差"，即被调查者选择答案可能与该答案的排列位置有关。研究表明，对陈述性答案被调查者趋向于选第一个或最后一个答案，特别是第一个答案。而对一组数字（数量或价格）则趋向于取中间位置的。为了减少顺序偏差，可以准备几种形式的问卷，每种形式的问卷答案排列的顺序都不同。

2.3.4　问卷调查设计技巧

（1）事实性问题

事实性问题主要是要求应答者回答一些有关事实的问题。例如：你通常什么时候看电视？

事实性问题的主要目的在于求取事实资料，因此问题中的字眼定义必须清楚，让应答者了解后能正确回答。

市场调查中，许多问题均属"事实性问题"，例如应答者个人的资料：职业、收入、家庭状况、居住环境、教育程度等。这些问题又称为"分类性问题"，因为可根据所获得的资料而将应答者分类。在问卷之中，通常将事实性问题放在后边，以免应答者在回答有关个人的问题时有所顾忌而影响以后的答案。如果抽样方法是采用配额抽样，则分类性问题应置于问卷之首，否则不知道应答者是否符合样本所规定的条件。

（2）意见性问题

在问卷中，往往会询问应答者一些有关意见或态度的问题。

例如：你是否喜欢××电视节目？

意见性问题事实上即态度调查问题。应答者是否愿意表达他真正的态度，固然要考虑，而态度强度亦有不同，如何从答案中衡量其强弱，显然也是一个需要考虑的问题。通常而言，应答者会受到问题所用字眼和问题次序的影响，即不同反应，因而答案也有所不同。对于事实性问题，可将答案与已知资料加以比较。但在意见性问题方面则较难做比较工作，因应答者对同样问题所做出的反应各不相同。因此意见性问题的设计远较事实性问题困难。这种问题通常有两种处理方法：其一是对意见性问题的答案只用百分比表示，如有百分之几的应答者同意某一看法等；其二则旨在衡量应答者的态度，故可将答案化成分数。

（3）困窘性问题

困窘性问题是指应答者不愿在调查者面前作答的某些问题，比如关于私人的问题，或不为一般社会道德所接纳的行为、态度，或属有碍声誉的问题。例如：平均说来，每个月你打几次麻将？如果你的汽车是分期付款购买的，一共分多少期？你是否向银行抵押借款购股票？除了你工作收入外，还有其他收入吗？

如果一定要想获得困窘性问题的答案，又避免应答者不真实回答，可采用以下方法。

① 间接问题法。不直接询问应答者对某事项的观点，而改问他认为其他该事项的看法如何。

例如：用间接问题旨在套取应答者回答认为是旁人的观点。所以在他回答后，应立即再加上问题："你同他们的看法是否一样？"

② 卡片整理法。将困窘性问题的答案分为"是"与"否"两类，调查者可暂时走开，让应答者自己取卡片投入箱中，以降低困窘气氛。应答者在无调查者看见的情况下，选取正确答案的可能性会提高不少。

③ 随机反应法。根据随机反应法，可估计出回答困窘问题的人数。

④ 断定性问题。有些问题是先假定应答者已有该种态度或行为。

例如：你每天抽多少支香烟？

事实上该应答者极可能根本不抽烟，这种问题则为断定性问题。正确处理这种问题的方法是在断定性问题之前加一条"过滤"问题。

例如：你抽烟吗？

如果应答者回答"是"，用断定问题继续问下去才有意义，否则在过滤问题后就应停止。

⑤ 假设性问题。有许多问题是先假定一种情况，然后询问应答者在该种情况下，他会采取什么行动。

例如：如果××晚报涨价至2元，你是否将改看另一种未涨价的晚报？

如果××牌洗衣粉跌价1元，你是否愿意用它？

你是否愿意加薪？

你是否赞成公共汽车公司改善服务？

以上皆属假设性问题，应答者对这种问题多数会答"是"。这种探测应答者未来行为的问题，应答者的答案事实上没有多大意义，因为多数人都愿意尝试一种新东西，或获得一些新经验。

2.3.5　问卷的结构

调查问卷一般可以看成是由三大部分组成：卷首语（开场白）正文和结尾。

(1) 卷首语

问卷的卷首语或开场白是致被调查者的信或问候语。其内容一般包括下列几个方面。

① 称呼、问候。如"××先生、女士：您好"。

② 调查者自我介绍调查的主办单位和个人的身份。

③ 简要地说明调查的内容、目的、填写方法。

④ 说明作答的意义或重要性。

⑤ 说明所需时间。

⑥ 保证作答对被调查者无负面作用，并替他保守秘密。

⑦ 表示真诚的感谢，或说明将赠送小礼品。

信的语气应该是亲切、诚恳而礼貌的，简明扼要，切忌啰嗦。问卷的开头是十分重要的。大量的实践表明，几乎所有拒绝合作的人都是在开始接触的前几秒钟内就表示不愿参与的。如果潜在的调查对象在听取介绍调查来意的一开始就愿意参与的话，那么绝大部分都会合作，而且一旦开始回答，就几乎都会继续并完成，除非在非常特殊的情况下才会中止。

(2) 正文

问卷的正文也包含三大部分。

第一部分包括向被调查者了解最一般的问题。这些问题应该是适用于所有的被调查者，并能很快、很容易回答的问题。在这一部分不应有任何难答的或敏感的问题，以免"吓坏"被调查者。

第二部分是主要的内容，包括涉及调查主题的实质和细节的大量题目。这一部分的结构组织安排要符合逻辑性并对被调查者来说应是有意义的。

第三部分一般包括两部分的内容：一是敏感性或复杂的问题，以及测量被调查者的态度或特性的问题；二是人口基本状况、经济状况等。

(3) 结尾

问卷的结尾一般可以加上 1~2 道开放式题目，给被调查者一个自由发表意见的机会。然后，对被调查者的合作表示感谢。在问卷最后，一般应附上一个"调查情况记录"。该记录一般包括如下内容。

① 调查人员（访问员）姓名、编号。

② 受访者的姓名、地址、电话号码等。

③ 问卷编号。

④ 访问时间。

⑤ 其他，如设计分组等。

2.3.6 问卷设计应注意的问题

(1) 问卷的开场白

问卷的开场白，必须慎重对待，要以亲切的口吻询问，措词应精心琢磨，做到言简意明，亲切诚恳，使被调查者自愿与之合作，认真填写问卷。

(2) 问题的字眼（语言）

由于不同的字眼会对被调查者产生不同的影响，因此往往看起来差不多的相同问题，会因所用字眼不同，而使应答者出现不同的反应，做出不同的回答。故问题所用的字眼必须斟酌，以免影响答案的准确性。一般来说，在设计问题时应留意以下几个原则。

① 避免一般性问题。如果问题的本来目的是在求取某种特定资料，但由于问题过于一般化，使应答者所提供的答案资料无多大意义。

例如：某酒店想了解旅客对该酒店房租与服务是否满意，因而做以下询问：

你对本酒店是否感到满意？

这样的问题，显然欠具体。由于所需资料牵涉房租与服务两个问题，故应分别询问，以免混乱，如：

你对本酒店的房租是否满意？

你对本酒店的服务是否满意？

② 问卷的语言要口语化，符合人们交谈的习惯，避免书面化和文人腔调。

(3) 问题的选择及顺序

通常问卷的头几个问题可采用开放式，旨在使应答者多讲话、多发表意见，使应答者感到十分自在、不受拘束、能充分发挥自己的见解。当应答者话题多，其与调查者之间的陌生距离自然缩短。不过要留意，最初安排的开放式问题必须较易回答，不可具有高敏感性，如困窘性问题。如果一开始就被拒绝回答，以后的问题就无法继续了。问题还应容易回答且具有趣味性，旨在提高应答者的兴趣。核心问题往往置于问卷中间部分，分类性问题如收入、职业、年龄通常置于问卷之末。

问卷中问题的顺序一般按下列规则排列。

① 容易回答的问题放前面，较难回答的问题放稍后，困窘性问题放后面，个人资料的事实性问题放卷尾。

② 封闭式问题放前面，自由式问题放后面。由于自由式问题往往需要时间来考虑答案和语言的组织，放在前面会引起应答者的厌烦情绪。

③ 要注意问题的逻辑顺序，按时间顺序、类别顺序等合理排列。

练习题

一、判断题（将"√"或"×"填在题后的括号里）

1. 问卷又称调查表或询问表，是以问题形式系统地记载调查内容的一种印件。（   ）

2. 封闭式问题又称有结构的问答题，它规定了一组可供选择的答案和固定的回答格式。（   ）

3. 事实性问题主要是要求应答者回答一些有关事实的问题。（   ）

二、单选题

1. 回答问卷的时间一般控制在（   ）。

    A. 10分钟左右   B. 20分钟左右   C. 30分钟左右

2. 要完成调查问卷功能，必须应当（   ）。

    A. 遵循一定的原则和程序，运用一定的技巧

    B. 有明确的主题，结构合理

    C. 通俗易懂

3. 事实性问题的主要目的在于（   ）。

    A. 求取事实资料   B. 询问应答者意见   C. 询问应答者采取何种行动

三、多选题

1. 问卷设计的原则包括（   ）。

    A. 有明确的主题   B. 结构合理、逻辑性强   C. 通俗易懂

    D. 控制问卷的长度   E. 便于资料的校验、整理和统计

2. 问题的形式有（   ）。

    A. 开放式问题   B. 封闭式问题   C. 半开放半封闭式问题

3. 问卷调查设计的技巧包括（   ）。

    A. 事实性问题   B. 意见性问题   C. 困窘性问题

4. 问卷的结构由以下几部分构成（   ）。

    A. 卷首语   B. 正文   C. 结尾

项目总结

1. 数据来源包括间接数据来源和直接数据来源，间接数据可以取自系统内部，也可以取自系统外部。直接数据的来源包括调查和实验，其中调查包括普查、抽样调查、统计报表等，实验是指从影响调查的许多因素中选出一至两个因素，将它们置于一定条件下进行小规模的实验，然后对实验结果做出分析的调查方法。

2. 调查数据包括概率抽样和非概率抽样，概率抽样也称随机抽样，是指遵循随机原则进行的抽样，总体中每个单位都有一定的机会被选入样本，是根据样本对总体进行统计推断的唯一方法。概率抽样主要分为简单随机抽样、分层抽样、整群抽样、等距抽样等类型。非概率抽样是相对于

概率抽样而言的，指抽取样本时不是依据随机原则，而是根据统计分析的目的对数据的要求，调查者根据自己的方便或主观判断采取某种方式从总体中抽取部分单位对其实施调查。

3. 数据的搜集方法包括访问调查、邮寄调查、电话调查、座谈会、个别深度访问、网上调查等方法。

4. 调查问卷又称调查表或询问表，是以问题的形式系统地记载调查内容的一种印件。问卷可以是表格式、卡片式或簿记式。

问卷设计的原则包括有明确的主题，结构合理、逻辑性强，通俗易懂，控制问卷的长度，便于资料的校验、整理和统计。

问题的形式包括开放式问题和封闭式问题。

问卷的结构包括卷首语、正文、结尾。

技能训练

某家用电器生产厂家想通过市场调查了解以下问题：企业产品的知名度；产品的市场占有率；用户对产品质量的评价及满意程度。

（1）你认为这项调查采取哪种调查方式比较合适？

（2）请设计出一份调查问卷。

项目三

统计数据的整理与显示

学习目标

◆ 了解统计数据整理的概念、作用和统计整理的内容
◆ 熟悉统计分组的概念、作用和方法
◆ 掌握选择分组标志应遵守的基本原则、频数分布的概念和种类
◆ 掌握各种变量数列和统计表（图）的编制方法

案例导入

Barnes 医院

密苏里州圣路易斯华盛顿大学医疗中心的 Barnes 医院，建于 1914 年，是为圣路易斯及其邻近地区的居民提供医疗服务的主要医院。该医院被公认为美国最好的医院之一。Barnes 医院有一个收容计划，用以帮助身患绝症的人及其家人提高生活质量。负责收容工作的小组包括一名主治医师、一名助理医师、护士长、家庭护士和临床护士、家庭健康服务人员、社会工作者、牧师、营养师、经过培训的志愿者以及提供必要的其他辅助服务的专业人员。通过收容工作组的共同努力，家人及其家庭会获得必要的指导和支持，以克服由于疾病、隔离和死亡而带来的紧张情绪。

在收容工作组的协作和管理上，采用每月报告和季度总结来帮助小组成员回顾过去的服务。工作数据的统计概括，往往用作方针措施的规划和执行的基础。

例如，他们搜集了有关病人被工作组收容的时间的数据。一个含有 67 个病人记录的样本表明，病人被收容的时间在 1～185 天内变化。频数分布表的使用对于概括总结收容天数的数据也是很有用的。此外，下面的描述统计学数值量度也被用于提供有关收容时间数据的有价值的信息。

平均数：35.7 天　　中位数：17 天　　众数：1 天

对以上数据进行解释，表明了平均数即对病人的平均收容时间是 35.7

天，也就是 1 个月多一点。而中位数则表明半数病人的收容时间在 17 天以下，半数病人的收容时间在 17 天以上。众数是发生频数最多的数据值。众数为 1 天表明许多病人仅仅被收容了短短的 1 天。

有关该收容计划的其他统计汇总还包括住院费金额、病人在家时间与在医院时间的对比、痊愈出院的病人数目、病人在家死亡和在医院死亡的数目。这些汇总结果将根据病人的年龄和医疗普及程度的不同进行分析。总之，描述统计学为收容服务提供了有价值的信息。

3.1 | 统计数据的整理

统计整理就是根据统计研究的目的和任务，对统计调查所收集到的各种数据进行科学分类和汇总，为统计分析提供系统化和条理化的信息资料的过程。统计整理是统计研究过程中一个十分重要的中间环节，起着承前启后的作用。通过整理，可以将说明个体的、局部情况的原始资料转化为反映总体的、全局情况的综合资料，是统计分析之前的必要步骤。

3.1.1　统计整理的程序

（1）根据研究目的设计整理汇总方案

统计汇总方案的设计包括两方面：一是对于总体的处理方法。即对总体进行各种分组，达到对总体具体而深刻的了解，便于以后的分析研究；因此，汇总方案要确定统计分组与分组体系。二是确定用哪些统计指标来说明总体。即根据研究目的，设计一套汇总表，用以对调查项目进行汇总。

（2）汇总前对统计数据资料的审核

在对统计数据整理之前，必须对原始数据进行严格的审核，主要检查数据的完整性与准确性。完整性，即检查被调查的系统和应调查的项目是否齐全、有无遗漏，是否按规定的份数、时间上报。准确性，即检查原始数据是否真实，可靠，计算是否有错误等。其检查方法有逻辑性检查和计算检查。逻辑性检查主要是从定性角度审核数据是否符合逻辑，内容是否合理，各项目与数字之间有无相互矛盾的现象。例如，性别为"女"的人所填的与户主的关系是父子，对于这种违背逻辑的项目应予以纠正。计算检查是检查表中的各项数据在计算方法上有无错误。例如，各分项数据之和是否等于相应的合计数，各结构比例之和是否等于 1 或 100%，出现在不同表格上的同一指标数值是否相同，等等。

（3）对数据资料的分组与汇总

按照一定的组织形式和方法，根据调查资料的性质与特点，划分为若干组，并加总，计算出各组的单位数和合计数，计算出各组指标和综合指标的数值。分组和汇总是统计数据整理的中心工作。

（4）编制统计表、绘制统计图

将整理结果用统计表和统计图的形式反映出来，它可清晰地、简明扼要地表述统计资料的内容。

（5）统计资料的积累和保管

3.1.2　统计分组

（1）统计分组的概念

统计分组是根据统计研究的目的和任务，按照一定的标志将统计总体划分为若干个组成部分的一种统计方法。例如，社会经济结构可按产业发生的时序，划分为第一产业、第二产业和第三产业；全国人口按性别可分为男性人口和女性人口。

通过统计分组，能够达到组间差别性、组内同质性的分组效果。即一方面将总体的各个单位划分为若干性质不同的组成部分，使不同组的单位之间具有明显的差别；另一方面又把性质相同的总体单位组合起来，使同组内各单位具有相对的同质性。换言之，统计分组相对总体、相对分组标志是"分"；而相对个体、相对其他标志则是"合"。统计分组实际上就是在统计总体内进行的一种定性分类，它能够将一个较大范围的同质总体划分为若干个性质不同的、范围较小的同质总体（即组）。

统计分组不仅是统计整理的基础，也是使认识深化的必要前提和手段，借助统计分组，可以区分不同性质的现象类型；研究现象内部的结构及结构的变化，揭示出现象的本质特征及发展规律；分析现象之间的依存关系。因此，统计分组在统计研究中占有重要地位，是统计研究的基本方法之一。

（2）统计分组的要求

根据统计分组的定义可知，统计分组有三个要素：母项，须划分的总体；子项，划分以后的类（组）总体；分组标志，进行统计分组的标准和依据。

进行统计分组，在技术上有三个基本要求：周延性，要求分组以后各子项之和应等于母项；互斥性，组与组之间要相互排斥，不能重合；分组标志的同一性，每一次分组只能以一个标志为划分依据，不能同时采用两个或两个以上的标志为划分依据。遵守以上要求，就能达到组内同质性、组间差别性的分组效果，反之，就可能会出现分组上的混淆和矛盾，这是我们在统计分组中必须注意的。

（3）统计分组的种类

统计分组可以按照不同的标志进行分类。分组的标志是划分资料的标准和依据，分组的标志选择是否得当，关系到能否正确地反映总体数量特征及其变化规律。统计分组主要有如下几种。

① 按分组标志的多少，可分为简单分组和复合分组

● 简单分组与平行分组体系

简单分组就是对研究现象按一个标志进行分组，它只能从某一方面说明和反映事物的分布状况和内部结构。例如，为了了解企业职工基本情况，可以选择年龄、工龄、文化程度等标志进行简单分组，具体情况如下：

按年龄分组	按文化程度分组
20 岁及 20 岁以下	大专及大专以上
21～35 岁	中专、技工
36～50 岁	高中
51～55 岁	小学
	识字不多
	文盲

对同一总体选择两个或两个以上的标志分别进行简单分组，就形成平行分组体系。如为了深入了解我国固定资产构成的基本情况，可以按照经济领域、物质生产部门、经济类型、经济用途、使用情况及所有权进行分组，这六个简单分组相互联系、相互补充便构成平行分组体系。

按经济领域分组	按经济用途分组
物质生产领域	生产性固定资产
非物质生产领域	非生产性固定资产
按物质生产部门分组	**按使用情况分组**
工业	在用固定资产
农业	租出固定资产
建筑业	未使用固定资产
运输邮电业	不需用固定资产
商业物资供销业等	封存固定资产
按经济类型分组	**按所有权分组**
国有经济	自用固定资产
集体经济	租人固定资产
个体经济	
其他经济类型	

● 复合分组与复合分组体系

许多场合，要用两个或两个以上标志分组，即先按一个标志分组，在此基础上再按第二个标志分小组，又再层叠地按第三个标志分成更小的组，这称为复合分组。复合分组形成复合分组体系。例如，固定资产投资项目，先按经济类型分组，再按投资规模分组，形成如图 3-1 所示的复合分组。

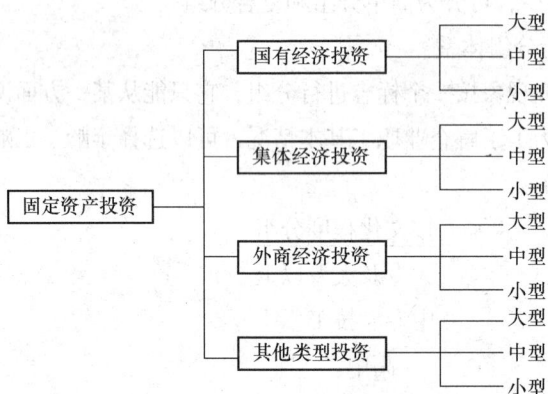

图 3-1　固定资产投资项目的复合分组图

复合分组和复合分组体系将多个标志层叠起来分组，能全面深入地说明问题。但当分组标志数目较多时，复合分组的组数将随分组标志的增加而成倍地增加，反而不易揭示出问题的实质。一般不宜采用太多的标志进行复合分组。

② 按分组的标志的性质不同，分为品质分组（或称属性分组）和数量分组（或称变量分组）

品质分组就是按品质标志进行分组。一般地，对于类别数据，采用品质分组。例如，职工按性别分组，企业按经济类型分组等。数量分组就是按数量标志分组，数量标志的变异性体现在它不断变动自身的数量上，故也称为变量分组。例如，企业按产值、工人数分组。品质分组所形成的数列称为品质数列，变量分组所形成的称为变量数列。

③ 按分组的作用不同，分为类型分组、结构分组和分析分组

把复杂的现象总体，划分为若干个不同性质的部分，就是类型分组；在对总体分组的基础上计算出各组对总体的比重，借此研究总体各部分的结构，即结构分组。类型与结构分组往往紧密地联系在一起。

为研究现象之间依存关系而进行的统计分组为分析分组。分析分组的分组标志称为原因标志，与原因标志相对应的标志称为结果标志。原因标志不同，结果标志也会不同；同一原因标志由于分组的不同，结果标志也会不同。例如，工人的劳动生产率与产值之间、商品流通费用率与商品销售额之间的依存关系，都可以按分析分组法来研究它们之间的联系，如表 3-1 所示。

从表中可看出，随着商品销售规模的扩大，其商品流通费用率相应降低，两者表现出负依存关系。

表 3-1 某地区部分商店按商品销售额分组的商品流通费用率表

商店按商品销售额分组（万元）	商店数（个）	商品流通费用率（%）
100 以下	10	9.8
100~300	12	8.7
300~500	11	7.5
500~700	9	6.5
700~900	8	5.8
900 以上	6	5.4

（4）统计分组的方法

统计分组的关键在于选择分组标志和确定各组的界限。

① 正确选择分组标志

统计分组的核心问题就是如何正确地选择分组标志，这关系到能否确切地反映总体的特征，体现分组的科学性，实现统计研究的任务。列宁在论述选择分组标志的重要性时曾指出："由于分类的方法不同，同一个材料可能得出完全相反的结论。"因此，为了正确地选择分组标志，必须注意以下几点。

● 要根据统计研究目的和任务选择分组标志，也就是应选择与统计研究任务密切相关的、最为符合统计研究目的的标志作为分组标志。同一研究对象研究目的不同，采用的分组标志也就不同。例如，为了研究某地区各类不同规模工业企业的生产经营状况时，可选择职工或生产能力作为分组标志。而研究目的在于确定该地区各种经济类型的工业企业的整个工业部门中所占的比重时，则可选择经济类型作为分组标志。

● 在总体若干个可供选择的标志中，要选择最能反映事物本质特征的标志作为分组标志。例如，研究居民的生活水平状况，可按城乡居民分组、按不同收入的居民分组，也可按居民的职业分组，还可以按脑力劳动者与体力劳动者分组等。在这些标志中，要注意选择主要的、起决定性的、能反映事物本质特征的标志作为分组标志。如上述按城乡分组和职业分组都是重要的分组。

● 要结合现象所处的具体历史条件和经济条件动态地选择分组标志。例如，企业按规模分组，而反映企业规模的标志很多，如职工人数、产品产量、产值、生产能力、固定资产价值等。选择哪一个作为分组标志，就必须结合企业所处的具体条件确定。在劳动密集型或技术不发达的条件下，宜选择职工人数作为分组标志；在技术密集型或技术装备比较先进的条件下，则宜采用生产能力或固定资产价值作为分组标志，这样才能确切地反映现象的本质特征。

社会经济现象是随着时间、地点和条件的变化而变化的，作为反映现象本质特征的分组标志，会随着现象性质特征的变化而失去其原来的重要意义。同一个分组标志适合于某一时间、地点、条件下的某现象，但不一定适合于另一时间、地点、条件下的该现象。因此，分组标志不能固定不变，即使是研究同类现象，也要视具体时间、地点、条件的不同，动态地加以选择，这样选择的分组标志才具有现实意义。

② 正确确定各组的界限

分组标志确定后，就可以进一步在分组标志的变异范围内，具体划分各组的界限。分组标志按其形式，可分为品质标志和数量标志。统计总体可按品质标志分组，也可按数量标志分组。

● 按品质标志分组。就是选择反映事物属性差异的品质标志分组，并在品质标志变异的范围内，划分各组的性质界限，把总体区分为若干个性质不同的组成部分。按品质标志分组，一般来说概念、界限比较明确，区分容易，分组相对比较稳定。例如，人口按性别分为男、女两组；企业按经济类型分为国有、集体、个体、其他等组。但也有比较复杂的，具体表现为两种情况：一种是虽然按一个品质标志分组，但由于社会现象的复杂性，使得分组界限比较模糊，难以划分。例如，商品销售额按城乡分组，而处于城市与乡村结合部的地区则城乡特征不明显，区分起来就比较困难。另一种也是研究现象本身的复杂性所致，现象间出现交叉，往往须结合多个品质标志进行划分，其结果就会形成一种复杂的类别。例如，国民经济按部门分类、人口按职业分类、产品按用途分类等。这种品质标志分组的方法，在统计上称之为分类法，应用十分广泛。对这些比较复杂的分组，事先须制定统一的划分标准或分类目录，以统一全国的分类口径。例如，我国统计部门制定的"工业部门分类目录"、"工业产品目录"、"主要商品目录"、"关于城乡划分标准的规定"等。

● 按数量标志分组。就是选择反映事物数量差异的数量标志分组，在数量标志变异的范围内，划分各组的数量界限，将总体区分为若干个性质不同的组成部分。例如，工人按工龄分组，企业按计划完成程度分组，商店按商品销售额分组，等等。数量标志的变异具体表现为许多不同的变量值，它们能准确地说明现象数量上的差异，但很难确切地反映现象性质上的差别。按数量标志分组的目的，就是要从各组的量的变化中反映出各组的质的特征，即通过现象数量上的差异和变化，根据变量值的变动特征，来划分性质不同的各组的界限，将社会经济现象的质的特征揭示出来。

按数量标志进行分组，其中涉及不少具体问题，如组距、组数和组限的确定，等距分组和异距分组等。由于按数量标志分组的结果，形成变量数列，这些问题将结合变量数列的编制给予说明。

3.1.3 次数分布与变量数列编制

(1) 次数分布

在按某一标志进行统计分组的基础上，将总体的所有单位按组归类排列，形成总体中各单位在各组间的分布，称为次数分布，或频数分布、分布数列。它是统计整理的一种重要形式，可用以研究总体各组分布状况，分布特征及总体的构成状况，还是进一步分析总体集中趋势和离散程度的基础资料。因此，编制分布数列，不仅是反映统计整理结果的需要，也是进行统计分析的需要。其一般形式如表 3-2 所示。

表 3-2 次数分布的一般形式

分组标志	单位数（频数/次数）	比率（或频率）（%）
合计	总体单位数	100.00

根据分组特征的不同，分布数列可分为品质分布数列和变量分布数列两种。

① 品质分布数列

品质分布数列是指按品质标志分组所形成的分布数列，简称品质数列。例如，根据我国第五次人口普查资料，大陆人口按性别标志分组，可编成品质数列，如表 3-3 所示。

表 3-3 第五次人口普查大陆人口的性别分布

性别	人数（万人）	比率（%）
男性	65.335	51.63
女性	61.228	48.37
合计	126.583	100.00

品质数列属定类测定资料，如果分组标志选择得好、分组标准定得恰当，则事物的差异表现得就比较明确，总体中各组如何划分就容易解决。属性分布数列一般比较稳定，通常均能准确地反映总体分布特征。

② 变量分布数列

变量分布数列是指按数量标志分组形成的分布数列，简称变量数列。例如，我国大陆人口按年龄分组可编制如下变量数列，如表 3-4 所示。

表 3-4 我国大陆人口的年龄分布

按年龄分组（岁）	人数（万人）	比率（%）
0～14	28.979	22.89
15～64	88.793	70.15
65 岁及 65 岁以上	8.811	6.96
合计	126.583	100.00
各组变量值	频数	频率

表中，第 1 列是变量 x；第 2 列是各组单位数出现的次数。厂，即频数，各组频数之和等于总体单位数；第 3 列是频率，是各组频数与总体单位总和之比，各组频率之和为 1。

$$频率=f/\sum f \tag{3-1}$$

变量数列按照用以分组的变量的表现形式,可以分为单项式变量数列和组距式变量数列两种。

● 单项式变量数列指数列中每个组的变量值都只有一个,即一个变量值就代表一组,如表3-5所示。

表 3-5   某大学学生一年看电影次数情况

按年看电影次数分组（次）	学生数（人）	比率（%）
0	200	4.44
1	500	11.11
2	1500	33.33
3	2000	44.44
4	300	6.66
合计	4500	100.00

● 组距式变量数列指按一定的变化范围或距离进行分组的变量数列,又称组距数列,如表3-5所示。

在组距式变量数列中,每一组的最大变量值称为该组的上限,最小变量值称为该组的下限。上限与下限之间的距离或差数就是该组的组距,即:组距=上限−下限。组距变量数列又有等距数列和不等距数列之分。如果各组组距都相等,称为等距数列,各组组距大小不等,称为不等距(或异距)数列。

(2) 变量数列的编制

① 整理原始资料

变量数列的分组是按数量大小作为分组标准的。这样,就必须首先对原始资料按从小到大的顺序排列,确定最大值和最小值,并计算全距。

根据抽样调查,某企业 50 名工人月平均收入资料如下（单位：元）：

1250	1320	1230	1100	1180	1580	1210	1460	1170	1080
1050	1100	1070	1370	1200	1680	1250	1360	1270	1420
1180	1030	870	1150	1410	1170	1230	1260	1380	1510
1010	860	780	1130	1140	1190	1260	1350	930	1420
1080	1010	1050	1250	1160	830	1380	1310	1270	880

上述资料比较零乱,不易直接看出其基本特征,若将这些数据按由小到大的顺序排列,可得

到如下的阵列：

780	830	860	870	880	930	1010	1010	1030	1050
1050	1070	1080	1080	1100	1100	1130	1140	1150	1160
1170	1170	1180	1180	1190	1200	1210	1230	1230	1250
1250	1250	1260	1260	1270	1270	1310	1320	1350	1360
1370	1380	1380	1410	1420	1420	1460	1510	1580	1680

它反映出资料的某些特征：首先，说明月收入的波动幅度较大，其全距为 900 元。其次，说明多数工人的月收入在 1000～1400 元。通过整理，使我们大致对该资料的某些特征和基本状况有一个初步了解。

② 确定变量数列的形式

对于离散型变量，因其所描述对象的数量特征，可以按一定的顺序——列举数值，相邻两个变量之间不可能有小数。例如，高校的学生人数、机器台数、废品件数等。所以，对于这些变量，如果项数不多、变异幅度不大，可编制单项式变量数列；否则，应编制组距式变量数列。

对于连续型变量，因其所描述对象的数量特征，在一个区间内可以有无限多个数值，无法按一定次序——列举，其变量值可以用小数表示。例如，粮食的亩产量、职工工资等。所以连续型变量不能编制单项式变量数列，而只能编制组距式变量数列。

③ 编制组距式变量数列应注意的问题

● 确定组距

组距的大小要适度，要能正确地反映总体的分布特征及其规律。组距与组数成反比例关系，组距越大，组数就越少；组距越小，组数就越多（组数=全距÷组距）。组数过少，容易把不同质的单位归在一个组内；组数过多，又容易把同质的单位分散在不同的组内，两者都不符合分组的要求。至于是采用等距分组还是采用不等距分组，要根据现象的特点、统计研究的目的及所搜集到的资料分布是否均匀来确定。如果资料分布比较均匀，就可采用等距分组，否则应采用不等距分组。如上面所举工人月工资一例，则宜编制等距数列。等距数列的组数、组距可以采用下列公式计算，作为参考。

$$K=1+3.3221 \lg n \qquad (3\text{-}2)$$

$$i=R/K \qquad (3\text{-}3)$$

式中，K 是组数；i 是组距；R 是全距；n 是数据个数。

● 确定组限

上限和下限统称为组限。确定组限的基本原则是：按这样的组限分组后，要能使性质相同的单位归入同一组内，使不同性质的单位按不同的组别划分。

对于离散型变量，其变量值都是整数，变量值之间有明显的界限，因而，组的上下限可用肯定性的数值表示，组限非常清楚。例如，工人按职工人数分组，其组限可表示为：

100 人以下

100～499 人

500～999 人

1000 人以上

对于连续型变量，其变量值有小数，组限不能用肯定的数值表示，只能用前一组的上限与后一组的下限重叠的方法表示。例如，工厂按职工工资分组，可以表示如下：

900 元以下

900～1 100 元

1 100～1 300 元

1 300～1 500 元

1 500 元以上

一般原则是把达到上限值的单位划入下一组内。例如，当工资为 1100 元时，该单位应属第三组而不是第二组。

在上述组限的表示方法中，数列的首末两组用"××以下"和"××以上"表示的叫开口组，首末两组上下限俱全的叫闭口组。在分组时是采用开口组还是闭口组，要根据现象的实际情况而定。

组中值是上限和下限之间的中点数值，它是代表各组标志值平均水平的数值。计算组中值的公式为：

$$组中值 = （上限 + 下限）/2 \tag{3-4}$$

开口组的组距和组中值的确定，一般以其邻近组的组距为准，其计算公式为：

$$缺下限开口组的组中值 = 上限 - （邻组组距/2） \tag{3-5}$$

$$缺上限开口组的组中值 = 下限 + （邻组组距/2） \tag{3-6}$$

④ 频数分布表的具体编制

如前所举，该企业工人月平均收入的全距为 900 元，组距 = 全距 ÷ 组数 = 900 ÷ 5 = 180 元，可近似取 200 元。这里，组数取 5 组是根据研究的目的而定的。第 1 组为 900 元以下，表示最低收入；第 2 组为 900～1100 元，表示较低收入；第 3 组为 1100～1300 元，表示收入为中等；第 4 组为 1300～1500 元，表示收入较高；第 5 组为 1500 元以上，表示收入高者，如表 3-6 所示。

表 3-6　　　　　　　　　　50 名工人月平均收入频数分布表

按工人月平均收入分组 x（元）	频数 f	频率（%）f/∑f	向上累计		向下累计	
			频数	频率（%）	频数	频率（%）
900 以下	5	10	5	10	50	100
900～1100	9	18	14	28	45	90
1100～1300	22	44	36	72	36	72

按工人月平均收入分组 x（元）	频数 f	频率（%）f/∑f	向上累计		向下累计	
			频数	频率（%）	频数	频率（%）
1300～1500	11	22	47	94	14	28
1500 以上	3	6	50	100	3	6
合计	50	100	—	—	—	—

有时为了研究次数分布的状况，计算分析的需要，常需要计算累计次数或累计频率。计算累计次数或累计频率的方法有两种：一是向上累计，即把各组次数或频率由变量值小的组向变量值大的组的顺序逐项累计，各组的累计次数或累计频率表示小于该组变量值上限的次数或频率合计有多少。如上表中，第三组的向上累计次数和累计频率分别为 36 人和 72%，表示月平均收入低于 1300 元的工人共有 36 人，占全部工人的 72%。另一种是向下累计，即把各组次数或频率由变量值大的组向变量值小的组的顺序逐项累计，各组的累计次数或累计频率表示大于该组变量值下限的次数或频率合计有多少。如表 3-6 中第二组的向下累计次数和累计频率分别为 14 人和 28%，表示月平均收入高于 1300 元的工人共有 14 人，占全部工人的 28%。

通过对总体各单位分组而形成的变量数列，显示了各单位标志值在各组间的分布状况，从而使杂乱无章的原始数据显示出一定的规律性，从表中可看出，月平均收入在 1100～1500 元的工人占全部工人的 66%，而较低收入和高收入的工人所占比重较小，表现出近似"两头小，中间大"的钟形分布特征。

（3）次数分布的主要类型

各种不同性质的现象有着各自特殊的次数分布。概括起来，主要有钟形、U 形、J 形分布三种。

① 钟形分布

钟形分布的特征是"两头小，中间大"，即靠近中间的变量值分布的次数多，靠近两端的变量值分布的次数少。如果次数分配并不完全对称，则称为偏态分布，一般有左偏态和右偏态两种；如果次数分配完全对称，则称为对称分布或正态分布。正态分布是实际生活中最重要、最常见的分布，许多现象（如商品市场价格、农作物平均产量、零件公差等）统计总体的分布都趋于正态分布。对称分布和偏态分布如图 3-2 所示。

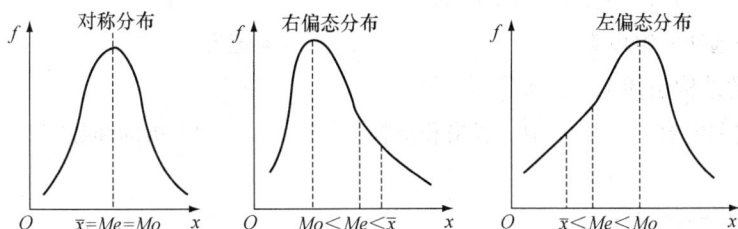

图 3-2　钟形分布图

② U 形分布

U 形分布的特征是"两头大，中间小"，即靠近两端的变量值分布的次数多，靠近中间的变量值分布的次数少，如图 3-3 所示。人口死亡率、每日天空中云量的百分比等现象都呈 U 形分布。

③ J 形分布

J 形分布有正 J 形和反 J 形两种类型。正 J 形分布是次数随着变量值的增大而增多，如投资额按利润率大小分布；反 J 形分布是次数随着变量值的增大而减少，如人口总体按年龄大小分布，如图 3-4 所示。

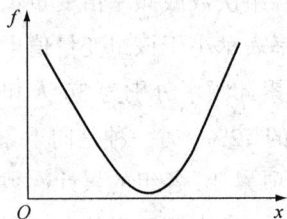

图 3-3　U 形分布图　　　　　　　　　　　图 3-4　J 形分布图

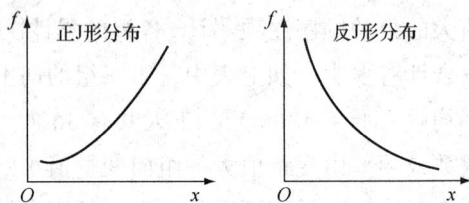

练习题

一、判断题（把"√"或"×"填在题后的括号里）

1. 统计整理就是对统计调查所搜集到的各种数据进行科学分类和汇总，为统计分析提供系统化和条理化的信息资料的过程。（　　　）

2. 在统计数据整理之前，有必要对原始数据进行严格的审核。（　　　）

3. 分组和汇总是统计数据整理的中心工作。（　　　）

4. 统计数据通过统计表和统计图来显示。（　　　）

二、单选题

1. 统计分组的要求（　　　）。

    A. 母项、子项、分组标志　　　　　　B. 周延性、互斥性、分组标志的同一性

    C. 同质性、差别性

2. 统计分组的方法关键在于（　　　）。

    A. 选择分组标志和确定各组的界限　　B. 明确统计研究目的和任务

    C. 动态选择分组标志　　　　　　　　D. 正确确定各组界限

3. 统计表的结构包括（　　　）。

    A. 形式和内容　　　　　B. 表格和资料　　　　　C. 指标和数字

三、多选题

1. 统计分组的方法包括（　　　）。

    A. 按分组标志的多少　　B. 按分组标志的性质　　C. 按分组的作用

2. 次数分布的主要类型有（   ）。

    A. 钟形   B. U 形   C. J 型   D. 正态分布

3. 统计表按用途可分为（   ）。

    A. 调查表   B. 整理表   C. 分析表

4. 常用的统计图形有三种（   ）。

    A. 直方图   B. 折线图   C. 曲线图   D. 饼图

四、计算题

（1）对 50 只灯泡的耐用时数进行测试，所得数据如下（单位：小时）。

886	928	999	946	950	864	1050	927	949	852
1027	928	978	816	1000	918	1040	854	1100	900
866	905	954	890	1006	926	900	999	886	1120
893	900	800	938	864	919	863	981	916	818
946	926	895	967	921	978	821	924	651	850

要求：

① 试根据上述资料编制次（频）数分布数列。

② 编制向上或向下累计频数、频率数列。

③ 根据所编制的次数分布数列绘制直方图、折线图与曲线图。

④ 根据所编制的累计频数、频数数列绘制累计曲线图。

⑤ 根据累计曲线图，指出灯泡耐用时数在 1000 小时以上的有多少？占多大比重？灯泡耐用时数在 900 小时以下的有多少？占多大比重？

⑥ 根据频数分布曲线图说明灯泡耐用时数的分布是属于哪一种类型？

（2）试将所在学校的某个现实问题作为选题，进行一次调查，调查单位不少于 30 个，写出调查方案，将收集的数据进行整理，编制成统计表和统计图，并简要说明其分布特征。

3.2   统计数据的显示

3.2.1   统计表

    统计调查所得来的原始资料，经过整理，得到说明社会现象及其发展过程的数据，把这些数据按一定的顺序排列在表格上，就形成了统计表。广义的统计表包括统计工作各个阶段中所用的一切表格；狭义的统计表专指分析表和容纳各种统计资料的表格，即通常所说的统计表。统计表优点在于，资料易于条理化，简单明了，可以节省大量文字叙述，便于比较分析，是统计分析的一种重要工具。

（1）统计表的结构

统计表的结构，可以从形式和内容两个方面来认识。

① 统计表的形式

统计表是由纵横交叉的线条组成的一种表格，表格包括总标题、横行标题、纵列标题和指标数值四个部分。总标题是统计表的名称，它扼要地说明该表的基本内容，并指明时间和范围，它置于统计表格的正上方；横行标题是横行的名称，一般放在表格的左方；纵列标题是纵栏的名称，一般放在表格的上方；横行标题和纵列标题共同说明填入表格中的统计数字所指的内容。指标数值是列在横行和纵列的交叉处，用来说明总体及其组成部分的数量特征，它是填写在统计表格的核心部分。

② 统计表的内容

统计表由主词栏和宾词栏两个部分组成。主词栏是统计表所要说明的总体及其组成部分；宾词栏是统计表用来说明总体数量特征的各个统计指标。主词一般列在表的左方，宾词一般列在表的右方。必要时，主宾词可以变换位置或合并排列，如表 3-7 所示。

表 3-7　　　　　　　　　　　　2004 年全国税收收入及其构成表

按税种分组	税收收入（亿元）	占总收入（%）
三项流转税	14016	54.5
（国内增值税、消费税和营业税）		
三项所得税	5811	22.6
（内资企业所得税、涉外企业所得税、个人所得税）		
海关代征进口税收完成收入	3706	14.4
其他税收收入	2185	8.5
合计	25718	100.0

主词栏　　　　　　　　　　　　　　　宾词栏

此外，统计表还可包括补充资料、注解、资料来源、填表单位、填表人等。

（2）统计表的种类

① 按用途分类

广义的统计表可分为如下几类。

● 调查表，即在统计调查中用于登记调查项目的表格。

● 整理表或汇总表，即在统计整理汇总过程中使用的表格和用于表现统计汇总或整理结果的表格。

● 分析表，即用于统计分析的表格。这类表往往与整理表结合在一起，成为整理表的延续。

② 按主词的结构分类

根据主词是否分组和分组的程度，分为简单表、分组表和组合表。

● 简单表：主词未经任何分组的统计表称为简单表，也称一览表。主词罗列各单位的名称。

● 分组表：主词只按一个标志进行分组形成的统计表，也称简单分组表。

简单分组表的应用十分广泛，对比简单表，它有如下作用：区分事物的类型，研究总体结构，分析现象之间的依存关系。

③ 复合表

主词按两个或两个以上标志进行分组的统计表，也称复合分组表。表 3-8 是复合表，表中国内生产总值分别按产业和国民经济行业分组。在复合分组表中设计横行标题时，应在第一次分组的各组组别下退一、二字填第二次分组的组别，这时第一次分组的组别就成为第二次分组的各组小计。若需再进行第三、第四次分组，均可按此类推。如表 3-8 所示，按产业进行第一次分组，分为第一、第二和第三产业。对第二产业又进行第二次分组，按行业分为工业和建筑业。

表 3-8　　　　　　　　　　国内生产总值及其分组表

国内生产总值按产业和行业分组	国内生产总值（亿）	比重（%）
第一产业		
第二产业		
工业		
建筑业		
第三产业		
交运仓储邮电通信业		
批发和零售贸易餐饮业		
合计		

④ 按宾词设计分类

统计表按宾词设计不同可分为宾词简单排列、分组平行排列和分组层叠排列等三种。

宾词简单排列是指宾词不加任何分组、按一定顺序排列在统计表上，如表 3-9 所示。

表 3-9　　　　　　　　某地区不同经济类型工业企业主要经济指标

经济类型	企业数（个）	年平均职工人数（人）	工业增加值（万元）	年末固定资产净值（万元）
国有经济				
集体经济				
外商经济				
其他经济				
合计				

宾词分组平行排列是指宾词栏中各分组标志彼此分开，平行排列，如表 3-10 所示。

表 3-10　　　　　　　　　　　各地区社会商品零售总额　　　　　　　　　　单位：元

按地区	按商品性质和用途分组		按城乡分组		按经济类型分组			
	社会消费品零售总额	农业生产资料销售额	城镇	农村	国有	集体	个体	其他
北京								
天津								
河北								
山西								
内蒙古								
⋮								
合计								

● 宾词分组层叠排列是指统计指标同时有层次地按两个或两个以上标志分组，各种分组层叠在一起，宾词的栏数等于各种分组的组数连乘积。如表 3-11 所示，农村劳动力按产业分为 3 组，按性别分为 2 组，则复合分组设计的宾词栏数共有 3×2=6 栏（不包括合计栏）。

表 3-11　　　　　　　　　　2005～2008 年农村劳动力的分布情况

年份	劳动力			产业								
	人数			第一产业			第二产业			第三产业		
	合计	男	女	合计	男	女	合计	男	女	合计	男	女
2005												
2006												
2007												
2008												
总计												

统计表的主词分组与宾词分组是有区别的。主词分组的结果使总体分成许多组成部分，它们是需要用统计指标（宾词）来描述和表现的。宾词分组的结果并不增加统计总体的组成部分，仅仅是比较详细地描述总体已有的各个组成部分。由此可见，主词分组具有独立的意义，而宾词分组从属于主词的要求，是为描述主词的数量特征而考虑的。

（3）统计表的编制应注意的问题

统计表设计总的要求是：简练、明确、实用、美观、便于比较。

① 统计表形式设计注意事项

● 统计表应设计成由纵横交叉线条组成的长方形表格，长与宽之间保持适当的比例。

● 线条的绘制。表的上下端应以粗线绘制，表内纵横以细线绘制。表格的左右两端一般不划线，采用"开口式"。

● 合计栏的设置。统计表各纵列若需合计时，一般应将合计列在最后一行，各横行若需要合计时，可将合计列在最前一栏或最后一栏。

● 栏数的编号。如果栏数较多，应当按顺序编号，习惯上主词栏部分分别编以"甲、乙、丙、丁……"为序号，宾词栏编以（1），（2），（3），（4）等为序号。

② 统计表内容设计注意事项

● 标题设计。统计表的总标题，横行、纵列标题应简明扼要，以简练而又准确的文字表述统计资料的内容、资料所属的空间和时间范围。

● 指标数值。表中数字应该填写整齐，对准位数。当数字因小可忽略不计时，可写上"0"；当缺某项数字资料时，可用符号"…"表示；不应有数字时用符号"—"表示。

● 计量单位。统计表必须注明数字资料的计量单位。当全表只有一种计量单位时，可以把它写在表头的右上方。如果表中各栏的指标数值计量单位不同，可在横行标题后添一列计量单位。

● 注解或资料来源。为保证统计资料的科学性与严肃性，在统计表下，应注明资料来源，以便查考。必要时，还可在统计表下加上注解或说明。

3.2.2 统计图

运用统计图描述次数分布的类型特征，常用的图形有三种：直方图、折线图和曲线图。

现以某班 40 名学生统计学考试成绩资料（见表 3-12）为例，说明如何采用图示法来描述学生考试成绩的分布状况。

表 3-12　　　　　　　　　某班学生统计学考试成绩资料

按考分分组	次数 f_i	频率 $f_i/\sum f_i$	向上累计		向下累计	
			次数	频率（%）	次数	频率（%）
50～60	2	5.0	2	5.0	40	100.0
60～70	7	17.5	9	22.5	38	95.0
70～80	11	27.5	20	50.0	31	77.5
80～90	12	30.0	32	70.0	20	50.0
90～100	8	20.0	40	100.0	8	20.0
合计	40	100.0	—	—	—	—

(1) 直方图

即用直方形的宽度和高度来表示次数分布的图形。绘制直方图时，横轴表示各组组限，纵轴表示次数（一般标在左方）和比率（或频率，一般标在右方），若没有比率的直方图只保留左侧的次数。依据各组的组距的宽度与次数的高度绘成直方图。根据表 3-12 的资料绘制的直方图，如图 3-5 所示。

图 3-5 是依据等组距式变量数列绘制的直方图。对于不等组距式变量数列，则通常按次数密度（频数密度）绘制直方图以表示其分布。例如，40 名学生统计学成绩次数分布状况如表 3-13 所示。

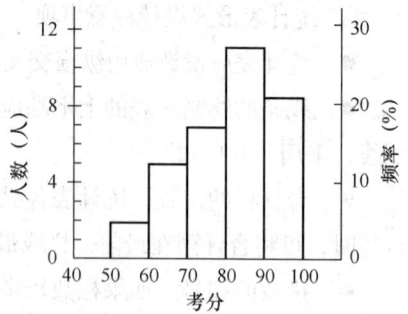

图 3-5 次数分布直方图

表 3-13　　　　　　　　　某班学生统计学考试成绩次数分布表

按考分分组	组距 d	次数 f_i	频数密度=次数/组距
56～60	4	2	0.5
60～66	6	5	0.833
66～82	16	14	0.875
82～92	10	11	1.1
92～100	8	8	1.0
合计	—	40	—

对于不等距式变量数列，只有以频数密度绘制直方图，才能准确地反映客观实际情况。根据表 3-13 的资料，按频数密度绘制直方图，如图 3-6 所示。

(2) 折线图

折线图可以在直方图的基础上，用折线将各组次数高度的坐标连接而成，也可以用组中值与次数求坐标点连接而成。图 3-7 是根据表 3-13 资料绘制的次数分布折线图。

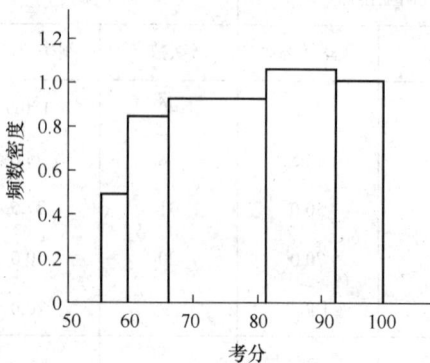

图 3-6 频数密度分布直方图

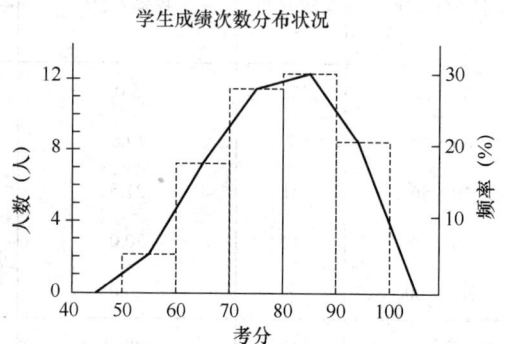

图 3-7 次数分布折线图

(3) 曲线图

当变量数列的组数无限增多时，折线便近似地表现为一条平滑曲线。曲线图的绘制方法与折线图基本相同，只是在连接各组次数坐标点时应当用平滑曲线，而不用折线。对图 3-7 的折线平滑化，即得次数分布曲线图，如图 3-8 所示。

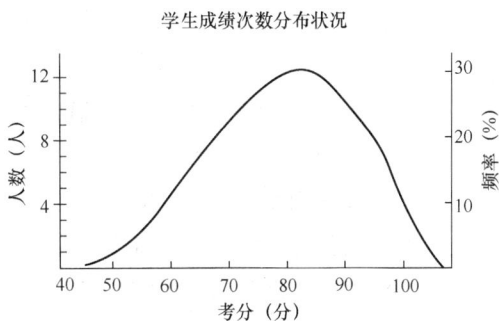

学生成绩次数分布状况

图 3-8 次数分布曲线图

(4) 条形图

条形图是用宽度相同的条形的高度或长短来表示数据变动的图形。它可以横置或纵置，纵置时也称为柱形图。在表示定类数据的分布时，用条形图的高度来表示各类别数据的频数或频率，如图 3-9 所示。

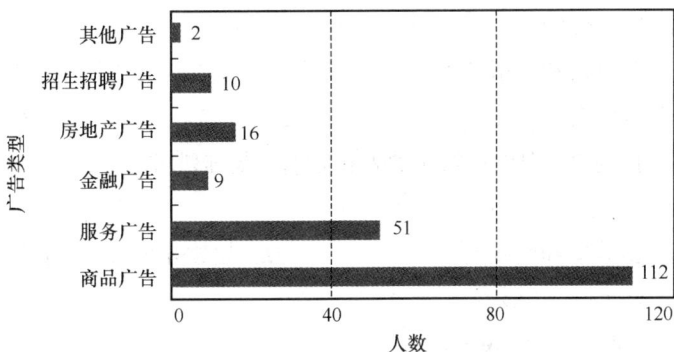

图 3-9 某城市居民关注不同类型广告的人数分布图

(5) 圆形图

圆形图也称饼图，是用圆形及圆内的扇形面积来表示数值大小的图形。圆形图主要用于表示总体中各组成部分所占的比例，对于研究结构性的问题很有用。这些扇形的中心角度是按各部分百分比占 360° 的相应比例确定的。例如，关注服务广告的人数占总人数的百分比为 25.5%，那么其扇形的中心角度就应为 360° ×25.5%=91.8°，其余类推。根据图 3-9 数据绘制的圆形图如图 3-10 所示。

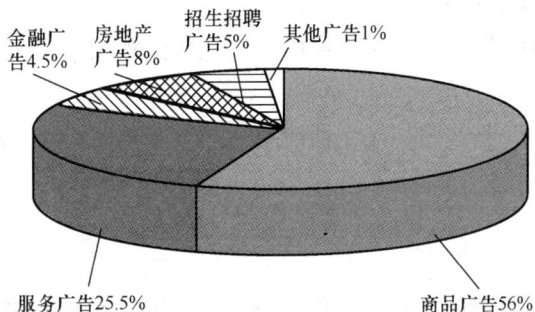

图 3-10 某城市居民关注不同类型广告的人数构成图

一、判断题（将"√"或"×"填在题后的括号里）

1. 统计表由形式和内容两部分构成。（　　　）

2. 统计表按用途可分为简单表和分组表。（　　　）

3. 统计表设计总的要求是简练、明确、实用、美观、便于比较。（　　　）

4. 饼图是用圆形及圆内的扇形面积来表示数值大小的图形。（　　　）

二、单选题

1. 统计表格包括（　　　）。

　　A. 总标题、横行标题、纵列标题和指标数值

　　B. 补充资料、注解、资料来源、填表单位、填表人

　　C. 形式和内容

2. 统计表按用途可分为（　　　）。

　　A. 调查表、整理表和分析表

　　B. 简单表和分组表

　　C. 宾词简单排列表、分组平行排列表和分组层叠排列表

3. 常见的统计图形有（　　　）。

　　A. 直方图、折线图和曲线图　　　　　　　B. 频数分布图和次数分布图

　　C. Y形图、U形图、J形图

4. 统计表的编制应注意的问题主要分（　　　）。

　　A. 形式设计与内容设计　　　　　　　　　B. 标题设计与指标设计

　　C. 栏目设计与内容设计

三、多选题

1. 统计表按用途可分为如下几类（　　　）。

　　A. 调查表　　　　　　　　B. 整理表　　　　　　　　C. 分析表

2. 统计表按宾词设计不同可分为（　　　）。

　　A. 宾词简单排列　　　　　B. 分组平行排列　　　　　C. 分组层叠排列

3. 统计表设计总的要求是（　　　）。

　　A. 简练　　　B. 明确　　　C. 实用　　　D. 美观　　　E. 便于比较

4. 常用的统计图有（　　　）。

　　A. 直方图　　B. 折线图　　C. 曲线图　　D. 条形图　　E. 圆形图

　　1. 统计调查有普查、统计报表制度、重点调查、典型调查和抽样调查等多种组织方式，它们都有各自的特点和适用的条件，共同组成统计调查的方法体系。实际工作中，必须根据调查研究

目的和具体条件选择调查方式。

  2. 统计整理是连接统计调查和统计分析的重要阶段。统计资料整理的核心是分组。按品质标志分组的关键是界定各类型组的性质差异；按数量标志分组的关键是正确确定各组的数量界限，即确定组数和组距。必须使组与组之间的量的差异能够反映出局部的质的差异，通过分组形成的变量数列能够显示出数据的分布特征。

  3. 现代统计调查的大量数据主要靠电子计算机进行整理，这是统计工作现代化的重要标志之一。无论是手工整理还是应用电子计算机进行数据处理，制作统计表和统计图必须注意规则，力求规范；否则，不仅统计资料不便于利用开发，而且还可能引起误解甚至得出错误的结论。

  4. 统计表的编制应注意的问题主要分形式设计与内容设计两个方面。

技能训练

某百货公司连续 40 天的商品销售额（单位：万元）如下。

41	25	29	47	38	34	30	38	43	40
46	36	45	37	37	36	45	43	33	44
35	28	46	34	30	37	44	26	38	44
42	36	37	37	49	39	42	32	36	35

要求：根据上面的数据进行适当分组，编制频数分布表，并绘制直方图。

项目四

综合指标分析法

学习目标

　　综合指标分析法是统计分析的最基本方法，它主要是通过总量指标、相对指标、平均指标和变异指标来反映现象的本质和特征。本任务的学习目标主要是：

◆ 正确理解总量指标、相对指标及其运用
◆ 深刻理解集中趋势和离散趋势的指标及其运用
◆ 熟练掌握相对指标的种类及其计算方法
◆ 熟悉掌握平均指标和变异指标的计算方法

案例导入

2012 年陕西省人口、教育和金融统计资料

一、人口

　　2012 年年末，全省常住人口 3753.09 万人，比上年增加 10.49 万人。其中，男性 1938.47 万人，占 51.65%；女性 1814.62 万人，占 48.35%，性别比为 106.83（以女性为 100，男性对女性的比例）。出生人口 37.98 万人，出生率 10.12‰；死亡人口 23.42 万人，死亡率 6.24‰；自然增长率 3.88‰。城镇人口 1877.3 万人，占 50.02%，农村人口 1875.79 万人，占 49.98%。人口年龄构成为 0～14 岁人口占 14.42%，15～64 岁人口占 76.61%，65 岁及以上人口占 8.97%。（摘自 2012 年陕西省国民经济和社会发展统计公报）

二、教育

　　全省共有高等学校 97 所，其中普通高等学校 79 所。全年招收普通本专科学生 32.71 万人，在校学生 102.63 万人；研究生招生 3.13 万人，在学研究生 9.43 万人；成人高等教育招生 6.5 万人，在校学生 19.88 万人。

　　全年中等职业院校招生 19.62 万人（不含技工学校），在校学生 52.67 万人。

全省共有小学 7994 所，招生 37.88 万人，在校学生 234.62 万人；普通中学 2295 所，招生 73.02 万人，在校学生 225.7 万人。小学、初中学龄人口净入学率分别为 99.87% 和 99.74%。

全省共有幼儿园 5784 所，在园幼儿（包括学前班）117.4 万人。有特殊教育学校 46 所，在校残疾儿童 6046 人。

三、金融、证券和保险业

2012 年末，全省金融机构（含外资）本外币各项存款余额 22843.39 亿元，同比增长 18.1%，比年初新增 3497.74 亿元，同比多增 718.64 亿元；各项贷款余额 14138.2 亿元，同比增长 16.9%，比年初新增 2030.86 亿元，同比多增 132.63 亿元。

年末，全省境内有各类证券公司 3 家，其中，证券营业部 119 家（含外地公司在陕西的营业部），比上年增加 14 家。期末证券开户数 227 万户，比上年末增加 9 万户，证券市场各类证券交易量 10458.98 亿元，比上年下降 13.2%。

全年全省保险业原保险保费收入 365.33 亿元，比上年增长 6.3%。其中，财产险公司 118.43 亿元，增长 14.2%；人身险公司 246.9 亿元，增长 2.9%。保险业累计赔付支出 104.4 亿元，比上年增长 20.7%。其中，财产保险公司赔付支出 64.03 亿元，增长 30.5%；寿险公司赔付支出 40.37 亿元，增长 7.8%。

通过统计调查搜集到大量说明总体单位特征的原始资料，对这些资料加以整理、汇总、计算就得到反映社会经济现象总体特征的统计指标，一般称为综合指标。常用的综合指标有总量指标、相对指标、平均指标、标志变异指标。分别反映现象的总规模、相对水平、集中趋势、变异程度。统计分析不同于一般的经济理论分析，它要用统计指标来说话，综合指标分析法就是最基本的统计分析方法。那么上述各种指标是用来反映什么的？如何计算的？在经济生活中又是如何被运用的？带着这些问题，我们走进本任务的学习。

（资料来源：摘自 2012 年陕西省国民经济和社会发展统计公报）

4.1 | 总量指标

4.1.1 总量指标概述

（1）总量指标的含义

总量指标又称统计绝对数，是反映一定时间、地点和条件下某种现象总体的总规模或总水平的统计指标。例如，我国 2012 年国内生产总值 2 824 351 亿元，粮食总产量 48 401 万吨，棉花总产量为 870 万吨，全社会固定资产投资 101 604 亿元，社会消费品零售总额达到 97 177 亿元，全年进出口额达 34 221 亿美元，年末人口 130 756 万人，就是反映 2012 年我国在经济和社会方面的总规模和总水平的总量指标。

(2) 总量指标的作用

在社会经济统计中，总量指标有着重要的作用。

① 它是人们对社会经济现象认识的起点。人们要想了解一个国家或一个地区的国民经济和社会发展的状况，首先就要准确地掌握客观现象在一定时间、地点条件下的发展规模或水平，然后才能更深入地认识社会。

② 它是制定方针政策、编制计划、实行科学管理的重要依据。无论是宏观 调控还是微观管理，都不能凭空操作，必须从客观实际出发，以反映客观事物现实的和以往的有关总量指标作为参考依据；例如，一个国家要制定货币发行量、存贷款利率、基本建设投资规模等有关金融政策和财政政策，就必须掌握城乡居民储蓄存款余额、货币流通量、全社会固定资产投资总额等总量指标。

③ 它是计算相对指标和平均指标的基础。相对指标与平均指标一般都是由两个有关系的总量指标对比计算出来的，可以说是总量指标的派生指标。总量指标的计算是否科学、合理，会直接影响相对指标和平均指标的准确性。

(3) 总量指标的计量单位

总量指标的计量单位有实物单位、货币单位、劳动量单位三种。

① 实物单位

实物单位是根据事物的自然属性和特点度量其数值的计量单位。常用的有以下几种。

● 自然单位。即按照被研究对象的自然状态来度量其数量的一种计量单位。例如，人口以"人"为单位，汽车以"辆"为单位，牲畜以"头"为单位等。

● 度量衡单位。即按照统一的度量衡制来度量客观事物数量的一种计量单位。例如，粮食以"千克"为单位，棉布以"米"为单位、木材以"立方米"为单位等。

● 标准实物单位。即按照统一折算的标准来度量被研究现象数量的一种计量单位。例如，各种不同发热量的能源折合为 7 000 大卡／公斤的标准煤，7 000 大卡／公斤就称为标准实物单位。再如，将各种不同能力的拖拉机以 15 马力的拖拉机作为标准台折算等。其折算公式为：标准实物量=实物量×折合系数。

● 双重单位或复合单位。指两个或两个以上的单位结合使用的计量单位，双重单位如电机用"千瓦／台"表示，复合单位如货运周转量以"吨公里"表示。

② 货币单位

货币单位是以货币作为价值尺度计量社会物质财富或劳动成果的一种计量单位。例如，工业总产值、国内生产总值、进出口总额、商品销售额、工资总额、产品总成本等指标，都是用货币单位表示的总量指标。

③ 劳动量单位

劳动量单位是以劳动时间来表示的一种计量单位。一般用工时、工日表示。一个工人做 1

小时工，叫作 1 个工时，8 个工时等于 1 个工日。例如，在机械工业部门，由于产品生产周期长，产品结构复杂，一台机械往往是由许多零部件所组成，要在各车间、各班组进行加工生产，一天内完成的大小零件、部件，用实物量是无法相加的，所以必须用生产消耗的工时来计量。

4.1.2　总量指标的种类

（1）总体单位总量指标和总体标志总量指标

总量指标按其说明总体内容不同，分为总体单位总量指标和总体标志总量指标。总体单位总量指标简称单位总量，是反映总体中单位总数的总量指标。例如：研究全国工业企业的基本情况，则全国工业企业是总体，每一个工业企业是一个总体单位，那么，全国工业企业数就是总体单位总量。总体单位总量指标决定着一个统计总体的规模大小，一个总体只有一个总体单位总量指标。

总体标志总量指标简称标志总量，是反映总体中单位标志值总和的总量指标。例如，全国工业企业总体中，每个工业企业的职工人数、总产值、利润等标志数值加总求得的全国工业企业职工人数、工业总产值、利润总额等就属于总体标志总量指标。总体标志总量指标大小决定着总体某一数量标志水平的高低，一个总体可有多个总体标志总量指标。

总体单位总量和总体标志总量的地位并不是固定不变的，它们随着统计研究的目的不同而变动。上例中，研究总体如改为全国工业企业的职工，要研究他们的工资水平，那么，全国工业企业的职工人数就成了总体单位总量，而工资总额则是总体标志总量了。明确总体单位总量和总体标志总量的关系对于计算和区别相对指标和平均指标具有重要意义。

（2）时期指标和时点指标

总量指标按其说明现象时间状况的不同，可分为时期指标和时点指标。时期指标是反映社会经济现象在某一段时期内活动过程累积的总量，例如，产品产量、产值、工资总额、人口出生数，等等。时点指标是反映社会经济现象在某一时点（瞬间）所表现的总量，例如，职工人数、设备台数、牲畜存栏数、商品库存数，等等。

时期指标和时点指标各有不同特点。

① 时期指标的数值具有可加性，相加后表示更长时期的累计总量，如一年中每天产量相加就是一年的总产量，时点指标的数值不具有可加性，只有在有关指标的计算过程中需要直接相加，否则就没有实际意义，如年末人口数，指某年 12 月 31 日 24 时的实有人口数，而不是将全年各月人口数相加的总和。

② 时期指标资料搜集要通过经常性调查取得，时点指标资料搜集是通过一次性调查来完成的。

③ 时期指标的数值大小与时期长短成正比，如一个企业一年的产值必然大于其该年一个月的

产值，时点指标的数值大小与时点间的间隔长短没有直接关系，即不受时间长短的影响，如某企业年末的职工人数不一定大于该年中某月末的职工人数。

（3）实物指标、价值指标和劳动量指标

总量指标按计量单位不同分为实物指标、价值指标和劳动量指标。实物指标是以实物单位计量的总量指标，用于表明社会经济现象总体的使用价值总量。其最大特点就是能直接反映产品的使用价值或现象的具体内容，具体表明事物的规模和水平。它的局限性在于其综合性能较差，不能综合反映多种不同类事物的总水平。例如，我们就不能用一个指标来反映我国某年所有工业产品总产量。

价值指标是以货币单位计量的总量指标，例如，工农业总产值、商品销售额、工资总额、产品总成本等。价值指标的最大特点在于它代表一定的社会必要劳动量，因此具有最广泛的综合性能和概括能力。所以不同产品的产值，不同商品的销售额，等都是可以相加的。价值指标也有它的局限性，就是指标脱离了物质内容，比较抽象。因此，在实际工作中，价值指标应该和实物指标结合起来使用，才能比较全面地认识问题。

劳动量指标是以劳动量单位计量的总量指标。将生产各种产品所消耗的劳动量相加得到的劳动消耗总量，即总工时或总工日，可用来综合反映企业生产各种产品的总产量。

练习题

一、判断题

1. 某企业 6 月末实有生产设备 1680 台，是时期指标。（　　）

2. 某市 2002 年末人口数为 1505 万人，是时点指标。（　　）

3. 某地区某年人口出生数是时点指标。（　　）

4. "全国职工人数"肯定是一个总体单位总量。（　　）

5. 综合指标数值大小随着总体范围的增大而增大。（　　）

二、单选题

1. 实物计量单位不包括（　　）。

    A．标准实物单位　　　　　B．劳动单位　　　C．自然单位　　　D．度量衡单位

2. 总量指标按反映总体的内容不同，可分为（　　）。

    A．时期指标和时点指标　　　　　　　　B．总体标志总量和总体单位总量

    C．数量指标和质量指标　　　　　　　　D．实物指标和劳动量指标

3. 固定资产投资完成额是（　　）。

    A．时期指标　　　B．时点指标　　　C．实物量指标　　D．相对指标

4. 人口数与出生人数（　　）。

    A．前者是时期指标而后者是时点指标　　　B．前者是时点指标而后者是时期指标

    C．两者都是时点指标　　　　　　　　　　D．两者都是时期指标

5. 在医院总体中，医院所数（A）、医院职工人数（B）病床张数（C）三个指标（　　）。

    A. 都是总体单位总量

    B. 都是总体标志总量

    C. A 是总体单位总量，BC 是总体标志总量

    D. B 是总体单位总量，AC 是总体标志总量

三、多选题

1. 下列属于时期指标的有（　　）。

    A. 职工人数　　　　　B. 大学生毕业人数　　　　　C. 储蓄存款余额

    D. 折旧额　　　　　　E. 出生人数

2. 下列属于时点指标的有（　　）。

    A. 商品库存数　　　　B. 人口数　　　　　　　　C. 折旧额

    D. 银行存款余额　　　E. 死亡人数

3. 时点指标的特点有（　　）。

    A. 可以连续计数　　　B. 数值大小与时期长短有关

    C. 具有可加性　　　　D. 不具有可加性

    E. 数值大小与间隔大小无关

4.2 ｜ 相对指标

4.2.1　相对指标概述

（1）相对指标的含义

相对指标又称相对数，是两个有联系的统计指标对比计算的比率。说明现象总体内部的结构、比例以及现象之间的数量对比关系和相互联系程度。例如，2012 年年末我国总人数中，男性占 51.5%，女性占 48.5%，男女性别比例为 1.06:1，人口出生率为 12.4‰，自然增长率 5.89‰，人口密度为 136.2 人／平方公里等。

（2）相对指标的作用

相对指标是统计分析中广泛应用的统计指标，其作用主要有以下几个方面。

① 能够反映现象内部和现象之间的相对水平和联系程度

总量指标虽然是反映现象总体规模或水平的重要指标，但它却不能鲜明、深刻地说明现象总体内部的结构、比例以及现象之间的相互联系程度。运用相对指标就可以说明这些总量指标揭示不出来的统计信息，为认识现象的本质和特点提供依据。

② 为某些不能直接对比分析的统计指标提供可以比较的基础

相对指标可以使那些利用总量指标不能直接对比的现象，找到可比基础，从而准确判断事物之间的差别程度。例如，比较两个国家的经济实力，就不能用这两个国家的国内生产总值、产品产量等总量指标进行对比，而应该使用人均国内生产总值、人均主要产品产量等相对指标进行比较，因为这些指标消除了规模大小的影响，这样对比才科学合理。

（3）相对指标数值的表现形式

相对指标的表现形式也可称为相对指标的计量单位，一般有无名数和有名数两种。

① 无名数

无名数是一种抽象化的数值，分为系数、倍数、成数、百分数、千分数、百分点等。

● 系数和倍数：是将对比的基数抽象化为 1 而计算出来的相对数。当对比的两个指标数值相差不大时，用系数表示。当对比的两个指标数值分子比分母大很多时用倍数表示。

● 成数：是将对比的基数抽象化为 10 而计算出来的相对数。一成就是 1/10，过去俗语中用得比较多。

● 百分数：是将对比的基数抽象化为 100 而计算出来的相对数。是相对指标中最常用的一种表现形式。在对比分析中，有时用到百分点，百分点是指两个以百分数表示的相对指标进行对比时，差距为 1% 称为 1 个百分点。

● 千分数：是将对比的基数抽象化为 1000 而计算出来的相对数。它常用于分子指标比分母指标数值小得多的情况。

👆 **知识链接**

"百分数"与"百分点"的区别

百分数是用一百做分母的分数，在数学中用"%"来表示，在文章中一般都写作"百分之多少"。百分数与倍数不同，它既可以表示数量的增加，也可以表示数量的减少。运用百分数时，也要注意概念的精确。如"比过去增长 20%"，即过去为 100，现在是"120"；"比过去降低 20%"，即过去是 100，现在是"80"；"降低到原来的 20%"，即原来是 100，现在是"20"。运用百分数时，还要注意有些数最多只能达到 100%，如产品合格率，种子发芽率等；有些百分数只能小于 100%，如粮食出粉率等；有些百分数却可以超过 100%，如产品产量计划完成情况等。

"占"、"超"、"为"、"增"的用法，"占计划百分之几"指完成计划的百分之几；"超计划的百分之几"，就应该扣除原来的基数（-100%）；"为去年的百分之几"就是等于或相当于去年的百分之几；"比去年增长百分之几"应扣掉原有的基数（-100%）。

百分点是指不同时期以百分数形式表示的相对指标（如：速度、指数、构成等）的变动幅度。例如，我国国内生产总值中，第一产业占的比重由 1992 年的 21.8% 下降到 1993 年的 18.2%。根据资料，我们可以说：国内生产总值中，第一产业占的比重，1993 年比 1992 年下降 3.6 个百分点（18.2-21.8=-3.6）；但不能说下降 3.6%。

② 有名数

有名数是将分子指标和分母指标的计量单位结合使用的一种形式。例如，人口密度用人／平方公里表示，平均每人分摊的粮食产量用公斤／人表示等。有名数主要用来表现强度相对指标的数值。

4.2.2 相对指标的种类及计算

（1）结构相对指标

结构相对指标是在分组基础上，将总体区分为不同性质的各部分，以部分数值与总体数值对比求得的比重或比率，来反映总体内部的构成状况。一般用百分数或系数表示。其计算公式为：

$$结构相对指标=\frac{总体部分数值}{总体全部数值}\times100\% \qquad (4-1)$$

结构相对指标的特点：①必须首先根据统计研究的目的，对被研究总体进行科学分组，只有在对总体进行分组的基础上，才能计算结构相对指标；②是在同质总体中计算的，它的分子必须是总体的部分数值，分母必须是总体的全部数值，分子分母不可互换位置；③其分子、分母可以是总体单位总量指标，也可以是总体标志总量指标；④同一总体各结构相对指标之和必定 1。

【例 4-1】我国 2010 年国内生产总值 182 321 亿元，其中第一产业增加值 22 718 亿元，第二产业增加值 86 208 亿元，第三产业增加值 73 395 亿元，则第一、第二、第三产业增加值在全国国内生产总值中所占的比重分别为：

$$第一产业=\frac{22718}{182321}\times100\%=12.46\%$$

$$第二产业=\frac{86208}{182321}\times100\%=47.28\%$$

$$第三产业=\frac{73395}{182321}\times100\%=40.26\%$$

结构相对指标的应用：它可以反映总体的内部构成，说明事物的性质特征。因为事物的性质往往决定于其中占比重最大的那一部分的属性；还可以反映人力、物力、财力的利用程度情况。如工时利用率、设备利用率、原材料利用率等经济技术指标就是用来反映人力、物力、财力的利用情况的，而这些指标都是已经利用部分的数量与全部可能利用的数量之比，实际上也是部分与总体之比，因而也是结构相对指标。

（2）比例相对指标

比例相对指标是将总体中不同组成部分的指标数值进行对比求得的相对数，用以反映总体中各个组成部分之间的比例关系和协调平衡状况。可以用百分数表示，也可用几比几的形式来表示，有时还可以用 1：m：n 的连比形式反映总体中若干个部分之间的比例关系。其计算公式为：

$$比例相对指标=\frac{总体中某一部分数值}{总体中另一部分数值} \qquad (4-2)$$

比例相对指标的特点：①根据统计研究的目的，对被研究总体进行科学分组；②在同质总体中计算，它的分子、分母必须是同一总体的不同组成部分数值，分子、分母可以互换位置。

【例 4-2】2012 年年末我国人口总数为 130 756 万人，其中，男性为 67 375 万人，女性为 63 381 万人，求比例相对指标。

$$比例相对指标=67375 / 63381=1.06$$

【例 4-3】利用【例 4-1】资料计算我国 2010 年第一、第二、第三产业增加值的比例相对指标为：22718：86208：73395=1：3.79：3.23。

比例相对指标的应用：在许多情况下，按比例是事物发展的客观要求，比例失调会招致社会与经济的严重失误。计算比例相对指标，对比例关系进行研究，能帮助我们认识客观事物按比例发展的状况，判断比例关系正常与否以及分析它对社会经济发展的影响，为国家制订政策和计划提供依据。在实际工作中，比例相对指标与结构相对指标往往结合起来应用，既研究总体的结构是否合理，也研究总体中各部分之间的比例关系是否协调，这对于合理安排人力、物力、财力都有重要作用。

（3）比较相对指标

比较相对指标是将同类指标在同一时间、不同空间（不同国家、不同部门、不同单位等）的数值进行对比，计算出来的相对数，以表明同类事物在不同空间条件下的数量差异程度。既可以用百分数表示，也可以用系数或倍数表示。其计算公式为：

$$比较相对指标=\frac{某时间某总体中的某指标数值}{同时间另总体的该指标数值} \qquad (4-3)$$

比较相对指标的特点：①用来对比的指标既可以是总量指标，也可以是相对指标或平均指标，不论采用哪一种指标，都必须要注意对比的两个指标数值所属的时间、含义、计量单位、计算方法应当完全一致；②比较的基数不固定，分子和分母可以互换，以哪个数值作比较基数，应根据研究目的而定。

【例 4-4】2012 年甲市国内生产总值 500 亿元，乙市国内生产总值 400 亿元，则：

$$比较相对指标=\frac{500}{400} \times 100\%=125\%$$

计算表明，甲市国内生产总值为乙市国内生产总值的 125%或者 1.25 倍。

比较相对指标的应用：可用于不同国家、地区、单位之间的比较，也可用于先进与落后之间的比较，以揭示同类现象的差异程度。在经济管理工作中，将各企业的经济指标与先进水平（国际先进水平、国内先进水平、同行业先进水平等）比较，可以促使企业树立奋斗目标，提高企业的经营管理水平，从而促进经济的发展。

（4）强度相对指标

强度相对指标就是两个性质不同但有一定联系的总量指标数值对比求得的相对数，表明现象的强度、密度和普遍程度。例如，以人口数与土地面积对比得到的人口密度，以主要产品产量与人口数对比得到的人均产品产量均称为强度相对指标。强度相对指标常用有名数表示，例如，人口密度用"人／平方公里"，人均产品产量用"公斤／人"表示。如果对比的两个指标的计量单位相同，则可用千分数或百分数表示，例如，人口的出生率用千分数表示，流通费用率用百分数表示。强度相对指标的计算公式为：

$$强度相对指标=\frac{某一总量指标数值}{另一有联系而性质不同的指标数值} \qquad (4\text{-}4)$$

强度相对指标的特点：①对比的两个总量，不是同一个总体，也不属于同类现象，而是两个有联系的总体总量进行对比；②它在大多数情况下是用有名数表示，个别时候用百分数和千分数表示；③有些强度相对指标的分子和分母可以互换；从而形成正指标和逆指标，分别从正、反两个方向说明现象的密度和普遍程度；④有些强度相对指标带有"平均"的意义，但又不同于平均指标。

【例 4-5】2012 年末我国总人口为 130 756 万人，按 960 万平方公里土地面积计算，则：

$$我国人口密度=\frac{130756万人}{960万平方公里}=136.2（人／平方公里）$$

人口密度反映人口同居住地区之间的关系，说明居住的密集程度。

【例 4-6】某地区 2011 年年末总人口 280 万人，共设有零售商店 5200 个。则：

$$商业网点密度=\frac{零售商店数}{总人口数}=\frac{5200个}{280万人}=19（个／万人）$$

计算结果说明，每 1 万人中约有 19 个商店。这个数值越大，表示商业网点密度越大，这叫作正指标。如果将分子与分母调换计算，则：

$$商业网点密度=\frac{总人口数}{零售商店数}=\frac{280万人}{5200个}=538（人／个）$$

说明每一个零售商店要为 538 人服务。这个数值越大，表示一个商店服务的人口数越多，说明商业网点的密度越小，这叫作逆指标。

【例 4-7】我国 2012 年年末我国总人口为 130 756 万人，全年粮食总产量 48 401 万吨，则：

$$人均粮食产量=\frac{粮食总产量}{总人口数}=\frac{48401万吨}{130756万人}=370.16（公斤／人）$$

强度相对指标的应用：①可反映社会经济现象的分布密度和普遍程度；②又可反映一个国家或一个地区的经济实力。因为一个国家或一个地区的经济实力要受该国家或地区人口多少的影响非常大，一个大国的工农业产品产量可能是某些小国的几倍，但按人均分摊后却往往会少于某些小国，所以用总量指标说明不了问题，要准确反映一个国家或一个地区的经济实力，通常要用强度相对指标，就是将国民经济的一些主要指标，例如，国民收入、主要工农业产品产量等数字与相应的人口数对比，计算人均拥有量。就可准确地表明一个国家或地区经济实力的强弱程度；③还可反映企业经济效益的好坏。例如，可以计算资金利税率，说明企业固定资产和流动资产使用的经济效益好坏，计算流通费用率，反映增收与节支的经济效益。

（5）动态相对指标

动态相对数是将同类指标在不同时间上的数值进行对比求得的相对数，用以说明现象在时间上发展变化的程度，又称发展速度。一般用百分数或倍数表示。其计算公式为：

$$动态相对指标=\frac{报告期某指标数值}{基期该指标数值}\times 100\% \qquad （4-5）$$

报告期是我们要研究的时期，基期是与之对比的时期。通常报告期发生时间在后，基期发生时间在前。

动态相对指标的特点：①对比的分子、分母属于同一个总体、同类指标；②分子、分母不宜互换位置。

【例4-8】我国的汽车产量1978年为14.91万辆，2005年为570万辆，求动态相对指标。

$$动态相对指标=\frac{570}{14.91}=38.23$$

说明2005年我国汽车产量是1978年的38.23倍。

动态相对指标的应用：其在经济分析中应用很广，将在第六章进一步介绍。

（6）计划完成程度相对指标

计划完成程度相对指标又称计划完成百分比，是将同类指标在同一时期内的实际完成数与计划数进行对比求得的相对数，以反映计划的完成程度。一般用百分数表示。其基本计算公式为：

$$计划完成程度相对指标=\frac{某期实际完成数}{同期计划任务数}\times 100\% \qquad （4-6）$$

计划完成程度相对指标的特点：①分子、分母在指标涵义、计算方法、计量单位、计算时间和空间范围等方面应完全一致；②由于计划数总是衡量计划完成情况的标准，故分子、分母位置不得互换；③评价计划完成程度时，应结合指标本身的特点。对于指标数值越大越好的指标，大于 100%为超额完成计划，小于 100%为未完成计划，对于指标数值越小越好的指标则相反。

计划完成程度相对指标的应用：用来监督和检查计划的执行情况，分析计划完成和未完成的原因，抓住薄弱环节，进一步挖掘潜力，为正确评价工作成绩和促进经济发展提供重要依据。

由于下达的计划指标可以有总量指标、相对指标和平均指标，因此，计划完成程度相对指标的计算方法也不尽相同，以下分别介绍。

● 短期计划检查方法

短期计划是指 1 年以内的计划，如年度、季度、月度、旬计划等。

a. 当计划指标是总量指标时，可以通过计划完成程度指标检查现象总规模、总水平的计划完成程度，在这种情况下，可以直接采用基本计算公式，即：

$$计划完成程度相对指标=\frac{某期实际完成数}{同期计划任务数} \times 100\%$$

上式中，分子、分母相减表示完成计划的绝对效果。

【例 4-9】某工业企业 2012 年工业总产值计划数为 1000 万元，实际完成数为 1100 万元，则该企业工业总产值计划完成情况为：

$$工业总产值计划完成程度=\frac{1100}{1000} \times 100\%=110\%$$

计算结果表明，该企业 2012 年工业总产值计划完成程度相对指标为 110%，因为工业总产值要求越大越好，所以，超额完成计划 10%。超额完成计划的绝对量为 100 万元（1100 万元-1000 万元）。

b. 当计划指标是相对指标时，计划完成程度指标多用于检查各种社会经济现象的降低率和提高率的计划完成程度。如单位产品成本的降低率、劳动生产率的提高率等的计划完成程度。这些下达的指标计划数是以比上期减少或提高百分之几的形式出现的，要使其计算的计划完成相对指标符合基本公式的要求，就不应直接用实际降低率或提高率除以计划降低率或提高率，而应以包括原有基数在内的公式计算。其计算公式为：

$$计划完成程度相对指标（提高率）=\frac{1+实际提高率}{1+计划提高率}\times100\%$$

$$计划完成程度相对指标（降低率）=\frac{1-实际提高率}{1-计划提高率}\times100\%$$

【例 4-10】某企业某年计划利润额要求比上年提高 3%，实际执行结果是利润额比上年提高 4%，则该企业利润计划完成情况为：

$$计划完成程度=\frac{1+4\%}{1+3\%} \times 100\%=100.97\%$$

计算结果表明，该企业利润额计划完成了 100.97%，超过完成计划 0.97%。

【例 4-11】某工业企业某年的甲产品的单位成本水平计划规定的降低率为 4%，实际的降低率为 5%，则该企业甲产品的单位成本计划完成情况为：

$$计划完成程度 = \frac{1-5\%}{1-4\%} \times 100\% = 98.96\%$$

计算结果表明，该企业甲种产品单位成本计划完成 98.96%，超 1.04% 完成计划。

c. 当计划指标是平均指标时，计划完成程度指标一般适合于检查以平均水平表示的技术经济指标的计划完成情况。其计算公式为：

$$计划完成程度相对指标 = \frac{实际平均水平}{计划平均水平} \times 100\%$$

【例 4-12】某产品单位成本计划为 50 元，实际为 45 元，则：

$$单位成本计划完成程度 = \frac{45}{50} \times 100\% = 90\%$$

计算结果表明，该产品单位成本实际比计划降低 10%，由于单位成本要求越低越好，因此，超额 10% 完成成本计划，单位成本节约 5 元（45 元-50 元）。

● 长期计划检查方法

长期计划是指计划期至少为 5 年的计划。检查长期计划有两方面内容：一是计算计划完成的相对数；二是计算提前完成计划的时间。

下达长期计划一般有两种形式：一是只规定计划期最末一年应达到的水平（水平法）；二是规定整个计划期内累计应达到的水平（累计法）。那么，检查长期计划完成情况的方法也相应地有水平法和累积法两种。

a. 水平法。用水平法检查长期计划完成情况的计算公式为：

$$计划完成情况 = \frac{计划期末年实际达到的水平}{计划期规定的末年水平} \times 100\%$$

利用水平法检查计划完成情况时，如果超额完成计划，需要计算提前完成计划的时间。其方法是以连续 12 个月的实际完成数（可以跨年度计算）达到了计划规定的末年水平，就认为已经完成了计划。则往后的时间均为提前完成长期计划的时间。

【例 4-13】我国某地区"十五"计划规定某产品 2005 年应达到 280 万吨，而实际 2004 年 4 月份至 2005 年 3 月份产量已达到 280 万吨，则可认为，2005 年 3 月已完成计划，那么，该产品产量提前完成计划的时间为 9 个月。

b. 累计法。累计法检查长期计划完成情况的计算公式为：

$$计划完成情况 = \frac{计划期累计实际完成数}{计划期规定的累计数} \times 100\%$$

利用累计法检查计划完成情况时，若超额完成计划需计算提前完成计划的时间，具体方法是计划全部时间减去自计划执行日起至累计实际完成任务的日期止，其余时间则为提前完成五年计划的时间。

【例 4-14】某市"十五"计划规定：五年内竣工住宅建筑面积 600 万平方米，实际执行结果，各年竣工住宅建筑面积 2001 年为 167 万平方米，2002 年为 139 万平方米，2003 年为 113 万平方米，2004 年为 181 万平方米，2005 年为 95 万平方米。则：

$$五年计划完成程度 = \frac{167+139+113+181+95}{600} \times 100\% \approx 115.83\%$$

由于前四年竣工住宅建筑面积已达到 600 万平方米（167+139+113+181），所以，提前完成五年计划的时间=5 年-4 年=1 年。

知识链接

正确计算和应用相对指标应注意以下问题：

1. 正确选择对比的基数

计算相对指标时必须选择好对比的基数。如果对比的基数选择不当，计算出的相对指标就会造成错误的结论。必须根据研究的目的和现象本身的性质及特点来选择对比的基数。

2. 相对指标的可比性

相对指标是两个有联系的统计指标数值的比值，用作对比的两个统计指标是否具有可比性，是计算结果能否正确反映现象之间的数量关系、能否运用计算结果正确分析问题的重要条件。如果将不可比的现象加以比较，就不能得出正确的结论，甚至得出相反的结论。

相对指标的可比性就是指用来对比的分子、分母的指标在内容、计算方法、计量单位、计算范围及资料所属时间等方面必须完全一致符合对比的要求。

3. 相对指标与总量指标结合运用

不同指标具有不同功能，相对指标用比值反映现象之间的联系，但它把现象的绝对水平抽象化了，不能说明现象之间绝对量上的差异。因此，在进行对比分析时，必须把相应指标与总量指标结合运用，既看到相对变动程度，又看到绝对数量水平，才能得出全面且正确的结论。

4. 各种相对指标结合运用

在研究社会经济现象时，往往需要多种相对指标结合运用才能揭示事物发展的本质规律，一种相对指标只能说明现象某一方面的联系，而客观现象之间的联系是复杂的，一个现象的变化往往是由多种因素引起的，同时又影响着与之相联系的其他现象的变化。因此，只有把各种相对指标结合起来分析，从不同的角度观察问题，进行多方面的比较，才能做出正确的判断，以达到全面认识的目的。

练习题

一、判断题

1. 北京市全市人口数目，相当于 5 个左右的西藏自治区人口数，这是比较相对指标。（ 　　）

2. 某企业计划劳动生产率比上年提高 10%，实际只提高了 5%，表明劳动生产率计划只完成

了一半。（   ）

3. 某市工商行某年末共有一万存款户，年末存款额为 240 万元，平均每户存款 240 元，这是一个强度相对指标。（   ）

4. 相对指标往往要与总量指标结合应用。（   ）

二、单选题

1. 某企业 5 月份计划要求销售收入比上月增长 8%，实际增长 12%，其超出计划完成程度为（   ）。

    A. 103.70%   B. 50%   C. 150%   D. 3.7%

2. 某一生产企业 7 月份计划要求成本降低 3%，实际降低 5%，则计划完成程度为（   ）。

    A. 97.94%   B. 166.67%   C. 101.94%   D. 1.94%

3. 下列各项中，超额完成计划的有（   ）。

    A. 增加值计划完成百分数 103.5%   B. 单位成本计划完成百分数 103.5%

    C. 建筑预算成本计划完成百分数 103.5%   D. 流通费用率计划完成百分数 103.5%

4. 下列指标中，属于相对数的是（   ）。

    A. 某地区的工人劳动生产率   B. 某种商品的平均价格

    C. 某地区按人口平均的粮食产量   D. 某公司的人均工资

三、多选题

1. 分子分母有可能互换的相对指标（   ）。

    A. 计划完成相对指标   B. 结构相对数   C. 比例相对数

    D. 比较相对数   E. 强度相对数

2. 下列超额完成计划的有（   ）。

    A. 单位成本计划完成百分数 103.5%   B. 利润计划完成百分数 103.5%

    C. 劳动生产率计划完成百分数 103.5%   D. 单位成本计划完成百分数 98.5%

    E. 利润计划完成百分数 98.5%

3. 下列属于强度相对指标的有（   ）。

    A. 人均粮食产量   B. 人均钢铁产量   C. 人均国民收入

    D. 工人劳动生产率   E. 职工月平均工资

四、计算题

1. 某地区 2012 年国内生产总值为 1080 亿元，超额 10% 完成计划，2012 年计划国内生产总值比 2011 年增长 8%，则 2002 年实际国内生产总值比 2001 年增长百分之多少？

2. 我国国内生产总值（GDP）资料如下（单位为亿元）：

2003 年 GDP12 万，其中：第一产业 2 万、第二产业 6 万、第三产业 4 万；

2004 年 GDP14 万，其中：第一产业 2.3 万、第二产业 7 万、第三产业 4.7 万。

（1）计算 2003 年第一、二、三产业分别占 GDP 的比重；

（2）计算 2003 年第一、二、三产业实际 GDP 的比例；

（3）计算 2004 年人均国内生产总值（我国人数 13 亿）；

（4）比较 2003 年和 2004 年的 GDP。

4.3 集中趋势的描述——平均指标

4.3.1 平均指标的意义

（1）平均指标的含义

平均指标又称统计平均数，是用来反映同质总体各单位在一定时间、地点、条件下某个数量标志的一般水平的综合指标。例如，平均成绩、平均工资、工人平均劳动生产率等都属于平均指标。由于它反映的是同一时间下同类社会经济现象的一般水平，又称静态平均数或一般平均数。

（2）平均指标的特点

① 平均指标是一个代表值

它是用一个平均数代表了总体内各单位标志值的一般水平。例如，某车间某班组有 6 名工人，他们某天在正常的生产条件下的日产量（单位：件）分别是：20、22、23、23、24、26，他们的平均日产量为（20+22+23+23+24+26）÷6=23 件。这个 23 件平均日产量虽然不能说明任何一个工人日产量的实际数额，但却把高产量和低产量相互抵补而拉平了，能够说明总体的一般水平，所以平均日产量可作为全组每个工人日产量的代表值。

② 平均指标是一个抽象值

它将总体内各单位的某一数量标志值的差异抽象化了。如上例中 6 名工人的日产量存在着差异，利用日产量平均指标 23 件作代表就把工人之间日产量的差异抽象化了。计算平均数的过程也就是从个性到共性的抽象过程。

③ 平均指标反映了总体分布的集中趋势

既然平均指标能够代表总体各单位标志值的一般水平，那么可以肯定，接近或等于平均数的标志值居多，而远离平均数的标志值较少，也就是说，总体各单位标志值有向平均数集中的趋势。

（3）平均指标的作用

① 平均指标便于不同空间同类现象水平的对比分析

对比不同空间同类现象的水平高低，必须利用平均指标。例如，评价不同的工业企业的生产水平，就不能用工业总产值进行对比，因为其受到不同企业生产规模大小的影响。如果用劳动生产率进行比较，就可以较好地评价不同企业的生产情况。

② 平均指标可为经济活动中制定合理的定额提供依据

制定定额是经济责任制的重要内容，在定额管理中，往往要运用先进平均数作为制定定额标准的依据。先进平均数是这样一个标准，即大部分同志需要积极努力才能完成这一目标，少部分同志通过积极努力可超额完成这一目标。

③ 平均指标可用于推断或计算其他有关指标

有些统计指标的计算需要具备平均指标，如在项目八的抽样推断中，要利用样本平均指标推断总体平均指标；再如下一节将要讲到的标志变异指标的计算也离不开平均指标。

4.3.2 平均指标的种类及计算

平均指标按其计算方法和应用条件不同，可分为算术平均数、调和平均数、几何平均数、中位数和众数。前面三种是根据总体所有标志值来计算的，通常称为数值平均数；后面两种是根据标志值所处的位置来确定的，通常称为位置平均数。以下分别加以介绍。

(1) 算术平均数

算术平均数是最常用的一种平均指标，它是用总体单位总量直接去除总体标志总量所得的平均数。计算算术平均数要求总体的标志总量等于总体各单位标志值之和。在许多社会经济现象中，总体的标志总量一般都是总体各单位标志值之和，如企业职工的工资总额是每个职工工资加总而得到的，某车间班组的日产量是每个工人日产量的总和等，因此，算术平均数应用非常广泛。其基本计算公式为：

$$算术平均数 = \frac{总体标志总量}{总体单位总量}$$

计算算术平均数应注意：分子、分母属于同一总体的两个总量指标，即作为分子的总体标志总量必须是分母各单位数量标志值总和。各标志值与各单位之间是一一对应的，有一个总体单位必有一个标志值与之相对应，否则，计算平均指标就失去意义。这正是算术平均数与强度相对数之间的根本区别。强度相对指标虽然也是两个总量指标之比，但其分子分母从属于不同的总体，这两个总量指标之间没有依附关系，不存在各标志值与各单位的对应问题。例如，全国粮食总产量与全国人口数对比计算的人均粮食产量就是强度相对指标。

实际工作中，由于所掌握的资料不同，在平均指标基本计算公式的要求下，算术平均数的计算方法通常采用简单算术平均数和加权算术平均数两种形式。

① 简单算术平均数

这种方法适用于未分组资料（直接掌握所有总体单位的标志值）或资料虽已分组，但各组标志值出现次数均相等的情况。即将总体各单位标志值简单相加求得总体标志总量，然后除以总体单位数得出平均数。简单算术平均数的计算方法，用公式表示则为：

$$\bar{x} = \frac{x_1 + x_2 + \cdots + x_n}{n} = \frac{\sum x}{n} \tag{4-7}$$

式中，$\bar{x}$ 代表算术平均数；x 代表各单位的标志值；n 代表总体单位数；$\sum$ 为求和符号。

【例4-15】某企业共有 8 位高层管理人员，其月工资（元）分别为：2000、2050、2150、2180、2200、2200、2500、2800，计算该企业 8 位高层管理人员的平均工资。

$$\bar{x} = \frac{\sum x}{n} = \frac{2000 + 2050 + 2150 + 2180 + 2200 + 2200 + 2500 + 2800}{8} = \frac{18080}{8} = 2260 (元)$$

② 加权算术平均数

这种方法适用于分组资料（经过分组整理后编制的变量数列），且各组标志值出现次数不相等的情况。其计算公式可表示为：

$$\bar{x} = \frac{x_1 f_1 + x_2 f_2 + \cdots + x_n f_n}{f_1 + f_2 + \cdots + f_n} = \frac{\sum xf}{\sum f} \tag{4-8}$$

式中，x 代表各组的标志值；f 代表各组单位数（反映各组变量值出现的次数）。

计算加权算术平均数时有两种情况：一是由单项式变量数列计算；二是由组距式数列计算。

● 根据单项式变量数列计算算术平均数。

由单项式变量数列计算算术平均数，是将各组的标志值乘以相应的各组单位数求出各组标志总量，并加总得到总体的标志总量，同时把各组单位数相加求出总体单位总数，然后再用总体单位总数去除总体标志总量，即得算术平均数。

【例4-16】某车间 20 名工人日产量资料如表 4-1 所示。

表 4-1　　　　　　　　　　　某车间工人按日产量分组资料

日产量（件）x	工人人数（人）f	每组工人日产量（件）xf
13	2	26
14	7	98
15	8	120
16	2	32
17	1	17
合计	20	293

根据上述资料，计算该车间工人的平均日产量，应先求出各组工人的总产量和全车间工人的总产量，然后将总产量和工人数相比，得出平均数，则该车间工人平均日产量为：

$$\bar{x} = \frac{\sum xf}{\sum f} = \frac{293}{20} \approx 15 (件)$$

通过以上公式和表 4-1 资料计算的结果不难看出，加权算术平均数的大小，不仅受总体各组变量值 x 的影响，同时也受各组单位数（次数）f 的影响。在总体各组变量值已定的情况下，各组变量值出现次数的多少对平均数的大小则起着权衡轻重的作用，出现次数多的变量值对平均数的影响要大些，出现次数少的标志值对平均数的影响也相应的小。故把各组单位数（次数）f 称为权数，把标志值与次数相乘称为加权。

这里需要说明一点，如果各组次数（权数）完全相等，则各组次数（权数）对平均数的影响就会相同，从而它不再起权衡轻重的作用。这时加权算术平均数就等于简单算术平均数。

所以，简单算术平均数其实就是权数相等的加权算术平均数，也就是说，当变量数列中各组次数相同时，可直接用简单算术平均法计算平均数，即用各组标志值之和除以组数。因此，简单算术平均数是加权算术平均数的一个特例。

权数除用各组单位数 f（属于绝对数）表示外，还可用各组单位数 f 占总体单位总数 $\sum f$ 的比重 $(f / \sum f)$（属于相对数）即频率表示。以频率为权数的加权算术平均数的计算公式可表示为：

$$\bar{x} = \sum x \cdot \frac{f}{\sum f} \qquad (4-9)$$

【例4-17】以表4-1的资料计算各组工人人数比重（频率）如表4-2，据此计算其平均日产量。

表4-2 　　　　　　　　　　　　　　某车间工人按日产量分组资料

日产量（件）x	工人人数（人）f	比重（%）$\dfrac{f}{\sum f}$
13	2	10
14	7	35
15	8	40
16	2	10
17	1	5
合计	20	100

则该车间平均日产量为：$\bar{x} = \sum x \cdot \dfrac{f}{\sum f}$

$$=13 \times 10\% + 14 \times 35\% + 15 \times 40\% + 16 \times 10\% + 17 \times 5\% \approx 15 （件）$$

可见，计算加权算术平均数时，采用绝对数权数和采用相对数权数，计算结果是完全一致。

通过以上的分析，可见权数对平均数的影响作用，不决定于同一总体内各组单位数（次数）的多少，而取决于各组单位数占总体单位数的比重（频率）的大小。

● 根据组距式变量数列计算算术平均数。

在实际工作中，有时需要根据组距式变量数列计算平均数。它的计算方法与单项式变量数列基本相同，不同的只是要先计算出各组的组中值，再以组中值作为某一组变量值的代表值来进行计算。

【例4-18】某企业某月工人工资资料如表4-3所示。

根据表4-3的资料，计算该企业工人平均工资为：

表 4-3　　　　　　　　　　　某企业某月工人工资分组情况表

月工资额（元）	工人人数（人）f	组中值（元）x	各组工人工资（元）xf
800 以下	270	700	189 000
800～1000	525	900	472 500
1000～1200	1350	1100	1 485 000
1200～1400	780	1300	1 014 000
1400 以上	75	1500	112 500
合计	3000	—	3 273 000

$$\bar{x} = \frac{\sum xf}{\sum f} = \frac{3273000}{3000} = 1091（元）$$

● 算术平均数的性质

a. 算术平均数与标志值个数（单位总数）的乘积等于各标志值的总和；

b. 各个标志值与其算术平均数离差之和等于零；

c. 各个标志值与其算术平均数离差平方和为最小值；

d. 如果对每个标志值加或减一个任意值 A，则其算术平均数也增加或减少该数 A；

e. 如果对每个标志值乘或除以一个任意值 A，则其算术平均数也等于乘或除以该数 A。

（2）调和平均数

调和平均数又称倒数平均数，它是利用标志值的倒数计算的，是标志值倒数的算术平均数的倒数。在社会经济统计中，往往由于只有各组标志总量和各组变量值而缺乏总体单位数资料，不能直接采用算术平均数计算，这时就需要将算术平均数的形式加以改变，按照算术平均数基本算式的需要，算出所需总体单位数，继而再计算平均数，这样就得到另一种平均数的计算方法，就是调和平均数。可见，调和平均数主要是作为算术平均数的变形形式来使用的。其主要特点是用各组的标志总量（$m=Xf$）作权数，其变量值多为相对数和平均数。根据掌握资料的不同，调和平均数有简单调和平均数和加权调和平均数两种。

① 简单调和平均数

这种方法适用于未分组资料或资料虽已分组，但各组标志总量均相等的情况。其计算公式为：

$$\bar{x} = \frac{1+1+\cdots+1}{\dfrac{1}{x_1} + \dfrac{1}{x_2} + \cdots + \dfrac{1}{x_n}} = \frac{n}{\sum \dfrac{1}{x}} \tag{4-10}$$

式中，$\bar{x}$ 代表调和平均数；n 代表标志值个数；x 代表标志值。

【例 4-19】在市场上购买某种蔬菜，早上每千克 1.0 元，中午每千克 0.9 元，晚上每千克 0.7 元，现早、中、晚各花 1 元购买该蔬菜，求该种蔬菜每千克的平均价格。

按照基本公式要求，总体标志总量应是总金额，即 1+1+1=3（元），而总体单位总量是购买该商品总的千克数为：$\dfrac{1}{1} + \dfrac{1}{0.9} + \dfrac{1}{0.7} = 3.54$（千克），则：

每千克平均单价为：

$$\bar{x} = \frac{n}{\sum \frac{1}{x}} = \frac{3}{3.54} = 0.85（元）$$

② 加权调和平均数

这种方法适用资料已分组，且各组标志总量不相等的情况。其计算公式为：

$$\bar{x} = \frac{m_1 + m_2 + \cdots + m_n}{\frac{m_1}{x_1} + \frac{m_2}{x_2} + \cdots + \frac{m_n}{x_n}} = \frac{\sum m}{\sum \frac{m}{x}} \qquad （4-11）$$

式中，m 代表各组标志总量。

【例4-20】如【例4-19】，若早上买3元，中午买4元，晚上买5元，求该蔬菜每千克的平均价格。

按基本公式要求，总体标志总量，即总金额为 3+4+5=12（元），而总体单位总量即总的千克数为：$\frac{3}{1} + \frac{4}{0.9} + \frac{5}{0.7} = 14.58$（千克）。则平均每千克单价为：

$$\bar{x} = \frac{\sum m}{\sum \frac{m}{x}} = \frac{12}{14.58} = 0.82（元）$$

不难发现，调和平均数与算术平均数从计算内容上看，二者是一致的，均为总体标志总量与总体单位总量的对。从形式上看，调和平均数是算术平均数的变形。

在实际工作中，有时要平均的变量值本身是由两个数值对比而成的相对数或平均数，这时，就要采用分子指标总数除以分母指标总数的方法计算其平均数。根据所用资料的不同，可采用加权算术平均法或加权调和平均法，对相对数或平均数计算平均指标。现举例说明。

【例4-21】某公司所属3个工厂2012年的产值完成情况及计划产值资料如表4-4所示。

表4-4　　　　　　　　　　3个工厂产值计划完成程度及计划产值

工厂	计划完成程度（%）x	计划产值（万元）f
甲	95	750
乙	105	300
丙	110	450
合计	—	1500

则3个工厂平均计划完成程度为：

$$平均计划完成程度 = \frac{实际产值总额}{计划产值总额} = \frac{\sum 各厂计划完成程度 \times 计划产值}{\sum 各厂计划产值}$$

$$= \frac{\sum xf}{\sum f} = \frac{95\% \times 750 + 105\% \times 300 + 110\% \times 450}{750 + 300 + 450}$$

$$= \frac{1522.5}{1500} = 101.5\%$$

（3）几何平均数

几何平均数是 n 个比率乘积的 n 次方根。社会经济统计中，几何平均法适用于计算平均比率和平均速度。实际中，有些现象总体的标志总量不等于各单位标志值之和，而是等于各标志值之乘积。此时，计算平均数不能采用算术平均数方法，而应采用几何平均数的方法。

由于掌握资料的不同，几何平均数的计算方法也有简单和加权两种形式。

① 简单几何平均数

这种方法适用于未分组资料或资料虽已分组，但各组标志值出现次数均相等的情况。其计算公式为：

$$G = \sqrt[n]{x_1 x_2 \cdots x_n} = \sqrt[n]{\prod x} \qquad （4-12）$$

式中，G 代表几何平均数；X 代表各个标志值；n 是变量值个数；$\prod$ 为连乘符号。

【例 4-22】某企业生产某种产品需经过毛坯、粗加工、精加工、装配 4 个流水作业的车间才能完成，现已知 2012 年 3 月份各车间的产品合格率分别为 95%、93%、94% 和 92%，求各车间产品的平均合格率。

由于各车间的产品合格率是在其前一车间的合格产品的基础上计算的，因此，成品的总合格率并不等于各个车间的产品合格率的总和而是连乘积，所以，计算平均合格率应当采用几何平均数的方法。

即各车间产品的平均合格率为：

$$G = \sqrt[n]{\prod x} = \sqrt[4]{95\% \times 93\% \times 94\% \times 92\%} = 93.5\%$$

② 加权几何平均数

这种方法适用于分组资料，且各组标志值出现次数不相等的情况。其计算公式为：

$$G = \sqrt[f_1+f_2+\cdots+f_n]{x_1^{f_1} \cdot x_2^{f_2} \cdots \cdots x_n^{f_n}} = \sqrt[\sum f]{\prod x^f} \qquad （4-13）$$

式中，f 代表各标志值出现的次数（权数）。

【例 4-23】某银行的某项存款年利率是按复利计算的，10 年的年利率分别是：5 年为 6%、2 年为 8.2%、2 年为 9%、1 年为 10.6%，求 10 年的平均年利率。

计算平均年利率时，根据研究对象性质必须先将各年利率加 100% 换算成各年本利率，然后按加权几何平均法计算平均年本利率，再减 100% 求得平均年利率。具体计算如下：

$$平均年本利率 = \sqrt[5+2+2+1]{\prod x^f} = \sqrt{1.06^5 \times 1.082^2 \times 1.09^2 \times 1.106} = 107.5\%$$

平均年利率 = 107.5% - 100% = 7.5%

几何平均数常用于平均发展速度和平均增长速度的计算，这部分内容将在第六章动态数列分析法中详细介绍。

（4）中位数

如果把现象总体的各单位标志值按大小顺序加以排列，这时处于数列中点位置的标志值，就是中位数。中位数的概念表明，数列中应有一半项目的数值小于中位数，一半项目的数值大于中位数。中位数属于位置平均数，不受数列中极端变量值的影响，在这一点上它优于算术平均数。所以在实际工作中，当被研究总体单位的变量值很多，而且明显存在极端数值的情况下，用中位数比算术平均数更能代表总体的一般水平。

由于所掌握的资料有未分组和已分组两种情况，确定中位数的方法有以下几种。

① 由未分组资料确定中位数

在资料未经分组时，将各变量按大小顺序排列后，按下列公式确定中位数的位置：

$$中位数位置 = \frac{n+1}{2}$$

式中，n 代表数列项数。

● 如果项数是奇数，则居于中间位置的那个变量值就是中位数。

【例 4-24】有 5 位学生的年龄（岁）顺序排列为：15、18、19、20、23，求中位数。

$中位数位置 = \dfrac{n+1}{2} = \dfrac{5+1}{2} = 3$，表明中位数应在第三个位置上，则：

$$中位数 = 19（岁）$$

● 如果项数是偶数，则中间位置的两边变量值的算术平均数为中位数。

【例 4-25】如果有 6 名同学，其年龄（岁）顺序排列是：15、18、19、20、21、23，求中位数。

$中位数位置 = \dfrac{6+1}{2} = 3.5$，表明中位数应在第三和第四个中间的位置上，则：

$$中位数 = \frac{19+20}{2} = 19.5（岁）$$

② 由分组资料确定中位数

根据变量数列确定中位数，按下列公式确定中位数的位置：

$$中位数位置 = \frac{\sum f}{2}$$

由于变量数列有单项式数列和组距式数列之分，所以具体计算有两种情况：

● 单项式数列确定中位数。先计算各组的累计次数（向上累计或向下累计），然后根据中点的位置 $\dfrac{\sum f}{2}$（$\sum f$ 相当于 n）对照累计次数来确定中位数所在组，中位数所在组的变量值就是中位数。

【例 4-26】仍以某车间 20 名工人日产量资料为例，确定中位数，计算列表如表 4-5 所示。

表4-5   某车间工人日产量及累计次数资料

日产量（件）x	工人人数（人）f	累计次数（人）	
		向上累计	向下累计
13	2	2	20
14	7	9	18
15	8	17	11
16	2	19	3
17	1	20	1
合计	20	—	—

据表4-5资料计算：

$$中位数位置 = \frac{\sum f}{2} = \frac{20}{2} = 10$$

即中位数应在第10人的位置上。根据计算出的累计次数资料可知，中位数位于第三组，因此该组为中位数所在组。

中位数所在组对应的变量值就是我们所确定的中位数，则：

$$中位数 = 15（件）$$

● 组距式数列确定中位数。根据组距式数列确定中位数的步骤如下：a. 确定中位数所在组，具体方法同单项式变量数列；b. 计算中位数的近似值，采用中位数的组限公式（上限公式和下限公式）计算。

中位数的下限公式：

下限公式：

$$M_e = L + \frac{\frac{\sum f}{2} - S_{m-1}}{f_m} \times d \tag{4-14}$$

上限公式：

$$M_e = U - \frac{\frac{\sum f}{2} - S_{m+1}}{f_m} \times d \tag{4-15}$$

式中：M_e为中位数，L表示中位数所在组的下限，U表示中位数所在组的上限，f_m表示中位数所在组的次数，S_{m-1}表示中位数所在组以前各组的累计次数，S_{m+1}表示中位数所在组以后各组的累计次数，$\sum f$表示总次数，d表示中位数所在组的组距。

【**例 4-27**】现仍以某企业某月工人工资分组资料为例，确定中位数，计算列表如表 4-6 所示。

表 4-6　　　　　　　　　　　某企业某月工人工资分组情况表

月工资额（元）	工人人数（人）f	累计次数（人）	
		向上累计	向下累计
800 以下	270	270	3000
800 ~ 1000	525	795	2730
1000 ~ 1200	1350	2145	2205
1200 ~ 1400	780	2925	855
1400 以上	75	3000	75
合计	3000	—	—

据表 4-6 资料计算：

$$中位数位置 = \frac{\sum f}{2} = \frac{3000}{2} = 1500$$

即中位数应使这个数列中各有 1500 名工人的工资在其上下。根据计算出的累计次数资料可知，中位数位于第三组，则 1000～1200 组就是中位数所在组。

按下限公式计算中位数：

$$M_e = L + \frac{\frac{\sum f}{2} - S_{m-1}}{f_m} \times d = 1000 + \frac{\frac{3000}{2} - 795}{1350} \times 200 \approx 1104.44（元）$$

按上限公式：

$$M_e = U - \frac{\frac{\sum f}{2} - S_{m+1}}{f_m} \times d = 1200 - \frac{\frac{3000}{2} - 855}{1350} \times 200 \approx 1104.44（元）$$

可见，不论是按照下限公式还是上限公式，同一资料所计算的中位数是完全一致的。

（5）众数

众数是指总体中出现次数最多的变量值。它也属于位置平均数，不受极端数值的影响，最适合在总体单位的变量值分布相当集中，变量值中两极端值差距很大的情况下采用。例如，要了解消费者所购买衣服、鞋袜中最普遍的号码，销售量最大的家用电器的牌号和规格，职工中最普遍的月工资额，农贸市场上销售量最大的商品价格等，都可以用众数来说明。

但是必须明确，不是任何统计资料都能计算众数。只有在总体单位数比较多，而变量值又有明显集中趋势的条件下，才能应用众数来分析说明问题。如果总体单位数较少或总体单位数虽多，但其变量值并无明显的集中趋势，是不宜应用众数的。

根据掌握的统计资料不同，众数有不同的确定方法。

① 由单项式变量数列确定众数

根据单项式变量数列确定众数比较简单，只要看哪个组的变量值出现的次数最多，那个变量值就是众数，就可代表总体的一般水平。

【例4-28】某商场2012年3月份某商品销售资料如表4-7所示。

表 4-7　　　　　　　　　　　　　某种商品的价格情况

价格（元）	销售数量（千克）
2.0	20
2.4	60
3.0	140
4.0	80
合计	300

从表4-7资料中可看出，上面数列中价格3.00元的商品销售量最多，即出现次数最多，则众数为3.00元。

② 由组距式数列确定众数

组距式数列确定众数比较复杂。应先根据各组次数确定众数所在组，其方法同单项式变量数列；然后再由众数的组限公式确定众数的近似值。

众数的下限公式：

$$M_o = L + \frac{\Delta_1}{\Delta_1 + \Delta_2} \cdot d \tag{4-16}$$

众数的上限公式：

$$M_o = U - \frac{\Delta_2}{\Delta_1 + \Delta_2} \cdot d \tag{4-17}$$

式中，M_o 表示次数；L 表示众数所在组的下限；U 表示众数所在组的上限；Δ_1 表示众数所在组次数与前一组次数之差；Δ_2 表示众数所在组次数与后一组次数之差；d 表示众数所在组的组距。

【例4-29】某市60个超市的年销售额分组资料，如表4-8所示。

表 4-8　　　　　　　　　　　　某市超市年销售额情况

年销售额（万元）	商店数（个）
50 以下	8
50～70	10
70～90	26
90～100	9
100 以上	7
合计	60

● 根据表 4-8 资料确定众数所在组：因为在该市 60 个超市中，年销售额在 70～90 万元之间的最多，有 26 个，所以该组就是众数组。

● 由众数的组限公式确定众数的近似值：

用下限公式计算：

$$M_o = L + \frac{\Delta_1}{\Delta_1 + \Delta_2} \cdot d = 70 + \frac{16}{16+17} \times 20 = 79.7 (元)$$

用上限公式计算：

$$M_o = U - \frac{\Delta_2}{\Delta_1 + \Delta_2} \cdot d = 90 - \frac{17}{16+17} \times 20 = 79.7 (元)$$

可见，根据上限公式与下限公式计算结果相同，均表明该市超市年销售额的一般水平为 79.7 万元。

知识链接

算术平均数、中位数和众数的关系

算术平均数、中位数和众数按不同方法确定，并且含义不同，但都是作为反映总体一般水平的平均指标，因此，彼此之间有一定的关系，而这种关系决定于总体内的次数分配状况。

在次数分布完全对称（即正态分布）时，次数分配是以算术平均数为对称轴，两边的次数相等，同时，它的次数开始由小到大逐渐增加，达到次数最多时为最高峰，而后由大变小逐渐减少，形成两边对称。因而，算术平均数与中位数、众数合而为一。

在次数分配非对称的情况下，算术平均数、中位数和众数之间存在着一定的差别，这种差别取决于非对称的程度。非对称的程度越大，它们之间的差别越大；非对称的程度越小，它们之间的差别越小。如果存在非正常的极端标志值，那么，次数分配就产生偏斜。这些极端标志值对这三种平均指标的影响是不同的。众数不受极端值的影响，中位数只受极端值的位置影响，不受其数值影响，而算术平均数则受所有标志值的影响，极端值对它的影响最大。当次数分配右偏时，意味着算术平均数受大的极端值影响；当次数分配左偏时，意味着算术平均数受小的极端值影响。同时，无论是右偏或左偏，中位数总是介于众数与算术平均数之间。

练习题

一、判断题

1. 权数对算术平均数的影响作用取决于权数本身绝对值的大小。（   ）

2. 算术平均数的大小，只受总体各单位标志值大小的影响。（   ）

3. 在特定条件下，加权算术平均数等于简单算术平均数。（　　　）

4. 中位数和众数都属于平均数。因此他们数值的大小受到总体内各单位标志值大小的影响。（　　　）

5. 在未分组的偶数项资料中，中位数是无法确定的。（　　　）

二、单选题

1. 统计平均数反映的是同质总体（　　　）。

　　A. 各单位不同标志值的一般水平

　　B. 某一单位标志值的一般水平

　　C. 某一单位不同标志值的一般水平

　　D. 各单位某一数量标志的标志值的一般水平

2. 标志值较小的一组，其权数较大时，则算术平均数（　　　）。

　　A. 接近标志值较大的一组　　　　　　B. 接近标志值较小的一组

　　C. 不受权数影响　　　　　　　　　　D. 仅受标志值影响

3. 中位数和众数都属于位置平均数，它们是一种（　　　）。

　　A. 代表值　　　　B. 常见值　　　　C. 典型值　　　　D. 实际值

4. 某公司下属 10 个企业，共有 6500 名职工，若知每一个企业月计划产值和计划完成百分数，要计算该公司月平均计划完成百分数，应采用（　　　）。

　　A. 加权算术平均法计算，权数是企业数

　　B. 加权算术平均法计算，权数是职工人数

　　C. 加权算术平均法计算，权数是计划产值

　　D. 加权调和平均法计算，权数是计划产值

5. 加权平均比率最好用（　　　）。

　　A. 算术平均数　　　B. 调和平均数　　　C. 几何平均数　　　D. 中位数

三、多选题

1. 在各种平均指标中，不受极端值影响的有（　　　）。

　　A. 算术平均数　　　　　　B. 调和平均数　　　　　　C. 中位数

　　D. 几何平均数　　　　　　E. 众数

2. 在何种情况下，加权算术平均数等于简单算术平均数（　　　）。

　　A. 各组次数相等　　　B. 各组变量值不等　　　C. 变量数列为组距数列

　　D. 各组次数都为 1　　　E. 各组次数占总次数的比重相等

3. 加权算术平均数的大小受哪些因素的影响（　　　）。

　　A. 各组频率或频数的影响　　　　　　B. 各组标志值大小的影响

　　C. 各组标志值和权数的共同影响　　　D. 只受各组标志值大小的影响

　　E. 只受权数大小的影响

4. 几何平均数适合（　　　）。

    A. 等差数列   B. 等比数列

    C. 总量等于各标志值之积   D. 标志总量等于各标志值之和

    E. 具有极大极小值的数列

5. 众数是（　　　）。

    A. 位置平均数

    B. 总体中出现次数最多的变量值

    C. 不受极端值的影响

    D. 适用于总体次数多，有明显集中趋势的情况

    E. 处于数列中点位置的那个标志值

四、计算题

1. 某加工车间日产量资料如下表所示：

日产量（件）	工人数（人）	比重（%）
60～70	40	20
70～80	80	40
80～90	60	30
90 以上	20	10
合计	200	100

分别用次数和频率权数计算该车间平均产量。

2. 某商店出售某种商品，第一季度价格为 6.5 元，第二季度价格为 6.25 元，第三季度为 6 元，第四季度为 6.2 元，又知第一季度销售额为 3510 元，第二季度为 3000 元，第三季度为 5400 元，第四季度为 4650 元，求全年的平均价格。

3. 某公司下属 20 个企业第一季度总产值计划完成情况如下：

计划完成（%）	企业数（个）	计划产值（万元）
90～100	3	80
100～110	12	400
110～120	5	120
合计	20	600

要求：计算该公司 20 个企业第一季度总产值平均计划完成程度。

4. 某车间生产三批产品的废品率分别是 1%、2%、1.5%，三批产品产量占全部产品产量的比重分别是 25%、35%、40%，求该车间生产的三批产品的平均废品率。

4.4 离散趋势的描述——变异指标

4.4.1 标志变异指标概述

(1) 标志变异指标的含义

标志变异指标是反映总体中各单位标志值差异程度的指标，又称标志变动度。在统计研究中，经常把平均指标和标志变异指标结合起来应用。因为，平均指标可以综合反映总体某一数量标志的一般水平，却把总体各单位之间的差异抽象化了，且平均指标本身也无法说明其代表性的大小，而标志变异指标却正好弥补了这一点，所以，两者紧密联系，分别从不同角度分析现象的特征。

平均指标和标志变异指标的区别主要是：①前者是抽象变量值之间差异而成的结果，后者则是反映变量之间差异而成的结果；②前者反映了总体分布的集中趋势，后者则反映了总体分布的离中趋势。

(2) 标志变异指标的作用

测定标志变异指标具有以下重要的作用。

① 标志变异指标是评价平均数代表性的依据。在计算平均指标时，我们会发现平均指标代表性的大小与总体各单位标志值的差异程度有着密切的关系。标志变异指标愈小，说明总体各单位标志值的差异程度愈小，总体各单位的标志值就比较集中，与平均指标比较接近，平均指标代表性就大；反之，平均指标的代表性就愈小。

② 标志变异指标可以反映社会经济活动过程的稳定性和均衡性。一般说来，标志变异指标值越小，说明现象变动越均衡稳定；反之，则均衡性和稳定性较差。例如，要反映计划执行情况是否均衡，有无前松后紧现象；产品质量是否稳定在允许范围之内；农作物品种在不同地块上试种，单位产量是否稳定，有无大起大落情况，等等，都可以借助于标志变异指标来反映。

③ 标志变异指标是统计分析的重要指标。在统计分析中，进行相关分析、抽样推断和统计预测等，都需要利用标志变异指标。

4.4.2 标志变异指标的种类及计算

标志变异指标一般有全距、平均差、标准差、变异系数（包括全距系数、平均差系数、标准差系数），其中，最常用的是标准差和标准差系数，下面仅对标准差和标准差系数加以介绍。

(1) 标准差

标准差是总体各单位标志值与其算术平均数离差平方的算术平均数的平方根，又叫均方差。

它是测定标志变异程度最常用、最主要的指标，在实际工作中应用极为广泛。

计算标准差的步骤为：一是求总体某一数量标志值的算术平均数；二是求总体各标志值与其算术平均数的离差；三是求离差的平方；四是求各项离差平方的算术平均数；五是对离差平方的算术平均数开平方。

标准差的计量单位与平均指标相同，是反映标志变动度的绝对指标。由于掌握资料的不同，标准差的计算方法分简单平均式和加权平均式两种情况。

① 简单平均式

在资料未分组的条件下，可采用简单平均式计算标准差，其计算公式为：

$$\sigma = \sqrt{\frac{\sum (x - \bar{x})^2}{n}} \qquad (4\text{-}18)$$

【例 4-30】某班甲、乙两个学习小组各有 5 名学生，其统计学考试成绩如表 4-9 所示，分别计算标准差并比较其平均成绩的代表性。

$$甲组：\sigma = \sqrt{\frac{\sum (x - \bar{x})^2}{n}} = \sqrt{\frac{1000}{5}} = 14.14 （分）$$

$$乙组：\sigma = \sqrt{\frac{\sum (x - \bar{x})^2}{n}} = \sqrt{\frac{250}{5}} = 7.07 （分）$$

计算结果表明，甲、乙两个学习小组平均成绩相等的条件下，甲组的标准差比乙组的标准差大，因而甲组平均成绩的代表性比乙组小。

表 4-9　　　　　　　　　　　　　标准差计算表

甲组（$\bar{x}$=70分）			乙组（$\bar{x}$=70分）		
成绩（分）	离差	离差平方	成绩（分）	离差	离差平方
x	$x - \bar{x}$	$(x - \bar{x})^2$	x	$x - \bar{x}$	$(x - \bar{x})^2$
50	−20	400	60	−10	100
60	−10	100	65	−5	25
70	0	0	70	0	0
80	10	100	75	−5	25
90	20	400	80	−10	100
合计	—	1000	合计	—	250

② 加权平均式

在分组的条件下，可采用加权平均法计算标准差。其计算公式为：

$$\sigma = \sqrt{\frac{\sum (x - \bar{x})^2 f}{\sum f}} \qquad (4\text{-}19)$$

式中，f 为各变量值出现的次数。

【例 4-31】现有某企业 164 名工人的日产量资料（见表 4-10），计算其标准差。

表 4-10 　　　　　　　　　　某企业工人日产量的标准差计算表

日产量（千克）	工人数（人）f	组中值 x	xf	$x-\overline{x}$	$(x-\overline{x})^2 f$
60 以下	10	55	550	−27.62	7628.6440
60～70	19	65	1235	−17.62	5898.8236
70～80	50	75	3750	−7.62	2903.2200
80～90	36	85	3060	2.38	203.9184
90～100	27	95	2565	12.38	4138.1388
100～110	14	105	1470	22.38	7012.1016
110 以上	8	115	920	32.38	8387.7152
合计	164	—	13550	—	36172.5616

$$\overline{x} = \frac{\sum xf}{\sum f} = \frac{13550}{164} \approx 82.62 \text{（件）}$$

$$\sigma = \sqrt{\frac{\sum (x-\overline{x})^2 f}{\sum f}} = \sqrt{\frac{36172.5616}{164}} = \sqrt{220.5644} \approx 14.9 \text{（件）}$$

③　是非标志标准差

是非标志（又称交替标志）是指仅有两种标志表现品质标志。例如产品质量标志表现为合格品和不合格品，人口性别标志表现为男性和女性等。要测定这类标志的变动程度，也需要计算标准差，其原理与前述的内容一致，但在计算的表现形式上有所区别。由于品质标志通常用文字表示为"是"或"非"，而不是用数量来表示的，所以，首先应将是非标志的具体表现数量化，即将其标志表现（x）分别用"1"和"0"来表示，然后计算其平均数和标准差。

设全部总体单位数为 N，具有某种性质的单位数为 N_1，其比重为 $\frac{N_1}{N} = p$；不具有某种性质的单位数为 N_0，其比重为 $\frac{N_0}{N} = q$（或 $1-p$）。这样一来，变量值相当于两个：1 和 0，出现的次数分别是 N_1 次和 N_0 次，其平均数和标准差可列表计算公式如下：

是非标志的平均数为：

$$\overline{x} = \frac{\sum xf}{\sum f} = \frac{1 \times N_1 + 0 \times N_0}{N_1 + N_0} = \frac{N_1}{N} = p \tag{4-20}$$

是非标志的标准差为：

$$\sigma = \sqrt{\frac{\sum (x-\overline{x})^2 f}{\sum f}} = \sqrt{\frac{(1-p)^2 N_1 + p^2 N_0}{N}} = \sqrt{\frac{(1-p)^2 N_1}{N} + \frac{p^2 N_0}{N}} \tag{4-21}$$

$$= \sqrt{(1-p)^2 p + p^2 (1-p)} = \sqrt{p(1-p)(1-p+p)} = \sqrt{p(1-p)} = \sqrt{pq}$$

计算结果表明，是非标志的平均数就是具有所研究标志值的单位数在全部总体单位中所占的比重。是非标志的标准差就是具有所研究标志值的单位数在全部总体中的比重（p）与不具有所研究标志值的单位数在全部总体中的比重（q）二者乘积的平方根。

（2）标准差系数

标准差是用绝对数量来说明标志变动度的，其数值受标志值和平均数大小的影响，因而只适宜于衡量相同水平总体的平均数的代表性。因此，在比较两个不同水平总体平均数代表性时，就不能采用标准差，而必须消除平均水平高低影响用标准差除以平均数得到的相对数来进行比较，这个相对数就是标准差系数。标准差系数越大，说明平均数的代表性越差；反之，说明平均数的代表性越好。其计算公式为：

$$V_\sigma = \frac{\sigma}{\bar{x}} \times 100\% \qquad\qquad （4-22）$$

式中，V_σ 代表标准差系数。

【例4-32】甲、乙两公司员工的平均工资分别是650元、950元，其工资标准差分别是18元、21元，比较甲乙两公司员工平均工资代表性的大小。

因为两公司员工的平均工资不相等，所以应采用标准差系数进行比较。

$$V_{\sigma_甲} = \frac{\sigma}{x} \times 100\% = \frac{18}{650} \times 100\% = 2.77\%$$

$$V_{\sigma_乙} = \frac{\sigma}{x} \times 100\% = \frac{21}{950} \times 100\% = 2.21\%$$

计算结果表明，$V_{\sigma_甲} > V_{\sigma_乙}$，说明甲公司平均工资的代表性小于乙公司。

练习题

一、判断题

1. 标志变异指标数值越大，说明总体中各位标志值的变异程度越大，则平均指标的代表性就越小。（   ）

2. 标准差系数消除了平均水平的影响。（   ）

3. 标志变异指标反映了总体分布的集中趋势。（   ）

二、单选题

1. 为了用标准差比较分析两个同类总体平均指标的代表性，基本的前提条件是（   ）。

    A. 两个总体的标准差应相等   B. 两个总体的平均数应相等

    C. 两个总体的单位数应相等   D. 两个总体的离差之和应相等

2. 若甲单位的平均数比乙单位的平均数小，但甲单位的标准差比乙单位的标准差大，则（   ）。

    A. 甲单位的平均数代表性比较大   B. 甲单位的平均数代表性比较小

    C. 两单位的平均数代表性一样大   D. 无法判断

3. 若两数列的标准差相等而平均数不等，则（　　）。

    A. 平均数小代表性大　　　　　　　　B. 平均数大代表性大

    C. 代表性也相等　　　　　　　　　　D. 无法判断

4. 标准差系数消除了（　　）。

    A. 指标数值大小的影响　　　　　　　B. 总体单位数多少的影响

    C. 标志变异程度的影响　　　　　　　D. 平均水平高低的影响

5. 甲班学生平均成绩 80 分，标准差 8 分，乙班学生平均成绩 70 分，标准差 7 分，则（　　）。

    A. 甲班学生平均成绩代表性好一些

    B. 乙班学生平均成绩代表性好一些

    C. 无法比较哪个班学生平均成绩代表性好

    D. 两个班学生平均成绩代表性一样

三、多选题

1. 下列属于变异指标系数的有（　　）。

    A. 全距系数　　　　　B. 平均差系数　　　　　C. 标准差系数

    D. 方差系数　　　　　E. 平均数系数

2. 标志变异指标反映了（　　）。

    A. 揭示了总体各单位标志值之间的差异程度

    B. 反映了总体分布的离中趋势

    C. 掩盖了总体各单位标志值之间的差异程度

    D. 反映了总体分布的集中趋势

四、计算题

1. 甲、乙两组工人按日产量分组资料如下：

甲组		乙组	
日产量（件）	工人数	日产量（件）	工人数
20 以下	2	20	3
20～30	4	25	4
30～40	5	28	5
40～50	6	30	6
50 以上	3	35	2

（1）计算甲、乙两组的平均日产量各是多少？

（2）计算甲、乙两组的标准差各是多少？

（3）试说明甲、乙两组的平均日产量哪个代表性大。

2. 科研小组进行甲、乙两品种油菜作物培育实验资料如下：甲品种平均亩产 330 公斤，标准差 12.5 公斤。乙品种平均亩产 338 公斤，标准差 17.5 公斤。

根据以上资料分析哪种油菜作物品种值得推广。

项目总结

1. 总体规模的描述：总量指标是反映社会经济现象总体在一定时间、地点条件下的总规模、总水平或工作总量的统计指标。总量指标的表现形式为绝对数，因此也称为绝对数指标。

总量指标按其反映总体内容的不同，分为总体单位总量和总体标志总量；按其反映的时间状况不同，分为时期指标和时点指标；按其采用的计量单位不同，分为实物指标、价值指标和劳动指标。

2. 比率关系的描述：统计相对指标是指运用对比的方法，来反映某些相关事物之间数量联系程度的综合指标。

按统计研究任务对比基础的不同，相对指标通常分为：计划完成程度相对指标、结构相对指标、比例相对指标、比较相对指标、强度相对指标、动态相对指标六种。

3. 集中趋势的描述：统计平均指标，是指经济现象在一定时间、地点条件下总体内各单位的数量标志值的平均数。包括了算术平均数、调和平均数、几何平均数、众数和中位数等。

平均指标具有这样几个特点：第一，平均指标将总体各单位某一具体的数量标志值的差异抽象化了（或平均化了），是一个抽象化的数值。它不代表总体某一单位的具体数值。第二，平均指标用一个数值代表总体各单位某一数量标志在某种具体条件下的一般水平，是一个代表性的数值。第三，平均指标反映了总体分布的集中趋势的一般特征，是反映总体分布的一个重要的特征值。

4. 离中趋势的描述：变异指标是描述总体单位标志值分布特征的另一个重要指标，它综合反映总体各单位标志值的差异程度，亦即反映分配数列中各标志值的变动范围或离差程度，又称标志变动度。常见的变异指标有极差、平均差、标准差、方差和变异系数等。

技能训练

1. 某地科学试验站计划推广 A、B 两种小麦新品种，推广前分别在四块不同耕地上进行试验，其产量如下表所示。

A 品种			B 品种		
序号	播种面积（亩）	亩产量（斤）	序号	播种面积（亩）	亩产量（斤）
1	20	800	1	15	820
2	25	850	2	22	870
3	35	900	3	26	960
4	38	1020	4	30	1000

你能根据上述资料分析判断哪种小麦更值得推广吗?

2. 下面是一个统计分析报告摘录。

某公司开展增产节约运动后,产品成本月月下降,取得了显著的成绩,根据财务部门的报告,1 月份总成本 20 000 元,单位成本 16 元;2 月份总成本 30 000 元,单位成本 11 元;3 月份总成本 50 000 元,单位成本 9 元。这样,第一季度平均单位产品成本只有 12 元 $[(16+11+9)/3]$。

以上分析报告所用平均指标是否恰当? 如果不恰当,应如何更正?

项目五
动态数列分析法

学习目标

动态数列分析法是统计分析的基本方法之一，它主要是通过水平指标和速度指标来揭示现象动态发展变化的趋势和规律。本任务的学习目标主要是：

◆ 明确动态数列的概念、种类及其运用
◆ 熟练掌握水平指标的计算方法
◆ 熟悉掌握速度指标的计算方法
◆ 能够进行长期趋势和季节变动的测定和分析

案例导入

国家统计局：2013 年上半年经济数据解读

我国国家统计局公布的 2013 年上半年经济数据表明，虽然上半年中国经济增长率为 7.6%，超过了中央政府设定的 7.5%的目标，但第二季度增长率只有 7.5%，低于一季度的 7.7%，而一季度又低于去年四季度的 7.9%。整体来看，经济增速呈不断下降的趋势，且第二季度的 7.5%大幅低于市场预期的 7.7%，经济走势不容乐观。

2013 年上半年中国进出口呈现逐步回落态势。一季度，中国进出口值为 9752.5 亿美元，同比增速为 13.5%。二季度进出口 10 224.4 亿美元，同比增速为 4.3%。其中，5 月份中国外贸增速仅为 0.3%，6 月份则进一步下滑至负增长 2%。中国的经济显然不能指望外需。

那么内需方面又怎么样呢？CPI 虽然略有回升，但仍然低迷，6 月份同比上涨 2.7%，环比与上月持平。

6 月份，食品价格同比上涨 4.9%，影响居民消费价格总水平同比上涨约 1.59 个百分点。基本上属于群众能够接受的程度。

2013 年 6 月份，全国工业生产者出厂价格同比下降 2.7%，环比下降 0.6%。工业生产者购进价格同比下降 2.6%，环比下降 0.5%。上半年，工业生产者出厂价格同比下降 2.2%，工业生产者购进价格同比下降 2.4%。工业品价格的变动基本趋稳，但目前来看，也没有多大起色。

实体经济还是不乐观，企业景气指数与企业家信心指数比一季度有所下滑。

不过根据国家统计局调查，73.8% 的企业表示二季度盈利状况处于"正常"或者"好于正常水平"，比一季度略升 0.1 个百分点。二季度 78.7% 的企业表示订货处于"正常"或"好于正常水平"，比一季度低 2.1 个百分点。这说明企业盈利和订货情况总体正常，但比较脆弱。

虽然出口和内需情况都一般，但中国经济一直都主要靠投资拉动，如果投资情况良好，经济复苏还是很有希望的。

动态分析的依据是动态数列，以此计算出动态数列的各种水平指标和速度指标，并通过趋势分析，把现象受各类因素影响的程度和方向测定出来，以掌握其发展变化的趋势和规律，为科学预测和决策提供依据。这些也是本任务要解决的。

（资料来源：亿邦动力网 http://www.ebrun.com/20130808/79344.shtml）

5.1 动态数列概述

5.1.1 动态数列的含义和作用

动态数列是指把反映同一社会经济现象在不同时间上的指标数值，按一定的时间顺序排列而成的统计数列，又称为时间数列，如表 5-1 所示。

表 5-1 我国历年国民经济状况

时间	1994	1995	1996	1997	1998
工业产值（亿元）	70 176	91 894	99 595	113 734	119 693
轻工业产值所占比例（%）	46.3	47.3	46.1	49.0	49.3
年末人口数（万人）	119 850	121 121	122 389	123 626	124 810
平均工资（元）	4538	5500	6210	6470	7479

通过这一数列，可以看出我国国民经济状况的发展变化过程及其趋势。

动态数列是由互相配对的两个数列构成：一是反映时间顺序的数列（现象发展所属时间），如表 5-1 的 1994～1998 年的工业产值；二是反映各个时间的统计指标值变化的数列（即现象发展水平），如表 5-1 中各年的工业产值、轻工业产值所占比重、年末人口数、平均工资。

动态数列是进行动态分析的基础和依据，它在统计分析中，具有以下十分重要的作用。

（1）反映社会经济现象发展变化进程。编制动态数列可以反映社会经济现象发展变化的历史进程，描述社会经济现象发展变化的状态和结果。

（2）揭示社会经济现象发展变化规律。编制动态数列可以揭示社会经济现象发展变化的规律，预测其未来的发展趋势和进度。例如，对我国历年工业产值资料的分析，就可以预测今后一段时间内的发展水平和发展速度，为国家制订社会经济长期发展计划提供重要依据。

（3）对比分析不同国家、地区、单位的发展水平。编制动态数列可以对比分析不同国家、地区、单位的发展水平，揭示其社会经济现象在发展过程中的差距。

5.1.2　动态数列的种类

动态数列按其数列中所排列的指标性质的不同，可以分为总量指标动态数列、相对指标动态数列和平均指标动态数列三种。其中，总量指标动态数列是基本数列，其余两种则是根据总量指标数列计算而派生的数列。

（1）总量指标动态数列

总量指标动态数列又称为绝对数数列，是由不同时间的同类总量指标，按时间先后顺序排列而成的数列。反映社会经济现象在各期达到的规模、水平及其发展变化情况。由于总量指标所反映的社会经济现象的性质不同，总量指标动态数列又可分为时期数列和时点数列。

① 时期数列

总量指标动态数列中的总量指标，如果是反映现象在一段时间内发展过程的总量，这种数列称为时期数列。如表 5-1 中工业产值就是一个时期数列。

② 时点数列

总量指标动态数列中的总量指标，如果是反映现象在某一时刻上的总量，这种数列称为时点数列，如表 5-1 中的年末人口数就是一个时点数列。

时期数列与时点数列相比，有以下特点。

● 时期数列中每个指标都是表示现象在一段时期内发展过程的总量，因此，各个指标值可以相加，相加后的合计数表示现象在更长时期内的总量；而时点数列每个指标值不能相加，因为相加的结果并不能说明是哪个时点的总量，没有实际意义，不能说明什么问题。

● 时期数列中各指标数值的大小与时期的长短有直接关系，时期长则数值大；反之则小；而时点数列中各指标数值的大小与间隔时间的长短没有直接联系，间隔时间长，不一定数值就大；反之，也不一定小。

● 时期数列中各指标数值是通过连续统计所得，而时点数列中各指标值只需在某个时点进行登记即可，不需连续统计。

（2）相对指标动态数列

相对指标动态数列又称相对数数列，是指由不同时间的相对指标按时间先后顺序排列而成的动态数列。它用来反映社会经济现象对比关系的发展过程及其规律，如表 5-1 中的轻工业产值所占比例就是一个相对数数列。

相对数动态数列中的各个指标是由两个指标对比而成的，因其计算基础不同，不能直接相加。

（3）平均指标动态数列

平均指标动态数列是指由不同时间的同一平均指标，按时间先后顺序排列而成的动态数列，又称为平均数动态数列。它用来反映社会经济现象一般水平的发展趋势。如表 5-1 中的平均工资就是一个平均数数列。

平均指标动态数列中的各项指标数值不能相加，加起来的数字毫无实际意义。

5.1.3　动态数列的编制原则

（1）时间长短要一致

由于时期数列中各指标数值的大小与所属时间长短有直接关系，因此，要求数列中各项指标所属时间长短应一致，否则，很难做出判断进行比较，对于时点数列，虽然各指标数值的大小与间隔长短没有直接关系，但各指标间的间隔也最好相等，以便于分析。

（2）总体范围应一致

动态数列中，各个指标所包含的总体范围前后应当统一，否则，前后资料将难以直接对比。例如，从 2000 年开始，在统计国有工业企业增加值等指标时，包括 500 万元以上的非国有企业，这样总体范围发生了变动，必须将资料进行调整，以保持指标的可比性。我国各地的行政区划时有变更，在进行动态分析时尤应注意。

（3）计算方法应一致

统计指标的计算方法，由于适应不同时期的发展情况，往往有所改变，为此，我们就要将这些指标按照统一的计算方法进行调整和核算，这样，才具有可比性。例如要研究企业劳动生产率的变动，产量指标是用实物量指标还是用价值量指标，人数指标是用全部职工人数还是用生产工人数，若进行动态对比，前后应一致。再如，要把不同时期的工业产值进行对比，就要注意到价格水平的变动，是采用不变价，还是用现行价格，在前后时期对比时，价格应一致。

（4）指标的经济含义统一

即使经济指标的名称是相同的，其所包含的经济含义也有可能不一样。在实际工作中应注意不同历史时期、不同国家或地区的同一指标的经济内容的一致性。如农业总产值指标，在 1984 年前包含村办工业产值，而在 1984 年以后则不包含这一部分内容。这样 1984 年后的农业总产值的内容就不尽相同，在进行动态分析时要注意这一点，对指标适当调整后，才可对比。

5.1.4　动态数列分析的内容

在编制时间数列的基础上，为了反映社会经济现象在不同时间条件下的发展变化、研究事物的发展变化规律，需要进行各种动态分析，其中基础的方法就是通过对比分析计算各种动态分析指标，来反映社会经济现象在不同时间条件下的发展变化。常见的动态分析指标有水平分析指标和速度分析指标。

水平分析指标包括：发展水平、平均发展水平、增长量、平均增长量。

速度分析指标包括：发展速度、平均发展速度、增长速度、每增长 1%的绝对值、平均增长速度。

在以上动态指标的基础上，动态分析还要进行深一步分析，即趋势分析。

趋势分析包括：长期趋势分析和预测、季节变动分析等。

练习题

一、判断题

1. 若将 1995～2000 年年末全民所有制企业固定资产净值按时间先后顺序排列，此种动态数列称为时点数列。（　　　）

2. 发展水平就是动态数列中的每一项具体指标数值，它只能表现为绝对数。（　　　）

3. 各种动态数列中，指标值的大小都受到指标所反映的时期长短的制约。（　　　）

二、单选题

1. 构成动态数列的要素一般有（　　　）。

    A. 一个　　　　　　　B. 两个　　　　　　　C. 三个　　　　　　　D. 四个

2. 把近 20 年来某国的国内生产总值指标按年份顺序排列起来，形成的动态数列（　　　）。

    A. 是时期总量的动态数列　　　　　　B. 是时点总量的时间数列

    C. 相对数的时间数列　　　　　　　　D. 平均数的时间数列

3. 评比城市间的社会发展状况，将各城市每人分摊的绿化面积按年份排列的时间数列属于（　　　）。

    A. 总量指标的时期数列　　　　　　　B. 总量指标的时点数列

    C. 相对指标时间数列　　　　　　　　D. 平均指标时间数列

4. 下列数列中哪个属于动态数列（　　　）。

    A. 学生按学习成绩分组形成的数列

    B. 工业企业按地区分组形成的数列

    C. 职工按工资水平高低分组形成的数列

    D. 出口额按时间先后顺序排列形成的数列

5. 时间数列中，各项指标数值可以直接相加的是（　　　）。

    A. 时期数列　　　　　　　　　　　　B. 时点数列

    C. 相对数时间数列　　　　　　　　　D. 平均数时间数列

三、多选题

1. 构成时间数列的基本要素是（　　　）。

    A. 现象所属的时间　　　　　　B. 标志　　　　　　　C. 次数

D. 指标名称　　　　　　　　E. 反映客观现象的统计指标数值

2. 时点数列的特点有（　　　）。

A. 数列中各个指标数值可以相加

B. 数列中各个指标数值不具有可加性

C. 指标数值是通过一次登记取得的

D. 指标数值的大小与时期长短没有直接联系

E. 指标数值是通过连续不断登记取得的

3. 下列属于时期数列的有（　　　）。

A. 逐年的人口自然增长率　　　　　B. 逐年的年末人口数

C. 逐年的人口平均数　　　　　　　D. 逐年的人口出生数

E. 逐年的人口死亡数

4. 下列属于时点数列的有（　　　）。

A. 某工业企业历年利税总额　　　　B. 某金融机构历年年末贷款余额

C. 某商业企业历年销售额　　　　　D. 某地区历年年末生猪存栏头数

E. 某高校历年招生人数

5.2 | 动态数列的水平分析

5.2.1　发展水平

发展水平是动态数列各个时期（时点）的指标数值。用来反映社会经济现象在各个时期或时点所达到的规模或水平。发展水平既可以用总量指标表示，也可能用相对指标或平均指标表示。

发展水平按其在动态数列中所处的位置不同，可分为：期初水平、期末水平和中间水平。现以表 5-2 资料为例说明。

表 5–2　　　　　　　　　我国 1995～1999 年我国进出口总额

时间	1995 年	1996 年	1997 年	1998 年	1999 年
进出口总额 （人民币亿元）	23 499.9	24 133.8	26 967.2	26 857.7	29 896.3

如果用符号 a_0, a_1, a_2, a_3, …, a_{n-1}, a_n 代表数列中各个发展水平，则在本例中，如果以 1995 年作为基期水平，记为 a_0，则 1996 年、1997 年、1998 年、1999 年进出口总额分别用 a_1、a_2、a_3、a_4 表示，称为报告期水平或计算期水平。

期初水平（a_0）：是指动态数列中的第一项指标数值，即 1995 年的进出口总额 23 499.9 亿元。

期末水平（a_n）：是指动态数列中的最后一项指标数值，即 1999 年的进出口总额 29 896.3 亿元。

中间水平（a_1、a_2、$a_3 \cdots a_{n-1}$）：是指动态数列中除首尾两项指标数值以外的其余各项指标值。

报告期水平：是指作为研究或比较时期的发展水平，又称计算期水平。

基期水平：是指作为比较基准时期的发展水平。

报告期水平和基期水平不是固定不变的，而是随着研究目的的改变而发生变化。发展水平在用文字表达其变动时，常用"增加到"或"增加为"、"降低到"或"降低为"来表示。如 1999 年我国的进出口总额增加到 29 896.3 亿元。

5.2.2　平均发展水平

平均发展水平又称序时平均数，是指发展水平的平均数，用来反映现象在较长时间内发展所达到的一般水平。序时平均数与一般的算术平均数虽然都是通过具体数值计算，反映整体的一般水平，但两者也存在着明显的差异，主要表现在：

序时平均数平均的是事物在不同时间上的数量差异；算术平均数平均的是总体各单位某一数量标志在同一时间上的数量差异。

序时平均数是从动态上说明某一事物在不同时间上发展的一般水平；算术平均数是从静态上说明同一事物总体不同单位在同一时间上的一般水平。

序时平均数是根据时间数列计算的；算术平均数是根据变量数列计算的。平均发展水平可以根据总量指标动态数列计算，也可以根据相对指标动态数列或平均指标动态数列计算。从计算方法上讲，根据总量指标动态数列计算平均发展水平（即序时平均数）是最基本的方法。现分别介绍如下。

（1）由总量指标动态数列计算平均发展水平

总量指标动态数列分为时期数列和时点数列，由于它们的性质不同，计算平均发展水平时方法也不一样。

① 由时期数列计算平均发展水平

由时期数列计算平均发展水平采用简单算术平均法。即以数列中时期项数除以各时期的指标数值之和即得平均发展水平。其计算公式为：

$$\bar{a} = \frac{a_1 + a_2 + \cdots + a_n}{n} = \frac{\sum a}{n} \tag{5-1}$$

式中，$\bar{a}$ 代表平均发展水平；a 代表各期发展水平；n 代表数列中时期项数。

【例 5-1】某公司 2010 年上半年工业增加值资料如表 5-3 所示。

表 5-3　　　　　　　　　某公司 2010 年上半年的工业增加值资料

月份	1 月	2 月	3 月	4 月	5 月	6 月
增加值（万元）	21.4	18.6	23.5	39.2	35.7	28.2

该企业 2010 年上半年月平均增加值为：

$$\bar{a} = \frac{\sum a}{n} = \frac{21.4 + 18.6 + 23.5 + 39.2 + 35.7 + 28.2}{6}$$

$$= \frac{166.6}{6} = 27.8(\text{万元})$$

② 由时点数列计算平均发展水平

由时点数列计算平均发展水平，因掌握的资料情况不同，具体方法也不一样，一般情况下可分为连续时点数列和间断时点数列两种。

● 由连续时点数列计算平均发展水平。

连续时点数列是指能够直接或间接掌握每天的时点指标资料的数列。具体计算有两种情况。

● 间隔相等的连续时点数列的平均发展水平。

直接采用简单算术平均法计算。即以时点数值的个数除各时点值之和即得。计算公式为：

$$\bar{a} = \frac{a_1 + a_2 + \cdots + a_n}{n} = \frac{\sum a}{n} \tag{5-2}$$

式中，$\sum a$ 为各时点值之和。

【例5-2】某车间4月上旬产品库存量变动如表5-4所示。

表5-4　　　　　　　　　某车间4月上旬产品库存量变动表　　　　　　　单位：吨

日期	1日	2日	3日	4日	5日	6日	7日	8日	9日	10日
库存量	80	78	81	82	79	77	83	84	80	84

该车间4月上旬平均产品库存量：

$$\bar{a} = \frac{\sum a}{n} = \frac{80 + 78 + 81 + 82 + 79 + 77 + 83 + 84 + 80 + 84}{10} = 72.6(\text{吨})$$

● 间隔不相等的连续时点数列的平均发展水平，采用加权算术平均法计算。即以每次变动持续的时间间隔长度（f）为权数对各时点数值（a）加权。计算公式：

$$\bar{a} = \frac{a_1 f_1 + a_2 f_2 + \cdots + a_n f_n}{f_1 + f_2 + \cdots f_n} = \frac{\sum af}{\sum f} \tag{5-3}$$

【例5-3】某企业4月1～10日职工有300人，4月11～15日职工有309人，4月16～30日职工有305人，则该企业4月份平均职工人数为：

$$\bar{a} = \frac{\sum af}{\sum f} = \frac{300 \times 10 + 309 \times 5 + 305 \times 15}{10 + 5 + 15} = 304(\text{人})$$

● 由间断时点数列计算平均发展水平

要精确计算时点数列序时平均数就应该有每一瞬间都登记的资料。这在实际中几乎是不可能的，所以习惯上以天为单位作为瞬间即一时点。即使这样也较繁杂。通常的做法有两种：一是每隔一段时间登记一次，时点定在月（季、年）初或末，每次登记的间隔相等；二是只当现象的数量发生变化时登记，每次登记的间隔不等。两种情况下计算序时平均数的方法有所不同。

a. 由间隔相等的时点数列计算平均发展水平。根据这种数列计算平均发展水平，要假定所研究的现象在两个相邻时点之间的变动是均匀的。因而可将相邻两个时点数值相加除以 2，求得表明两邻时点之间的简单平均数，然后根据这些平均数，再用简单算术法计算整个所研究的时间内的现象的平均发展平。

【例 5-4】某银行 2012 年第四季度各月月末银行存款余额资料如表 5-5 所示。

表 5-5　　　　　　　　某银行 2012 年第四季度月末银行存款余额资料

月份	9 月	10 月	11 月	12 月
月末银行存款余额（万元）	490	520	550	560

根据表 5-5 资料计算第四季度月平均银行存款余额如下。

我们知道 9 月 30 是 9 月份的结束，9 月末的余额即为 10 月初的余额，以此类推。

$$10 \text{ 月份平均银行存款余额} = \frac{a_1 + a_2}{2} = \frac{490 + 520}{2} = 505（万元）$$

$$11 \text{ 月份平均银行存款余额} = \frac{a_2 + a_3}{2} = \frac{520 + 550}{2} = 535（万元）$$

$$12 \text{ 月份平均银行存款余额} = \frac{a_3 + a_4}{2} = \frac{550 + 560}{2} = 555（万元）$$

$$\text{第四季度月平均银行存款余额} = \frac{505 + 530 + 555}{2} = 535（万元）$$

上述计算第四季度月平均银行存款余额的两个步骤可以合并简化为：

$$\bar{a} = \frac{\dfrac{a_1 + a_2}{2} + \dfrac{a_2 + a_3}{2} + \dfrac{a_3 + a_4}{2}}{3} = \frac{\dfrac{a_1}{2} + a_2 + a_3 + \dfrac{a_4}{2}}{4-1}$$

$$= \frac{\dfrac{490}{2} + 520 + 550 + \dfrac{560}{2}}{4-1} = 535（万元）$$

将上述计算过程概括为一般公式，即：

$$\bar{a} = \frac{\dfrac{1}{2}a_0 + a_1 + \cdots\cdots + a_{n-1} + \dfrac{1}{2}a_n}{n-1} \tag{5-4}$$

式中，$\bar{a}$ 代表平均发展水平；a 代表各期发展水平；n 表示时点指标数值的项数。

由此可见，在间断时点数列间隔相等的情况下，计算平均发展水平，只要将首末两项时点数值折半，加上中间各项数值，再除以项数减 1 即可，这种方法在统计上被称为"首尾折半法"或"简单序时平均法"。

b. 由间隔不相等的间断时点数列计算平均发展水平。如果掌握了间隔不相等的间断时点资料，则可用各时间间隔长度（f）为权数，对各相应时点的平均水平加权，应用算术平均法计算平均发展水平。这种方法叫作"加权序时平均法"。其计算原理和间隔相等的间断时点数列计算平均发展水平一样。

其计算公式如下：

$$\bar{a} = \frac{\dfrac{a_0 + a_1}{2}f_1 + \dfrac{a_1 + a_2}{2}f_2 + \cdots\cdots + \dfrac{a_{n-1} + a_n}{2}f_{n-1}}{\sum f} \tag{5-5}$$

【例5-5】某农场2010年有关月初生猪存栏数资料如表5-6所示，计算月平均生猪存栏数。

表5-6 某农场生猪存栏数

日期	1月1日	3月1日	8月1日	10月1日	12月1日
生猪存栏数（头）	1420	1400	1200	1250	1460

我们假定间隔的各时点之间指标数值是均匀变化的，则可利用加权序时平均法计算如下。

$$\bar{a} = \frac{\dfrac{a_0 + a_1}{2}f_1 + \dfrac{a_1 + a_2}{2}f_2 + \cdots\cdots + \dfrac{a_{n-1} + a_n}{2}f_{n-1}}{\sum f}$$

$$= \frac{\dfrac{1420 + 1400}{2} \times 2 + \dfrac{1400 + 1200}{2} \times 5 + \dfrac{1200 + 1250}{2} \times 2 + \dfrac{1250 + 1460}{2} \times 3}{2 + 5 + 2 + 3} = 1319.58（头）$$

需要注意的是，根据间断时点数列计算平均发展水平，是以被研究的现象在相邻两个时点之间均匀变动为前提的，但实际上现象的变动并非完全如此。因此，所求结果只是一个近似值。为了使其计算结果尽可能准确反映实际情况，间断时点数列的间隔不宜过长。

（2）由相对指标动态数列计算平均发展水平

相对指标有静态相对指标和动态相对指标之分，这里指的是由静态相对指标构成的动态数列。它一般是根据两个具有密切联系的总量指标动态数列相对比而得到的相对指标所构成的。由于各相对指标比较基数不同，因而，不能根据相对指标动态数列中的各指标直接相加计算平均发展水平。

根据相对指标动态数列计算平均发展水平，其基本方法是：首先计算构成该相对指标动态数列的分子与分母数列的序时平均数，然后再将这两个序时平均数对比求得。计算公式如下。

$$\bar{c} = \frac{\bar{a}}{\bar{b}} \tag{5-6}$$

式中，$\bar{a}$表示分子数列的序时平均数；$\bar{b}$表示分母数列的序时平均数；$\bar{c}$表示相对指标的序时平均数。

应该注意的是，在计算分子数列和分母数列的平均发展水平时，首先必须分清分子、分母数列是属于时期数列，还是属于时点数列，然后分别计算各自的平均发展水平。在这里a、b作为总量指标时间数列（时点或时期）有三种可能：①a、b均为时期数列。②a、b均为时点数列。③a、

b 一个为时点数列，一个为时期数列。

【例 5-6】表 5-7 是某超级市场 2011 年第三季度各月的商品流转次数等资料，要求：计算 2011 年月平均商品流转次数（商品流转次数等于商品流转额与月平均商品库存额之比）。

表 5-7   某超级市场商品流转次数等资料

月份	7 月	8 月	9 月	10 月
商品流转额（万元）	1500	1800	2002	—
月初商品库存额（万元）	150	300	280	320
商品流转次数（次）	6.667	6.207	6.667	—

在表 5-7 的资料中，商品流转额是时期指标，月初商品库存额是时点指标，要计算平均商品流转次数，首先必须求出其分子、分母的序时平均数，然后进行对比。在计算平均商品流转次数时绝对不能将各月的商品流转次数简单平均来计算，即：

$$\overline{c} \neq \frac{6.627 + 6.207 + 6.667}{3} = 6.514（次）$$

而应该为：

$$\overline{c} = \frac{\overline{a}}{\overline{b}} = \frac{\dfrac{\sum a}{n}}{\dfrac{\dfrac{b_1}{2} + b_2 + \cdots + \dfrac{b_n}{2}}{n-1}} = \frac{\dfrac{1500 + 1800 + 2000}{3}}{\dfrac{\dfrac{150}{2} + 300 + 280 + \dfrac{320}{2}}{4-1}} = 6.506（次）$$

（3）由平均指标动态数列计算平均发展水平

平均指标动态数列可由一般平均指标和动态平均指标组成。两种不同的平均指标数列的平均发展水平的计算方法也不同。

① 一般平均指标所组成的动态数列

这种动态数列实质上就是两个总量指标动态数列相对应项对比形成的，即分子数列是标志总量数列，分母数列是总体单位总数数列。计算这种平均指标动态数列的平均发展水平和前面介绍的计算相对指标动态数列的平均发展水平相同，即先计算出该平均指标的分子、分母的序时平均数，然后进行对比。计算公式为：

$$\overline{c} = \frac{\overline{a}}{\overline{b}}$$

② 动态平均指标所形成的动态数列

这种动态数列分以下两种情况。

● 时期相等，采用简单算术平均法计算。其计算公式为：

$$\overline{a} = \frac{\sum a}{n}$$

【**例 5-7**】某商业银行 2011 年第二季度各月吸收存款的平均余额资料如表 5-8, 试计算第二季度的月平均存款余额。

表 5-8 　　　　　　　　　　某商业银行 2011 年第二季度各月平均存款余额 　　　　　　　单位: 亿元

月份	4 月	5 月	6 月
平均存款余额	50	70	60

则第二季度月平均存款余额为:

$$\bar{a} = \frac{\sum a}{n} = \frac{50 + 70 + 60}{3} = 60 (亿元)$$

- 时期不等, 则以不同时期为权数, 采用加权算术平均法计算。计算公式为:

$$\bar{a} = \frac{\sum af}{\sum f}$$

【**例 5-8**】某培训中心 2010 年在校学生人数 1 月份平均为 520 人, 2~3 月份平均每月 535 人, 第二季度平均每月为 540 人。则上半年平均每月在校学生人数为:

$$\bar{a} = \frac{\sum af}{\sum f} = \frac{520 \times 1 + 535 \times 2 + 540 \times 3}{1 + 2 + 3} = 535 (人)$$

5.2.3　增长量

增长量又称增减量, 是报告期水平与基期水平之差, 用来说明社会经济现象在一定时期内增长的绝对数量。用公式表示为:

$$增长量 = 报告期水平 - 基期水平 = a_1 - a_0 \tag{5-7}$$

在增长量的计算中, 由于报告期水平可以大于基期水平, 也可以等于或小于基期水平, 所以增长量可以是正值, 也可以是零或负值, 它们分别表示正增长、零增长或负增长。

由于基期的确定方法不同, 增长量可分为逐期增长量与累计增长量。逐期增长量是报告期水平减去基期水平, 说明现象逐期增长的数量; 累计增长量或累积增长量则是报告期水平与某一固定期水平 (通常为 a_0) 的差额, 说明事物某一时期内的总增长量。用公式表示为:

逐期增长量 = 报告期水平 - 前期水平 = $a_1 - a_0$, $a_2 - a_1$, …, $a_n - a_{n-i}$

累计增长量 = 报告期水平 - 固定期水平 = $a_1 - a_0$, $a_2 - a_0$, …, $a_n - a_0$

我们不难得出如下结论。

① 累计增量等于逐期增量之和, 即:

$$(a_1 - a_0) + (a_2 - a_1) + \cdots + (a_n - a_{n-i}) = a_n - a_0$$

② 相邻两期累计增长量之差等于相应的逐期增量

在实际统计分析工作中, 为了消除季节变动的影响, 增加可比性, 常计算本期发展水平与上年同期水平的增减数量, 称为年距增长量。

5.2.4 平均增长量

平均增长量是指逐期增长量的平均数，用来反映现象在较长时间内增长的一般水平。其计算公式为：

$$平均增长量 = \frac{逐期增长量之和}{逐期增长量的个数} = \frac{累计增长量}{动态数列项数-1} \tag{5-8}$$

练习题

一、判断题

1. 平均发展水平是用来反映现象在较长时间内增长的一般水平。（　　　）

2. 发展水平就是动态数列中的每一项具体指标数值，它只能表现为绝对数。（　　　）

3. 增长量可以是正值、负值，也可以是零。（　　　）

4. 累计增长量等于相应的各个逐期增长量之和。（　　　）

二、单选题

1. 若已知某网站 4 月份平均员工人数为 84 人，5 月份平均员工人数为 72 人，6 月份平均员工人数为 84 人，7 月份平均员工人数为 96 人，则二季度该网站的月平均员工人数为（　　　）。

    A. 84   B. 80   C. 82   D. 83

2. 根据时期数列计算序时平均数应采用（　　　）。

    A. 几何平均法   B. 加权算术平均法

    C. 简单算术平均法   D. 首尾折半法

3. 某企业某年各月月末库存额资料如下（单位：万元）4.8，4.4，3.6，3.2，3，4，3.6，3.4，4.2，4.6，5，5.6，又知上年年末库存为 5.2，则全年平均库存额为（　　　）。

    A. 5.2   B. 4.1   C. 4.133   D. 5

4. 某银行 1 月 1 日存款余额为 102 万元，1 月 2 日为 108 万元，1 月 3 日为 119 万元，则三天平均存款余额为（　　　）。

    A. 102/2+108+119/2   B. （102+108+119）÷3

    C. （102/2+108+119/2）÷3   D. 102+108+119

三、多选题

1. 平均增长量是（　　　）。

    A. 各期累计增长量的平均   B. 各期逐期增长量的平均

    C. 累计增长量÷逐期增长量的个数   D. 累计增长量÷（时间数列项数-1）

    E. 各期增长量之和÷逐期增长量的个数

2. 用于分析时间数列现象的水平指标有（　　　）。

A. 发展速度   B. 发展水平   C. 平均发展水平

D. 增减量   E. 平均增减量

3. 累计增长量与逐期增长量（   ）。

A. 前者基期水平不变，后者基期水平总在变动

B. 二者存在关系式：逐期增长量之和=累计增长量

C. 相邻的两个逐期增长量之差等于相应的累计增长量

D. 根据这两个增长量都可以计算较长时期内的平均每期增长量

E. 这两个增长量都属于速度分析指标

4. 下列哪些属于序时平均数（   ）。

A. 一季度平均每月的职工人数   B. 某产品产量某年各月的平均增长量

C. 某企业职工四季度平均产量   D. 某商场职工某年月平均人均销售额

E. 某地区近几年出口商品贸易额平均增长速度

5. 已知某地区 1996～2000 年的人口数（万人）分别是 3560、3716、4002、4347、4679，则可计算出（   ）。

A. 1997 年的逐期增长量为 156 万人   B. 2000 年的逐期增长量为 332 万人

C. 1997 年的累计增长量为 156 万人   D. 2000 年的累计增长量为 1119 万人

E. 1996～2000 年的年平均增长量是 279.75 万人

四、计算题

1. 某企业 2002 年 6 月份职工人数如表 5-9 所示。

表 5-9   某企业 2002 年 6 月份职工人数

日　　　期	职工人数（人）
1～6	480
7～16	490
17～26	495
27～30	485

试计算该企业 6 月份平均职工人数。

2. 某企业 2002 年上半年职工人数如表 5-10 所示。

表 5-10   某企业 2002 年上半年职工人数

日/月	1/1	1/2	1/3	1/4	1/5	1/6	1/7
人数	800	820	830	880	860	870	900

试求该企业第一季度、第二季度及上半年平均职工人数。

3. 某企业 2002 年第一季度各月计划完成程度如表 5-11 所示。

表 5-11　　　　　　　　某企业 2002 年第一季度各月计划完成程度

月　份	1 月	2 月	3 月
计划完成（%）	80	100	120
实际产量（台）	440	620	720

试计算该企业第一季度平均计划完成程度。

4. 某企业 2002 年上半年工业总产值和劳动生产率资料如表 5-12 所示。

表 5-12　　　　　　　　某企业 2002 年上半年工业总产值和劳动生产率

月　份	1 月	2 月	3 月	4 月	5 月	6 月
工业总产值（万元）	300	352	348.16	366.8	421.92	451.5
工人劳动生产率（万元/人）	0.60	0.64	0.68	0.70	0.72	0.75

另知：7 月初职工人数是 520 人。

试求上半年工人平均劳动生产率。

5.3 ｜ 动态数列的速度分析

　　动态数列的速度分析，就是将动态数列的指标数值进行对比，经过对比而得到的指标称为速度分析指标，包括发展速度、增长速度、平均发展速度、平均增长速度和增长 1% 的绝对值。

5.3.1　发展速度

　　发展速度是同一事物在两个不同时期的发展水平对比而计算的动态相对数。其计算公式为：

$$发展速度 = \frac{报告期水平}{基期水平} \times 100\% \tag{5-9}$$

由于计算时采用不同的基期，发展速度分为环比发展速度和定基发展速度。

(1) 环比发展速度

环比发展速度是报告期水平与前期水平之比。反映社会经济现象逐期的发展变动情况。

用符号表示为：$\dfrac{a_1}{a_0}, \dfrac{a_2}{a_1}, \dfrac{a_3}{a_2}, \ldots, \dfrac{a_n}{a_{n-1}}$

(2) 定基发展速度

展变动情况。

用符号表示为：$\dfrac{a_1}{a_0}, \dfrac{a_2}{a_1}, \dfrac{a_3}{a_2}, \cdots, \dfrac{a_n}{a_{n-1}}$

（3）环比发展速度与定基发展速度的数量关系

环比发展速度与定基发展速度之间存在一定数量关系，可以互相推算。

① 定基发展速度=各环比发展速度的连乘积。

② 环比发展速度=同期定基发展速度÷上期定基发展速度。

了解这一数量关系，有利于我们进行发展速度的推算，此外在实际工作中，为了消除季节变动因素的影响，确切地反映现象的发展速度，可以计算年距发展速度。

知识链接

"番"与"倍"的区别

在统计分析中常用到"番"与"倍"来表示发展速度，但是二者之间存在着明显的区别。增加一倍，就是增加了 100%；翻一番也是增加 100%。除了一倍和一番相当外，两倍与两番以上的数字含义就不同了。而且数字越大，差距越大。如增加两倍，就指增加 200%，翻两番，就是达到 400%（一番是二，二番是四，三番是八），所以说翻两番就是增加了 300%，翻三番就是增加了 700%。"番"是按几何级数计算的，"倍"是按算术级数计算的。

翻 n 番即为：2^n

$$年距发展速度 = \frac{本期发展水平}{上年同期发展水平} \times 100\%$$

5.3.2 增长速度

增长速度是指增长量与基期水平之比，用来反映社会经济现象在一定时期内增长的相对程度，其计算公式为：

$$增长速度 = \frac{增长量}{基期水平} \times 100\% = \frac{报告期水平 - 基期水平}{基期水平} \times 100\% = 发展速度 - 1 \qquad (5\text{-}10)$$

由此可见，增长速度与发展速度之间只差一个基数（即 100%。当发展速度大于 1 时，增长速度为正值，表明现象的增长程度；当发展速度小于 1 时，增长速度为负值，表明现象的降低程度。

同发展速度一样，由于计算时选择不同的基期，增长速度也分为环比增长速度和定基增长速度。

环比增长速度：是逐期增长量与前期水平之比，说明现象逐期增长的程度。

其计算公式为：

$$环比增长速度 = \frac{逐期增长量}{前期水平} \times 100\% = \frac{报告期水平 - 前期水平}{前期水平} \times 100\%$$
$$= 环比发展速度 - 1$$

定基增长速度：是累计增长量与固定基期水平之比，说明现象定基增长的程度。其计算公式为：

$$定基增长速度 = \frac{累计增长量}{固定期水平} \times 100\% = \frac{报告期水平 - 固定期水平}{固定期水平} \times 100\%$$
$$= 定基发展速度 - 1$$

在实际工作中，通常还计算年距增长速度，其作用与年距发展速度类似。

$$年距增长速度 = \frac{年距增长量}{上年同期水平} \times 100\% = 年距发展速度 - 1$$

5.3.3　增长1%绝对值

增长1%的绝对值，是一种将相对指标与总量指标结合起来分析的指标。它表示现象每增长一个百分点所包含的绝对增长量。

增长1%的绝对值是逐期增长量与环比增长速度对比值的1%或等于前一期发展水平除100，计算结果用绝对数表示。其计算公式为：

$$增长1\%的绝对值 = \frac{逐期增长量}{环比增长速度} \times 1\% = \frac{逐期增长量}{\dfrac{逐期增长量 \times 100}{前期水平}} = \frac{前期水平}{100} \quad (5-11)$$

可见，每增长1%的绝对值就是前期水平的1%，一般说来，基期水平越高，发展速度提高1%所包含的绝对量就越多；反之，则发展速度提高1%所包含的绝对量就越低。

5.3.4　平均发展速度和平均增长速度

平均发展速度是指被研究现象在一段时间内各环比发展速度的平均数，说明某种现象在一个较长时期中逐年平均发展变化的程度；平均增长速度是指各环比增长速度的平均数，它说明某种现象在一个较长时期内逐年平均增长变化的程度。平均发展速度和平均增长速度统称为平均速度指标。

平均发展速度与平均增长速度的关系是：

$$平均增长速度 = 平均发展速度 - 1 \qquad (5-12)$$

平均发展速度始终为正值，而平均增长速度则可为正值，也可为负值。正值表明现象在一段时期内平均递增程度，称为递增率；负值表明现象逐期平均递减程度，称为递减率。

关于平均速度指标的计算，主要是对平均发展速度的计算，只要求得了平均发展速度，平均增长速度通过平均发展速度减去 100%便可求得。

平均发展速度的计算方法与前所述的几种动态平均指标的计算方法不同，在实际中，由于对现象考察的重点不同，平均发展速度通常采用两种方法计算，即几何平均法和方程式法。

（1）几何平均法（又称水平法）

按这种方法计算平均发展速度的数理依据是：从最初水平出发，按平均发展速度逐期发展，经过 n 期后即可达到末期的发展水平。由于各环比发展速度的连乘积等于第 n 期的定基发展速度（又称总速度），故其平均速度只能用几何平均法计算：

设 $\overline{X_G}$ 代表平均发展速度，X 代表各环比发展速度，n 代表各环比发展速度的项数，Π 代表连乘符号，其计算公式为：

$$平均发展速度=\overline{X_G}=\sqrt[n]{X_1 X_2 \cdots X_3}=\sqrt[n]{\prod X}=\sqrt[n]{\frac{a_n}{a_0}}=\sqrt[n]{R} \qquad （5-13）$$

式中，R 代表总速度（即定基发展速度）。

以上三个公式虽然计算形式有所不同，但实质一样，我们可以根据所掌握的资料的不同，选择应用。

【例 5-9】表 5-9 为某省 2008～2012 年电冰箱生产产量有关资料如下：

表 5-9 　　　　　　　　某省 2008～2012 年电冰箱生产产量

年　　份	2008	2009	2010	2011	2012
产量（万台）	768	918	980	1044	1060
环比发展速度（%）	—	119.5	106.8	106.5	101.5
定基发展速度（%）	100	119.5	127.6	135.9	138.0

要求：计算该省从 2008～2012 年间电冰箱生产产量年平均发展速度。

在上例中，2008～2012 年电冰箱生产产量年平均发展速度计算方法有以下几种。

$$\overline{X_G}=\sqrt[n]{\frac{a_n}{a_0}}=\sqrt[4]{\frac{1060}{768}}=108.4\%$$

$$\overline{X_G}=\sqrt[n]{\prod X}=\sqrt[4]{1.195\times1.068\times1.065\times1.015}=\sqrt[4]{1.38}=1.084=108.4\%$$

$$\overline{X_G}=\sqrt[n]{R}=\sqrt[4]{138\%}=108.4\%$$

计算结果表明，该省在 2008～2012 年期间电冰箱产量平均每年的发展速度为 108.4%，每年平均递增 8.4%。

另外，当某种现象其发展过程划分为若干个时期，同时又具备各时期的平均发展速度，若求全过程的平均发展速度，则要以各时期的时间长度为权数，按加权几何平均法计算。其计算公式为：

$$\overline{X_G} = {}^{f_1+f_2+\cdots}\!\!\sqrt{X_1^{f_1} X_2^{f_2} \cdots X_3^{f_3}} = {}^{\sum f}\!\!\sqrt{\prod X^f} \tag{5-14}$$

【例5-10】某种产品2008年、2009年的平均发展速度为108%，2010～2012期间的平均年发展速度为110%，则5年的年均发展速度为：

$$\overline{X_G} = {}^{\sum f}\!\!\sqrt{\prod X^f} = {}^{2+3}\!\!\sqrt{1.08^2 + 1.10^3} = {}^5\!\!\sqrt{1.5525} = 109.196\%$$

用几何平均法计算平均发展速度是最常用的方法。利用它不仅可以计算平均速度指标，而且还可以推算最末水平和时间。

【例5-11】某厂2005年产值为300万元，若今后产值每年的平均发展速度为115%，到2010年产值应为多少万元？

分析如下：

$$\overline{X_G} = \sqrt[n]{\frac{a_n}{a_0}}$$

$$\overline{X}^n = \frac{a_n}{a_0} \Rightarrow a_n = a_0 \overline{X}^n \Rightarrow 2010年产值 = 300 \times 115\%^5 = 603.41（万元）$$

（2）方程式法（又称累积法）

按此种方法计算平均发展速度的数理依据是：从最初水平出发，每期按平均发展速度发展，经过 n 期后，各期计算的理论水平之和应等于各期实际的发展水平之和。这里不再详细叙述。

（3）计算和应用平均速度指标应注意的问题

① 结合具体研究目的适当地选择基期

由于基期水平对平均速度指标影响重大，如果基期水平因受特殊因素的影响而过高或过低，用这样的资料来计算平均速度，就会降低这一指标的意义，甚至会失去代表性而不能说明现象变化发展的真实情况。

② 应用分段平均速度或用突出的个别环比速度来补充总平均速度

因为根据几何平均法求得的平均速度指标，实际只反映最初和最末水平的变化，并不反映中间各年的实际变化，因此，当研究时期过长时，为了避免由于中间各期波动过大或不同的变化方向而降低平均速度指标的代表性，应计算分段平均速度指标来补充说明总平均发展速度，这对于全面、深入地了解现象的整个过程的变化情况很有必要。例如，分析我国建国50多年来粮食生产发展变化情况，除了计算总平均速度之外，有必要按照恢复时期、各个五年计划时期和各个特定时期等分段计算其平均速度加以补充说明。

③ 结合发展水平、经济效益来研究平均速度指标

在经济生活中，有可能出现高速度下的低水平、低效益或者是低速度背后却隐藏着高水平、

高效益，如果将水平指标、经济效益及各种速度指标结合起来，对现象进行综合分析，这样就更有利于揭示现象发展变化的规律性。

================ 练习题 ================

一、判断题

1. 定基发展速度等于各个环比发展速度的连乘积，所以定基增长速度也等于各个环比增长速度的连乘积。（   ）

2. 环比发展速度和定基发展速度是按对比的基期不同划分的。（   ）

3. 甲企业 2001 年利润为 280 万元，2002 年利润为 360 万元，则甲企业增长 1%的绝对值是 36 元。（   ）

4. 说明现象在较长时期内发展的总速度的指标是平均发展速度。（   ）

5. 今年某月发展水平除以上年同期发展水平的指标是定基发展速度。（   ）

二、单选题

1. 已知环比增长速度为 8.12%、6.42%、5.91%、5.13%，则定基增长速度为（   ）。

    A. $8.12\% \times 6.42\% \times 5.91\% \times 5.13\%$
    B. $8.12\% \times 6.42\% \times 5.91\% \times 5.13\%-100\%$

    C. $1.082 \times 1.0642 \times 1.0591 \times 1.0513$
    D. $1.082 \times 1.0642 \times 1.0591 \times 1.0513-100\%$

2. 某企业利税总额 1998 年比 1993 年增长了 1.1 倍，2001 年又比 1998 年增长 1.5 倍，则该利税总额这几年间共增长（   ）。

    A. $(1.1+1.5)-1$
    B. $(2.1 \times 2.5)-1$
    C. $(\sqrt[5]{2.1} \times \sqrt[3]{2.5})-1$
    D. $(1.1 \times 1.5)-1$

3. 已知某地区粮食产量的环比发展速度 1998 年为 103.5%，1999 年为 104%，2001 年为 105%，2001 年对于 1997 年的定基发展速度为 116.4%，则 2000 年的环比发展速度为（   ）。

    A. 103%
    B. 101%
    C. 104.5%
    D. 113%

4. 某校学生人数逐年增加，1992 年比 1991 年增长 8%，1993 年比 1992 年增长 7%，2001 年比 1993 年增长 56%，则年平均增长速度为（   ）。

    A. $\sqrt[3]{0.08 \times 0.07 \times 0.56}-1$
    B. $\sqrt[10]{1.08 \times 1.07 \times 1.56}-1$

    C. $\sqrt[3]{1.08 \times 1.07 \times 1.56}-1$
    D. $\sqrt[10]{1.08 \times 1.07 \times 1.56^8}-1$

5. 某地区 1980 年国内生产总值为 60 亿元，到 2000 年达到 240 亿元，则 2000 年在 1980 年的基础上（   ）。

    A. 翻了四番
    B. 翻了三番
    C. 增长了三倍
    D. 增长了四倍

三、多选题

1. 下列等式中，正确的有：（   ）。

    A. 增长速度=发展速度-1
    B. 环比发展速度=环比增长速度-1

    C. 定基发展速度=定基增长速度+1
    D. 平均发展速度=平均增长速度-1

    E. 平均增长速度=平均发展速度-1

2. 定基发展速度与环比发展速度的关系是（   ）。

    A. 两者都属于速度指标

    B. 环比发展速度的连乘积等于定基发展速度

    C. 定基发展速度的连乘积等于环比发展速度

    D. 相邻两个定基发展速度之商等于相应的环比发展速度

    E. 相邻两个环比发展速度之商等于相应的定基发展速度

3. 计算平均发展速度的方法有（   ）。

    A. 算术平均法   B. 几何平均法   C. 方程式法

    D. 调和平均法   E. 加权平均法

4. 增长 1% 的绝对值（   ）。

    A. 等于前期水平除以 100   B. 等于逐期增长量除以环比增长速度

    C. 等于逐期增长量除以环比发展速度   D. 表示增加一个百分点所增加的绝对量

    E. 表示增加一个百分点所增加的相对量

四、计算题

1. 某商店 1984 年商品销售额为 650 万元，到 1990 年要达到 1000 万元，问：

（1）应以怎样的递增速度向前发展，才能达到此目标？

（2）如照此速度向前发展，到 1995 年商品销售额应是多少？

2. 某汽车制造厂 2000 年产量为 30 万辆。若规定 2010 年汽车产量在 2000 年的基础上翻一番，而 2001 年的增长速度可望达到 7.8%，问以后 9 年应以怎样的速度增长才能达到预定目标？

3. 某地区社会商品零售额 1986～1990 年期间（1985 年为基期）每年平均增长 10%，1991～1995 年期间每年平均增长 8.2%，1996～2001 年期间每年平均增长 6.8%，问：

（1）2001 年与 1985 年相比该地区社会商品零售额共增长多少？

（2）年平均增长速度是多少？

4. 企业工人劳动生产率从 1949～1984 年期间增长了 8 倍，其中 1984 年比 1973 年提高了 6%，问企业 1949～1973 年，平均每年劳动生产率增长了多少？

5.4 | 动态数列趋势分析

5.4.1 影响动态数列的主要因素

动态数列各项发展水平的变化，是许多因素共同作用的结果。影响现象发展变化的因素，按性质不同大致可归纳为四大类。

(1) 长期趋势因素

长期趋势因素是指在较长时间内比较稳定的、经常起作用的根本性因素。它具有长期性、稳定性、经常性和根本性的特点。例如，科技进步对生产力发展的影响就具有上述特点，科技进步是影响生产力发展的长期趋势因素。如果现象只受长期趋势因素的影响，则其发展变化必然是逐渐上升或逐渐下降的。认识和掌握现象的长期趋势，可以把握现象发展变化的基本特点。

（2）季节因素

季节因素是引起现象在较短时间（一年、一季度、一月、一周、一天）内出现周期性变动的因素。其变动特点是在一年或更短的时间内随着时序的变更，使现象呈周期重复的变化。例如，羽绒服的销售量随着春、夏、秋、冬四季的交替变化而呈现出周期性变化；气温在一天内由低到高、由高到低的变化等，都属于季节因素作用的结果。季节因素在短时间内对现象的影响是显著的，但最多在连续一年的时间内，季节因素对现象发展的正负影响就可以被综合或抵消。

（3）偶然因素

偶然因素是指在目前科学技术条件下还不能预测或控制的因素。它具有局部性、临时性、非决定性和影响方向不确定性的特点。它对现象发展变化的影响，有的在短时间内是明显甚至是巨大的。且不易综合抵消，但对现象的正负影响在较长时期内一般是可以综合抵消的。例如，自然灾害、战争、政治事件等的影响。

（4）循环因素

循环因素是指使现象发生周期较长的、涨落起伏交替变动的因素。它与季节因素的影响有明显的不同，也不同于使现象朝着单一方向持续发展的长期趋势因素。它使得现象变动的周期通常在一年以上，甚至七八年、十来年，各期始末亦难确定是何年何月，上下波动的程度也不尽相同。例如，由于生产关系改革滞后所引起的周期经济危机就是循环变动，生产关系就是一种循环因素。

一般来说，现象的发展变化是上述四种因素共同作用或部分作用的结果，例如，按年度编排的动态数列资料就没有季节变动，因此在实际应用中应具体问题具体分析。

现象发展趋势分析的基本原理是：①假定影响现象发展变化的因素包含有长期趋势因素、季节因素、偶然因素和循环因素；②假定这四类因素对现象发展变化的影响是按照某种数量关系（如乘积关系或相加的关系）结合在一起的，其综合结果就是所观察到的动态数列中的实际水平。

现象发展趋势的分析就是要把现象受各类因素影响的影响程度和影响方向单独测定出来，以掌握其发展变化的规律，为科学预测和科学决策提供依据。本教材只介绍长期趋势因素和季节因素的测定。

5.4.2　长期趋势的测定

长期趋势的测定，就是用一定的方法对动态数列进行修匀，使修匀后的数列排除季节因素、偶然因素和循环因素的影响，使其固有的发展趋势显现出来。测定长期趋势的分析方法有时距扩大法、移动平均法和数学模型法等。

（1）时距扩大法

时距扩大法就是对原有动态数列的时期进行合并、扩大，延长各期所包含的时间，得到一个新的时距更长的动态数列，以消除由于时距较短受偶然因素和季节因素影响所引起的波动，清晰地显示出现象长期变化趋势的分析方法。它包括以下两种方法。

① 时距扩大总数法

首先把扩大后的各时距内包含的原数列的指标值分别汇总，再把扩大后的时距和汇总后的结果重新编制动态数列的方法。它适用于时期数列。

【例5-12】现以某纺织品公司2011年的棉布产量资料为例说明，如表5-10所示。

表5-10　　　　　　　　　　　　　　某纺织品公司2011年棉布产量　　　　　　　　　　　　　　单位：万米

月份	1月	2月	3月	4月	5月	6月	7月	8月	9月	10月	11月	12月
产量	633	625	643	650	640	630	644	666	670	700	690	670

从表5-10可以看出，由于多种因素的影响，各月棉布产量波动较大，不能清楚地反映出生产增长趋势。若将上表资料的时距扩大为季度，就可以消除因时距过短而受偶然因素的影响所出现的波动，呈现出棉布产量逐期增长的总趋势，如表5-11所示。

表5-11　　　　　　　　　　　　　　某纺织品公司2011年棉布产量　　　　　　　　　　　　　　单位：万米

时间	第一季度	第二季度	第三季度	第四季度
总产量	1901	1920	1980	2060

时距扩大总数法是测定长期趋势最原始的方法，其优点是简便易行，缺点是新数列的项数过少，不能据以进行深入的趋势分析和预测。至于将时间跨度扩大到什么程度，这要根据现象的性质而定，基本原则是以能够显示现象的发展趋势为度。时距过短，不能消除偶然因素的影响，时距过长，又会掩盖现象在不同时间上发展变化的差异。

② 时距扩大平均数法

首先把扩大后的各时距内包含的原数列的指标值分别平均，再把扩大后的时距和所得的平均值重新编制动态数列。它适用于时期数列和时点数列，也适用于相对指标动态数列和平均指标动态数列。

【例5-13】假设某储蓄所2011年居民储蓄存款余额如表5-12所示。

表5-12　　　　　　　　　　　　　　某储蓄所2011年居民储蓄存款余额　　　　　　　　　　　　　　单位：百万元

日期	1.1	2.1	3.1	4.1	5.1	6.1	7.1	8.1	9.1	10.1	11.1	12.1	12.31
余额	14.6	14.5	14.7	15.0	15.3	15.0	15.5	16.8	16.0	15.7	16.5	17.6	16.7

从资料看，由于原有数列时距较短，现象各月的波动较大，发展趋势不明显，为清晰地反映出现象的发展趋势，可把时距扩大为一个季度并计算各季的平均余额，重新编制出如表5-13的动态数列。

表 5-13　　　　　　　　　某储蓄 2011 年居民储蓄存款余额　　　　　　　　单位：百万元

时间	第一季度	第二季度	第三季度	第四季度
平均余额	14.67	15.18	16.13	16.77

新数列比较明显地反映出该储蓄所居民储蓄存款是逐季增加的。

时距扩大法要求扩大后的时距相等，这样才便于对比分析。时距扩大的大小应视动态数列（现象）的具体情况而定。时距扩大不够，不能较彻底地消除偶然因素和季节因素的影响；时距扩大过多，显示出来的结论又太过笼统。如果原数列受季节因素影响，为消除季节因素的影响，时距应扩大为一年或一年的整数倍。

（2）移动平均法

移动平均法首先把原有数列的时距扩大，然后采用逐项递移的办法，计算出一系列移动的序时平均数，并用这些平均数重新编制动态数列。这种方法可消除原有数列中由于偶然因素和季节因素的影响而引起的波动，使现象的发展趋势清晰地显现出来。

【例 5-14】现以某超级市场 2001～2010 年商品销售额资料为例，按移动平均法编制新的动态数列，如表 5-14 所示。

将某超级市场 2001～2010 年商品销售额资料分别做三项（年）和四项（年）移动平均。

表 5-14　　　　　　　　　　某超级市场 2001～2010 年商品销售额资料　　　　　　　单位：亿元

年度	序号	销售额	三项移动平均	四项移动平均	四项移动平均正位
2001	1	4.8	—		—
2002	2	5.33	5.63		
				6.07	
2003	3	6.76	6.49		6.29
				6.5	
2004	4	7.38	6.89		6.71
				6.92	
2005	5	6.54	6.97		7.02
				7.11	
2006	6	7	7.02		7.33
				7.55	
2007	7	7.52	7.89		7.86
				8.16	
2008	8	9.14	8.55		8.46
				8.75	
2009	9	8.98	9.16		—
2010	10	9.35	—		—

① 三项（年）移动平均

第一个平均数为（4.80+5.33+6.67）÷3=5.63，将这个数值对应于第二项数值（即对应于 2002 年）；第二个平均数为（5.33+6.67+7.38）÷3=6.49，将其对应于第三项数值（即对应于 2003 年）。依次类推移动平均，得出三年移动平均数列共 8 项。见表 5-14 中第 2 栏的数据。

② 四项（年）移动平均

第一个平均数为（4.80+5.33+6.76+7.38）÷4=6.07，将这个数值对应于第 2～第 3 项的中间（即对应于 2002～2003 年的中间）；第二个平均数为（5.33+6.76+7.38+6.54）÷4=6.50，将其对应于第 3～第 4 项的中间（即对应于 2003～2004 年的中间）。依次类推，得出四年移动平均数列共 7 项。见表 5-14 中第 3 栏的数据。由于偶数项移动平均值的位置与原数列中相对应的指标值都相差半期，无法直接进行对比，因此，还需进行一次移正平均。即再进行一次两项移动平均，以移正趋势值。本例如表 5-14 中第 4 栏的数值。第 4 栏中第一个数值为（6.07+6.50）÷2=6.29；第二个数值为（6.50+6.92）÷2=6.71，依此类推，得出四年移动平均移正数列共 6 项。

从表 5-14 中可以看出，移动平均的结果使短期的偶然因素的影响被削弱，整个动态数列变得更加平滑，波动趋于平稳。从上例可看到，奇数项移动平均所得的平均值正好对应着正中间一项的位置；偶数项移动平均所得的平均值则对应着正中间两项的中点，它还需要进一步的移正平均。被移动平均的项数越多，对原数列的修匀作用就越大，所得到的新数列越平滑，但得到的新动态数列的项数就越少。

（3）数学模型法

它是在对原有数列进行初步分析的基础上，根据其发展趋势的类型，用数学方法对动态数列配合一个数学方程式，以测定其长期趋势的方法。下面介绍直线趋势的测定。

如果动态数列各期的逐期增长量相同或大致相同，则可配合一条直线，用以测定其长期发展趋势。以数列中的时间因素 t 为自变量，指标数值 y 为因变量，则配合的直线趋势方程为：

$$Y_c = a + bt$$

式中，Y_c 表示趋势值或理论值；a、b 表示这条直线方程的两个参数。

计算参数 a、b，常用的方法是最小平方法。最小平方法又称最小二乘法，是配合趋势直线最理想的一种方法。最小平方法的基本原理是：要求配合的长期趋势直线的理论值与原数列的实际值之间的离差平方和为最小。即：

据 $\sum(y-y_c)^2$=最小值

当长期趋势表现为直线型时，上式为：

$$\sum(Y-a-bt)^2 = 最小值$$

根据极值原理，用偏微分方法可以得出求解两个参数 a、b 的标准方程组：

$$\sum Y = a + b\sum t \tag{1}$$

$$\sum tY = a\sum t + b\sum t^2 \tag{2}$$

解（1）和（2）组成的方程组得：

$$b = \frac{n\sum ty - \sum t\sum y}{n\sum t^2 - (\sum t)^2}$$

$$a = \bar{y} - b\bar{t}$$

式中，n 表示动态数列的项数。

【例 5-15】现某超级市场 2001～2010 年商品销售额资料为例如表 5-15。采用最小二乘法配合一条直线趋势方程，计算各年销售额的趋势值，并预测 2011 年的销售额。

表 5-15　　　　　　　　某超级市场 2001~2010 年商品销售额资料　　　　　　　单位：亿元

年度	年份序号（t）	销售额（y）	ty	t^2	Y_C
2001	1	4.8	4.80	1	5.12
2002	2	5.33	10.66	4	5.60
2003	3	6.76	20.28	9	6.08
2004	4	7.38	29.52	16	6.56
2005	5	6.54	32.70	25	7.04
2006	6	7	42.00	36	7.52
2007	7	7.52	52.64	49	8.00
2008	8	9.14	73.12	64	8.48
2009	9	8.98	80.82	81	8.96
2010	10	9.35	93.50	100	9.44
合计	55	72.8	440.04	385	—

设直线方程为 $Y_c = a + bt$

$$b = \frac{n\sum ty - \sum t \sum y}{n\sum t^2 - (\sum t)^2} = \frac{10 \times 440.44 - 385 \times 72.8}{10 \times 385 - 55 \times 55} = \frac{396.4}{825} = 0.48$$

$$a = \bar{y} - b\bar{t} = \frac{72.8}{10} - 0.48 \times \frac{55}{10} = 7.28 - 0.48 \times 5.5 = 4.64$$

将 a、b 值代入直线趋势方程得：$Y_c = 4.64 + 0.48t$

将各年的时间序号代入直线趋势方程，即得各年的趋势值，如表 5-15 所示。

将 2011 年时间序号 $t=11$ 代入直线趋势方程，即得 2011 年预测值：

$$Y_{2011} = 4.64 + 0.48 \times 11 = 9.92（亿元）$$

5.4.3　季节变动的测定

季节变动是指某些社会经济现象在一年内，由于受季节更替的影响而产生的一种有规则性的变化。例如，商品的销售量、交通运输量等都有明显的季节变化。研究现象季节变动的目的在于掌握变动的周期、数量界限及其规律，以便认识未来，克服它给人们经济生活所带来的不良影响。

测定季节变动的主要方法是计算季节比率。季节比率又叫季节指数，用来反映季节变动的程度。季度比率高者为旺季，低者为淡季，季节比率波动不大，说明该现象不存在季节变动，计算季节比率通常采用两种方法：按月（季）平均法和移动平均趋势剔除法，本教材只讲前一种：按月（季）平均法，这种方法不考虑长期趋势的影响，直接用原始时间数列计算。其计算步骤如下。

（1）计算各年同月份（季度）平均数：在不考虑长期趋势因素的情况下，这些平均数就消除了偶然因素的影响，只受季节因素的影响。

（2）计算各年所有月份（季度）的总平均数：在不考虑长期趋势因素的情况下，这个总平均数就消除了偶然因素和季节因素的影响。也就是说，如果没有任何因素的影响，各月份（季度）的发展水平都应当是这个水平。

（3）计算季节比率：它是各年同月份（季度）平均数与各年所有月份（季度）总平均数之比，反映季节因素对现象发展的影响方向和影响程度。

（4）加总各月份（季度）季节比率：其总和应该为1200%（400%）。若不等于1200%（400%），则需要进一步计算调整系数，并用调整系数对各月份（季度）季节比率进行调整。

在测定现象的季节变动时，为了准确地观察季节变动情况，要用连续3年以上的统计资料。

【例5-16】现某地2006～2010年各月汗衫、背心的销售额资料如表5-16所示，并知2011年4月、5月、6月份的销售额为50万元、85万元、91万元，要求：用按月平均法计算各月季节比率并预测2011年7月份、8月份和9月份的销售额。

表5-16　　　　　　　　　　　　　季节比率计算表

年＼月	1月	2月	3月	4月	5月	6月	7月	8月	9月	10月	11月	12月	合计
2006	22	25	30	35	40	50	90	100	105	45	30	80	652
2007	33	35	45	40	45	55	100	120	115	60	40	30	718
2008	43	50	55	60	65	68	115	135	120	70	50	35	866
2009	48	52	60	65	72	78	120	140	130	80	62	45	952
2010	50	48	64	71	78	82	130	195	132	88	71	48	1062
合计	196	220	254	271	300	333	555	685	602	343	253	238	4250
同月平均数	39.2	44.0	50.8	54.2	60.0	66.6	111.0	137.0	120.4	68.6	50.6	47.6	70.8
季节比率（%）	55.4	62.1	71.8	76.6	84.7	94.1	156.8	193.5	170.1	96.9	71.5	62.2	1200.0

首先，计算各年销售额合计数。如2004年销售额为652万元；

然后，计算各年同月份（季度）平均数。如五年1月份的销售额合计为196万元，同月平均数为39.2万元；

再次，计算各年所有月份（季度）的总平均数。即4250÷（5×12）=70.8万元（或将五年的同月平均数相加除以12）；

最后，计算季节比率。如1月份季节比率=39.2÷70.8=55.4%，其他月以此类推。

应该指出，各月季节比率的平均数应为100%，如果大于100%的幅度比较大，表示旺季，反之为淡季。全年12个月各月季节比率之和应1200%，四个季度的季节比率之和应为400%。如果计算出来的季节比率之和大于或小于1200%（400%），则要调整。调整方法：

① 计算调整系数：

调整系数=1200%（400%）÷调整前的季节比率之和

② 计算调整后的季节比率：

$$调整后季节比率=调整前季节比率×调整系数$$

计算结果说明，该地 7~9 月份是销售旺季，预测 2011 年 7、8、9 月份的销售额：

$$y_7 = \frac{50+85+91}{0.766+0.847+0.941} \times 1.568 = 138.75（万元）$$

$$y_8 = \frac{50+85+91}{0.766+0.847+0.941} \times 1.935 = 171.23（万元）$$

$$y_9 = \frac{50+85+91}{0.766+0.847+0.941} \times 1.701 = 150.52（万元）$$

练习题

一、判断题

1. 对于一个呈上升趋势的现象，其拟合的直线趋势方程 $y=a+bt$ 中，b 肯定不为 0。（　　）
2. 季节比率大于 1 时，表明由于季节因素的影响使实际值高于趋势值。（　　）

二、单选题

1. 若要观察现象在某一段时间内变动的的基本趋势，需测定现象的（　　）。

A. 季节变动　　　　B. 循环变动　　　　C. 长期趋势　　　　D. 不规则变动

2. 根据月度时间数列资料，各月季节比率之和应为（　　）。

A. 1　　　　　　　B. 0　　　　　　　C. 4　　　　　　　D. 12

3. 按季节平均法测定季节比率时，各季的季节比率之和应等于（　　）。

A. 100%　　　　　B. 400%　　　　　C. 120%　　　　　D. 200%

三、多选题

1. 构成时间数列的各种因素，按它们的性质和作用，可以分解为（　　）。

A. 长期趋势　　　　　B. 季节变动　　　　　C. 不规则变动

D. 发散变动　　　　　E. 循环变动

2. 测定长期趋势的分析方法有（　　）。

A. 时距扩大法　　　　B. 移动平均法　　　　C. 数学模型法

D. 移动平均趋势剔除法

四、计算题

某地区 1996~2000 年水稻产量资料如下表所示。

年份	2006	2007	2008	2009	2010
水稻产量（万吨）	320	332	340	356	380

使用最小平方方法配合直线趋势方程，并预测 2011 年该地区水稻产量。

项目总结

1. 动态数列是指把反映同一社会经济现象在不同时间上的指标数值，按时间的（年、季、月、日等)先后顺序编排所形成的数列，又称为时间数列。

总量指标时间序列是基本的时间序列，有时期数列和时点数列两种。相对指标和平均指标时间序列是由总量指标时间序列派生的。

2. 水平指标包括发展水平与增长水平、平均发展水平和平均增长水平。总量指标动态数列序时平均数的计算是最基本的。相对指标或平均指标时间序列的序时平均数由分子、分母的序时平均数对比而得。增长水平是两个不同时期的发展水平之差，各逐期增长量之和等于累积增长量。平均增长水平是逐期增长量的序时平均数。

3. 速度指标包括发展速度和增长速度，平均发展速度和平均增长速度。定基发展速度与环比发展速度的数量关系是：环比发展速度的连乘积等于定基发展速度，相邻两期定基发展速度之商等于相应时期的环比发展速度。平均发展速度有水平法和累计法两种计算方法。增长速度等于发展速度减 1，平均增长速度等于平均发展速度减 1。

4. 长期趋势测定的方法有时距扩大法、移动平均法和趋势模型法。当各期的一级增长量大体为常数时，可配合直线趋势方程来测定现象变动的趋势。方程中的参数通常用最小二乘法或加权最小二乘法求得。

5. 季节变动的测定。测定季节变动的主要方法是计算季节比率。季节比率越大，说明"季节越旺"；季节比率越小，则说明"季节越淡"；季节比率等于 1 说明没有季节变动。计算季节比率的方法有同期平均法和趋势剔除法。可利用季节比率进行预测。

技能训练

1. 资料：参数 a、b 的简便计算方法

在直线趋势方程 $Y_c = a + bt$，为了简化参数 a、b 的计算，常对时间 t 从中间取值，使得 $\sum t = 0$。若 $\sum t = 0$，意味着实际中的原点是随着研究的范围的变化而不同，趋势方程的原点的移动，给计算带来了较大的便利。若数列为奇数项，中间项的时间序号 t 被设为 0，则数列的时间顺序分别为…，-3，-2，-1，0，1，2，3，…那么，$\sum t = 0$。若数列为偶数项，原点可设在中间两项的中点，则 t 值分别为…，-5，-3，-1，0，1，3，5，…如此，同样可使 $\sum t = 0$。于是系数 a、b 的计算式便可得到简化：

$$b = \frac{\sum ty}{\sum t^2}$$
$$a = \bar{y}$$

例如，某汽车制造公司 2005～2010 年汽车销售量（万辆）分别为：20.1、22.4、24.2、26.8、28.3、30.4，试判断该公司汽车销售量是否呈直线发展趋势，若是，

（1）采用最小平方方法配合一条长期趋势直线；

（2）预测 2011 年的汽车销售量。

2. 资料：季节变动分析及运用

某市某产品连续四年各季度的出口额资料如下。

时间	一季度	二季度	三季度	四季度
第一年	16	2	4	51
第二年	28	4.3	6.7	77.5
第三年	45	7.1	14.2	105
第四年	50	5.1	16.8	114

要求：计算该市该产品出口额的季节比率，并对其季节变动情况做简要分析。

项目六
统计指数分析法

学习目标

统计指数是统计分析的重要方法,它主要是用来反映不能直接相加和对比的复杂现象综合变动情况的。本任务的学习目标主要是:

◆ 正确理解统计指数的概念、作用和种类
◆ 熟练掌握总指数的编制方法
◆ 熟悉掌握平均指标指数的编制方法
◆ 能够利用指数体系进行因素分析

案例导入

国家统计局公布的数据显示,2013年3月中国居民消费价格指数(CPI)同比上涨2.1%,较2月大幅回落1.1个百分点,环比降0.9%,创下自2006年4月以来的最大跌幅。分析人士认为,此间发生的H7N9禽流感短期影响了相关食品的市场需求和供给。

更令市场关注的是工业生产者价格指数(PPI),数据资料显示,2013年3月份PPI同比下降1.9%,环比与2月份持平。据《中华工商时报》等媒体报道,从2011年四季度开始,我国PPI同比涨幅已连续六个季度低迷,去年四季度虽趋于平稳,但并未出现像样的反弹。与上一轮PPI下跌(2008年10月~2009年3月)相比,本轮跌幅虽然较小,但持续时间之长为过去十年所未见。

此间多家机构预测,受到蔬菜及粮食等价格上涨影响,4月份居民消费价格指数(CPI)或将温和反弹至2.2%~2.3%,而工业生产者价格指数(PPI)走势可能在3月份下跌的基础上继续下探,凸显当前经济增长仍显乏力。

中金公司经济分析师赵扬认为,工业品价格的通缩,将导致企业库存投资疲弱,可能形成总需求进一步下滑的恶性循环。"工业品价格的大幅回落将消除CPI上涨的忧虑,工业品通缩将取代消费品通胀成为当前市场更担忧的问题。"

统计指数作为一种分析工具，不仅被广泛应于社会经济现象发展预测上，而且还是对综合国力、生活水平、经济效益等研究综合判断的重要工具。例如经济生活中，常用的居民消费价格指数（CPI）、工业生产者价格指数（PPI），股票价格指数、工业生产指数等。那么指数是用来反映什么的？是如何计算的？在经济生活中又是如何被运用的？带着这些问题，我们走进本任务的学习。

（资料来源：中国产业洞察网）

6.1 统计指数及其种类

6.1.1 统计指数的概念

指数用来分析社会经济现象数量变动的对比性指标。指数发展到今天形成比较一致的看法是：指数有广义和狭义之分。广义上说，指数是指用来反映研究一切社会经济现象数量变动状况的相对数。即把相对数和指数等同起来，不仅包括反映一种现象变动程度的动态相对数，还包括反映多种复杂现象的综合变动的总指数。而狭义的指数，常称总指数，仅指用来反映多种的、不能直接加总的复杂社会经济现象的数量综合变动程度的相对数。这也是我们生活中常用到的指数，也是本项目统计指数中所指的指数。

6.1.2 统计指数的作用

（1）综合反映社会经济现象总变动方向和变动程度

在统计实践中，经常要研究多种商品或产品价格的总变动情况，分析多种商品销量或产品产量的总变动情况等，由于这些多种商品或产品的使用价值不同，计量单位不同使得它们的价格、销量、产量等不能直接加总进行对比。要解决这类问题，就必须用指数。

（2）分析社会经济现象中各因素变动的影响方向和影响程度

利用指数可以从数量上分析现象的综合变动，各构成因素的变动对其总变动中的影响情况。任何一个复杂现象都是由多个影响因素构成的，如：销售额=销售量×价格，通过编制商品的价格指数和销售量指数就可以分析它们的变动对销售额总变动的影响情况。

（3）反映社会经济现象的变动趋势

把反映同类现象变动的指数按时间先后顺序排列就形成指数（动态）数列，指数数列可以反映现象随着时间的发展而变动的趋势。

6.1.3　统计指数的种类

统计指数从不同的角度可以有不同的分类，主要有以下几种。

(1) 按研究范围不同分为：个体指数和总指数

个体指数（通常用 k 表示），是反映复杂社会总体中个别要素变动情况的相对数。比如：某种商品销售量指数、某种商品价格指数、某种产品产量指数等都是个体指数。

其计算公式为：　$个体指数 = \dfrac{报告期水平}{基期水平} \times 100\%$

设：q 表示商品销量，p 表示商品价格，k 表示个体指数，则：

个体销量指数为：　$k_q = \dfrac{q_1}{q_0} \times 100\%$

个体价格指数为：　$k_p = \dfrac{p_1}{p_0} \times 100\%$

总指数（通常用 $\overline{K}$ 表示），是反映复杂社会总体中多种要素综合变动情况的相对数。比如：工业生产指数、零售物价指数、居民消费价格指数等都是总指数。

介于总指数和个体指数之间的是类指数。类指数是综合反映某一类现象变动的相对数。如粮食类价格指数等。针对个体指数而言它是总指数，针对总指数而言它是个体指数，其计算方法和总指数一样。

(2) 按指数化指标的性质不同分为：数量指标指数和质量指标指数

指数化指标指所要研究其变动情况的指标。

数量指标指数（通常用 $\overline{K}_q$ 表示）是反映现象数量变动的相对数，用来说明社会经济现象总体的数量或规模变动方向和程度的指数，比如：工业生产指数、产品产量指数、商品销售量指数、职工人数指数等。例如：某省 2012 年粮食产量指数是 93%，就说明该省 2012 年粮食产量比 2011 年下降了 7%。

质量指标指数（通常用 $\overline{K}_p$ 表示）反映现象内在数量及质量变动的相对数，用来说明社会经济现象总体的质量、内涵变动情况的指数，比如：产品单位成本指数、商品销售价格指数、劳动生产率指数等。例如：2013 年 6 月我国物价指数环比上涨 2%，说明 6 月份居民消费商品的价格比 5 月份上涨了 2%；2013 年 7 月份某企业产品单位成本指数为 98.1%，说明该企业 7 月份所有产品的单位成本比 6 月份下降了 1.9%。

(3) 按采用基期的不同分为：定基指数和环比指数

定基指数是指在一个指数数列中，各时期的指数都按某一固定的基期所编制的，用来反映某种现象在一个较长时期内的变动趋势和变动程度。

环比指数是指在一个指数数列中，各时期的指数都以前一期所编制的，用来反映某种逐期变动的趋势和变动程度。

（4）按计算方法不同分为：综合指数和平均指数

综合指数是通过同度量因素，把现象中不能直接相加对比的因素指标转化为能够相加，进而求出两个总量指标，再进行对比而得到的相对数。它是总指数的基本形式。

平均指数是从计算个体指数出发，然后将个体指数加权平均而计算的总指数，它是总指数的另一种计算形式。

知识链接

指数数列

指数数列是将各个时期的综合指数按时间顺序加以排列所形成的时间数列。

指数数列也有个体指数数列和总指数数列两大类。个体指数数列就是一般的动态相对数数列。总指数数列按指数化指标的性质不同，也可分为数量指标指数数列和质量指标指数数列。

按指数计算所采用的基期不同，指数数列也可分为定基指数数列和环比指数数列。对于个体指数数列来讲，环比指数的连乘积等于定基指数，并且环比指数与定基指数之间可以直接进行换算。对于总指数来讲，定基指数与环比指数的关系是否也像个体指数那样存在连乘和换算关系，要视综合指数中的同度量因素是否固定不变或平均数指数是否用固定权数加权而定。凡用固定时期指标加权的综合指数，以及用固定权数加权的平均数指数形成的指数数列，都有环比指数的连乘积等于定基指数的关系，并且环比指数与定基指数之间可以直接进行换算。

指数数列的编制方法：

当各时期指数使用不同的同度量因素，它们是变动的，称可变权数。各个时期指数的同度量因素都固定在一个时期水平上，它们是不变的，称为不变权数。

编制指数数列是采取不变权数或可变权数，取决于指数编制的一般要求，即数量指标指数的同度量因素固定在基期；质量指标指数的同度量因素固定在报告期。

因此，当编制数量指标环比指数数列时，由于环比指数要求依次以前期为基期，同度量因素所属时期就随着基期变动而变动，这时就运用可变权数；而数量指标定期指数数列的同度量因素则一定固定在被比较的基期水平上，是应用不变权数。编制质量指标指数由于要求同度量因素固定在报告期，所以不论环比指数数列还是定基指数数列，同度量因素所属时期总是随着报告期的变动而变动，即都运用可变权数。

以下列出数量指标（如产品产量或销售量）和质量指标（如成本或价格）指数数列的算式（下标 0，1，2，3，4 分别表示不同时期）：

1. 同基期质量指标为同度量因素的数量指标指数数列

环比指数：

$$\frac{\sum q_1 p_0}{\sum q_0 p_0}、\frac{\sum q_2 p_1}{\sum q_1 p_1}、\frac{\sum q_3 p_2}{\sum q_2 p_2}、\frac{\sum q_4 p_3}{\sum q_3 p_3}$$

指数序列（续）

定基指数：

$$\frac{\sum q_1 p_0}{\sum q_0 p_0}、\frac{\sum q_2 p_0}{\sum q_0 p_0}、\frac{\sum q_3 p_0}{\sum q_0 p_0}、\frac{\sum q_4 p_0}{\sum q_0 p_0}$$

2．用报告期数量指标为同度量因素的质量指标指数数列

环比指数：

$$\frac{\sum p_1 q_1}{\sum p_0 q_1}、\frac{\sum p_2 q_2}{\sum p_1 q_2}、\frac{\sum p_3 q_3}{\sum p_2 q_3}、\frac{\sum p_4 q_4}{\sum p_3 q_4}$$

定基指数：

$$\frac{\sum p_1 q_1}{\sum p_0 q_1}、\frac{\sum p_2 q_2}{\sum p_0 q_2}、\frac{\sum p_3 q_3}{\sum p_0 q_3}、\frac{\sum p_4 q_4}{\sum p_0 q_4}$$

练习题

一、判断题

1. 总指数的计算形式包括：综合指数、平均指数、平均指标指数。（　　　）

2. 从指数化指标的性质来看，单位产品成本指数是数量指标指数。（　　　）

3. 总指数能反映不可加现象总变动的情况。（　　　）

二、单选题

1. 从广义上理解，指数泛指（　　　）。

    A. 平均数　　　　　　　　　　　B. 绝对数

    C. 相对数　　　　　　　　　　　D. 动态相对数

2. 指数按其反映对象范围的不同，可以分为（　　　）。

    A. 个体指数和总指数　　　　　　B. 简单指数和加权指数

    C. 动态指数和静态指数　　　　　D. 简单指数和质量指数

3. 反映个别现象数量变动的相对数是（　　　）。

    A. 个体指数　　　　　　　　　　B. 综合指数

    C. 总指数　　　　　　　　　　　D. 定基指数

4. 数量指标指数和质量指标指数的划分依据是（　　　）。

    A. 指数化指标的性质不同　　　　B. 所反映的对象范围不同

    C. 编制指数的任务不同　　　　　D. 所比较的现象特征不同

5. 下列指数中属于质量指标指数的是（　　　）。

A. 产量指数   B. 商品销售量指数

C. 职工人数指数   D. 劳动生产率水平指数

三、多选题

1. 下列指数中，属于狭义指数的有（   ）。

    A. 多种产品的销售量指数   B. 多种产品的销售额指数

    C. 多种产品的产量指数   D. 多种产品的单位成本指数

    E. 多种产品的价格指数

2. 下列哪些属于质量指标指数（   ）。

    A. 价格指数   B. 单位成本指数

    C. 销售量指数   D. 产量指数

    E. 劳动生产率指数

3. 下列哪些属于数量指标指数（   ）。

    A. 产品的产量指数   B. 多种产品产值指数

    C. 商品销售量指数   D. 职工人数指数

    E. 工资总额指数

6.2 | 总指数的编制与应用

指数分析法的首要问题是编制计算有关统计指数。本任务主要介绍总指数的编制方法。总指数的编制方法有两种：一是综合指数；二是平均指数。两种方法有一定的联系，但各有其特点。

6.2.1 综合指数的编制与计算

（1）综合指数的编制原理

综合指数是总指数的基本形式，它是通过同度量因素，把现象中不能直接相加对比的因素指标转化为能够相加，进而求出两个总量指标，再进行对比而得到的相对数。这里所谓同度量因素，是指将不能直接相加对比的因素指标转化为能够相加对比的媒介因素；而求出的总量指标中往往包含两个或两个以上的影响因素。所以，所谓综合指数，是指由两个时期范围相同的复杂现象的总体总量指标对比形成的相对数，此总量指标中包含两个或两个以上的因素，将其中被研究因素以外的一个或一个以上的因素固定下来，仅观察被研究因素的综合变动程度而编制的指数。

下面介绍综合指数的编制步骤和方法。

① 首先，引入同度量因素，解决指数化指标不能直接加总的问题，使其可以计算出总体的综合总量。

从现象经济关系中找到与指数化指标相联系的因素，加入这个因素，使多种不同计量单位、不同使用价值的不能直接加总的复杂现象转化为价值量就可以相加了。例如，甲乙两种商品，由于使用价值不同，计量单位不同，其销售量是不能直接相加的，但不同商品的价值量可以相加。因此，我们可以利用商品销售额和商品销售量与商品销售价格之间的联系，将销售量乘以各自的价格，得到销售额，则两种商品便可以加总了。这里，价格起到将不同商品同度量的作用，被称为同度量因素，我们所要研究的指标——销售量，被称为指数化指标；如果我们的任务是分析甲乙两种商品的价格变动情况，同样的道理，则价格是指数化指标，仍然依据销售额、价格与销售量间的经济联系，把销售量作为同度量因素，将价格乘以各自的销售量，得到销售额，从而将两种商品综合起来。

② 其次，固定同度量因素，消除同度量因素变动的影响，以反映指数化指标的变化。

指数化指标乘以同度量因素还没有解决所要分析的指数化指标的综合变动问题，只有把同度量因素加以固定，以消除同度量因素变动的影响，才能反映出指数化指标的综合变动。例如上述甲乙两种商品，分析销售量的变动时，作为同度量因素的价格，报告期对基期也可能发生变动，这样，将两个时期的销售额对比，就不仅受到商品销售量变动的影响，同时也受到两个时期价格变动的影响。因此，需要将价格加以固定，即两个时期的销售额，均采用同一时期的价格计算，借以消除价格变动的影响。这样，将采用同一时期价格计算的两个时期的销售额对比，其结果仅受到两种商品不同时期销售量变动的影响，从而达到综合反映两种商品销售量变动的目的；如果是分析价格的变动，同样道理，需要将同度量因素销售量加以固定，将采用同一时期销售量计算的两个时期的销售额对比，其结果仅受到两种商品不同时期价格变动的影响，从而达到综合反映两种商品价格变动的目的。

③ 最后，将两个时期的总量对比，其结果即为综合指数，也就综合地反映了不能直接加总的复杂现象的变动程度。

（2）数量指标综合指数的编制

数量指标综合指数是反映多种现象数量指标综合变动程度的指数。例如，产品产量指数、商品销售量指数等。现以商品销售量指数的编制为例来说明数量指标综合指数编制的一般原则和方法。表 6-1 是某商场部分商品销售资料。

表 6-1　　　　　　　　　　　　　商品销售量和商品价格资料

商品名称	计量单位	销售量		价格（元）	
		基期 q_0	报告期 q_1	基期 p_0	报告期 p_1
甲	件	480	600	25	25
已	千克	500	600	40	36
丙	米	200	180	50	70

根据表 6-1 中的资料编制甲、乙、丙这三种商品的销售量指数时，由于三种商品的计量单位不同而无法将其销售量直接相加后进行对比，此时就需要借助一个媒介——销售价格，使原本不能相加的销售量转化为可以直接相加的销售额后进行对比，这时价格就充当了同度量因素的作用。

至于应该使用哪个时期的价格，则需要进行选择。编制数量指标综合指数的一般原则，是采用基期的质量指标作同度量因素。这一原则有两层含义：一是编制数量指标指数应以质量指标作同度量因素，二是将同度量因素固定在基期。用拉氏公式表示如下：

$$\overline{K}_q = \frac{\sum q_1 p_0}{\sum q_0 p_0} \times 100\% \qquad (6\text{-}1)$$

式中，$\overline{K}_q$ 表示数量指标总指数，$\sum q_1 p_0$ 表示报告期销售量与基期价格相乘得到的假定期销售额，$\sum q_0 p_0$ 表示基期销售额。

【例6-1】根据表6-1中的资料计算甲、乙、丙这三种商品的销售量总指数。

因为销售量总指数为数量指标指数，所以根据数量指标指数编制公式为：

$$\begin{aligned}
\overline{K}_q &= \frac{\sum q_1 p_0}{\sum q_0 p_0} \times 100\% \\
&= \frac{600 \times 25 + 600 \times 40 + 180 \times 50}{480 \times 25 + 500 \times 40 + 200 \times 50} = \frac{48000}{42000} \times 100\% \\
&= 114.29\%
\end{aligned}$$

上述计算结果的经济含义为：三种商品销售量总的提高了 14.29%；

用上式中的分子减分母得到：

$$\sum q_1 p_0 - \sum q_0 p_0 = 48000 - 42000 = 6000(\text{元})$$

其计算结果的经济含义为：由于三种商品销售量总的提高了 14.29%，而使商场销售额增加了6000元。

(3) 质量指标综合指数的编制

质量指标综合指数是反映多种现象质量指标综合变动程度的指数。例如，产品成本指数、商品价格指数等。现以商品价格指数的编制为例来说明质量指标综合指数编制的一般原则和方法。

根据表6-1中的资料编制甲、乙、丙这三种商品的价格指数时，由于三种商品的价格不能直接相加后进行对比，此时就需要借助一个媒介——销售量，使原本不能相加的价格转化为可以直接相加的销售额后进行对比，这时销售量就充当了同度量因素的作用。至于应该使用哪个时期的销售量，则需要进行选择。编制质量指标综合指数的一般原则是，采用报告期的数量指标作同度量因素。这一原则有两层含义：一是编制质量指标指数应以数量指标作同度量因素，二是将同度量因素固定在报告期。用派氏公式表示如下：

$$\overline{K}_p = \frac{\sum q_1 p_1}{\sum q_1 p_0} \times 100\% \qquad (6\text{-}2)$$

式中，$\overline{K}_p$ 表示数量指标总指数，$\sum q_1 p_0$ 表示报告期销售量与基期价格相乘得到的假定期销售额，$\sum q_1 p_1$ 表示报告期销售额。

【例6-2】根据表6-1中的资料计算甲、乙、丙这三种商品价格总指数。

因为价格总指数为质量指标指数，所以根据质量指标指数编制公式为：

$$\overline{K}_p = \frac{\sum q_1 p_1}{\sum q_1 p_0} \times 100\%$$

$$= \frac{600 \times 25 + 600 \times 36 + 180 \times 70}{600 \times 25 + 600 \times 40 + 180 \times 50} \times 100\%$$

$$= \frac{49200}{48000} \times 100\%$$

$$= 102.5\%$$

上述计算结果的经济含义为：三种商品的价格总的上涨了 2.5%；

用上式中的分子减分母得到：

$$\sum q_1 p_1 - \sum q_1 p_0 = 49200 - 48000 = 1200（元）$$

其计算结果的经济含义为：由于三种商品价格总的上涨了 2.5%，而使商场销售额增加了 1200 元。

知识链接

将同度量因素固定在基期计算出的指数称为拉氏指数，它是 1864 年由德国学者拉斯指标与总量指标结合运用，既看到相对变动程度，又看到绝对数量水平，才能得出全面且正确的结论。

在研究社会经济现象时，往往需要多种相对指标结合运用才能揭示事物发展的本质规律，一种相对指标只能说明现象某一方面的联系，而客观现象之间的联系是复杂的，一个现象的变化往往是由多种因素引起的，同时又影响着与之相联系的其他现象的变化。因此，只有把各种相对指标结合起来分析，从不同的角度观察问题，进行多方面的比较，才能做出正确的判断，以达到全面认识的目的。贝尔提出的。则有：$\overline{K}_q = \dfrac{\sum q_1 p_0}{\sum q_0 p_0} \times 100\%$；

$\overline{K}_p = \dfrac{\sum q_0 p_1}{\sum q_0 p_0} \times 100\%$。

将同度量因素固定在报告期计算出的指数称为派氏指数，它是 1874 年德国学者派许提出的。则有公式：$\overline{K}_q = \dfrac{\sum q_1 p_1}{\sum q_0 p_1} \times 100\%$；$\overline{K}_p = \dfrac{\sum q_1 p_1}{\sum q_1 p_0} \times 100\%$。

从理论上讲上述四个公式均可成立，但在实际工作中，编制销售量总指数时，一般均采用基期价格作为同度量因素。这是因为编制销售量综合指数的目的，是在于要排除价格因素的影响，单纯反映销售量的总变动。为此，必须将价格固定在基期用拉氏指数公式计算更符合经济现象的客观实际。而编制价格指数时，一般均采用报告期价格作为同度量因素。这是因为从实际效果来看，人们更关心的是在报告期现实销售量的条件下，价格变动的幅度和所产生的经济效果，因此，把销售量固定在报告期用派氏指数公式计算更有实际意义。

6.2.2　平均指数的编制与计算

平均指数（也可称为平均数指数）是计算总指数的另一种形式，它是在个体指数的基础上计算总指数，是个体指数的加权平均数，它是先计算个体指数，然后将个体指数加权平均而计算的总指数。

平均指数和综合指数是计算总指数的两种形式，它们之间既有区别，又有联系。从区别看，一是在解决复杂总体不能直接同度量问题的思想不同。综合指数是通过引进同度量因素，先计算出总体的总量，然后进行对比，即先综合，后对比；而平均指数是在个体指数的基础上计算总指数，即先对比，后综合。二是在运用资料的条件上不同。综合指数需要研究总体的全面资料，如计算产品实物量综合指数，必须一一掌握各产品的实际价格资料；平均指数则既适用于全面的资料，也适用于非全面的资料。三是在经济分析中的具体作用亦有区别。综合指数的资料是总体的有明确的经济内容的总量指标。因此，总指数除可表明复杂总体的变动方向和程度外，还可从指数化指标变动的绝对效果上进行因素分析；平均指数除作为综合指数变形加以应用的情况外，一般只能通过总指数表明复杂总体的变动方向和程度，而不能用于对现象进行因素分析。

平均指数和综合指数的联系主要表现为在一定的权数条件下，两类指数间有变形关系。

平均指数的计算方法有两种：一是加权算术平均数指数，二是加权调和平均数指数，分别针对数量指标指数和质量指标指数，下面分别讲述。

（1）加权算术平均数指数

加权算术平均数指数是按照加权算术平均数法计算的总指数，一般来说，它以个体物量指数为变量值，以基期的总值资料为权数，对个体指数运用加权平均法来计算总指数。

【例 6-3】某商场部分商品销售资料如表 6-2 所示，要求计算甲、乙、丙这三种商品销售量总指数。

表 6-2　　　　　　　　　　　　某商场部分商品销售资料

商品名称	个体销售量指数 $k_q=q_1/q_0$（%）	基期销售额
甲	1.25	12 000
乙	1.2	20 000
丙	0.9	10 000
合计	—	42 000

由于受所掌握资料的限制，我们无法用综合指数的计算公式计算销售量总指数，需要将该公式变形使用。

根据公式（6-1），又知各种商品的个体销量指数 $k_q=q_1/q_0$，可推出 $q_1=k_q q_0$，则得到公式：

$$\overline{K}_q = \frac{\sum k_q q_0 p_0}{\sum q_0 p_0} \times 100\% \qquad (6\text{-}3)$$

公式（6-3）与前边所述的加权算术平均数的一般形式相似，个体指数 k_q 是变量值，$q_0 p_0$ 是权数，所以，用该公式计算出来的总指数被称为加权算术平均数指数。

根据表 6-2 中的资料计算，销售量总指数为：

$$\begin{aligned}
\overline{K}_q &= \frac{\sum k_q q_0 p_0}{\sum q_0 p_0} \times 100\% \\
&= \frac{1.25 \times 12000 + 1.2 \times 20000 + 0.9 \times 10000}{12000 + 20000 + 10000} \times 100\% \\
&= \frac{48000}{42000} \times 100\% = 114.29\%
\end{aligned}$$

用上式中的分子减分母得到：$48000 - 42000 = 6000$（元）

上述计算结果的经济含义为：三种商品销售量总的提高了 14.29%；由于三种商品销售量总的提高使商场销售额增加了 6000 元。

（2）加权调和平均数指数

加权算术平均数指数是按照加权调和平均数法计算的总指数，一般来说，它以个体价格指数为变量值，以报告期的总值资料为权数，对个体指数运用加权平均法来计算总指数。

【例 6-4】某商场部分商品销售资料如表 6-3 所示，要求计算甲、乙、丙这三种商品价格总指数。

表 6-3　　　　　　　　　　　　某商场部分商品销售资料

商品名称	个体价格指数 $k_p = p_1/p_0$（%）	报告期销售额
甲	1	15 000
乙	0.9	21 600
丙	1.4	12 600
合计	—	49 200

由于受所掌握资料的限制，我们也无法用综合指数的计算公式计算价格总指数，需要将该公式变形使用。

根据公式（6-2），又知各种商品的个体价格指数 $k_p = p_1/p_0$，可推出 $p_0 = p_1/k_p$，

则得到公式：

$$\overline{K}_p = \frac{\sum q_1 p_1}{\sum \dfrac{q_1 p_1}{k_p}} \times 100\% \qquad (6\text{-}4)$$

公式（6-4）与前边所述的加权调和平均数的一般形式相似，个体指数 K_p 是变量值，$q_1 p_1$ 是权数，所以，用该公式计算出来的总指数被称为加权调和平均数指数。

根据表 6-3 中的资料计算，价格总指数为：

$$\overline{K}_p = \frac{\sum q_1 p_1}{\sum \dfrac{q_1 p_1}{k_p}} \times 100\%$$

$$= \frac{15000 + 21600 + 12600}{\dfrac{15000}{1} + \dfrac{21600}{0.9} + \dfrac{12600}{1.4}} \times 100\%$$

$$= \frac{49200}{48000} \times 100\% = 102.5\%$$

用上式中的分子减分母得到：$49200 - 48000 = 1200$（元）

上述计算结果的经济含义为：三种商品价格总的上涨了 2.5%；由于三种商品价格的上涨使商场销售额增加了 1200 元。

👆 知识链接

常用的经济指数

1．**工业生产指数**：反映一个国家或地区各种工业产品产量的综合变动程度，它是衡量经济增长水平的重要指标之一。

2．**居民消费价格指数（CPI）**：消费者价格指数是综合反映各种消费品和生活服务价格变动程度的重要经济指标，通常记为 CPI。是衡量通货膨胀程度的重要指标。

3．**零售物价指数**：反映城乡各种零售商品（不含服务）的价格变动程度的一个经济指数。方法同消费者价格指数。

4．**股票价格指数**：可以衡量整个股票市场的价格变动基本趋势，被人们形象地称为市场经济的"晴雨表"。

5．**农副产品收购价格指数**：是反映市场上农副产品收购价格变动的趋势和程度的经济指标。目前农副产品的收购价格，包括农、林、牧、副、渔五业中实行国家定价、国家指导价和市场调节价三种价格形式的农副产品。编制农副产品收购价格指数，有利于研究农民购买力的变化和国家财政的收支情况，正确处理工农关系。

6．**工业生产者价格指数（PPI）**：是反映工业企业出厂价格及工业企业中间投入价格变动趋势和变动程度的相对数，是反映国民经济运行状况的重要指标之一，也是制定有关政策和国民经济核算的科学依据。具体包括工业生产者出厂价格指数和工业生产者购进价格指数。

7．**产品成本指数**：是反映生产各种产品的单位成本水平的综合变动程度，它是企业或者部门进行内部成本管理的有用工具。

8．**空间价格指数**：又称地域性价格指数，用于比较不同国家或地区各种商品价格的综合差异程度。

一、判断题

1. 我国编撰综合指数采用的是拉氏公式。（　　　）

2. 在实际应用中，计算价格指数通常以基期数量指标为同度量因素。（　　　）

3. 若数化指标是数量指标，则应以相联系的的数量指标为同度量因素，若数化指标是质量指标，则应以相联系的质量指标为同度量因素。（　　　）

4. 平均指数是综合指数的一种变形。（　　　）

5. 在已掌握各种商品的销售量个体指数及各种商品的基期销售额资料的情况下，计算销售量总指数应采用加权算术平均数公式。（　　　）

二、单选题

1. 总指数有两种计算形式，即（　　　）。

    A. 个体指数和综合指数

    B. 综合指数和平均指数

    C. 算术平均数指数和调和平均数指数

    D. 综合指数和平均指标指数

2. 在综合指数编制时需要确定同度量因素和指数化因素，这两个因素一般（　　　）。

    A. 都固定在基期

    B. 都固定在报告期

    C. 采用基期和报告期的平均

    D. 一个固定在基期，另一个固定在报告期

3. 已知某工厂生产三种产品，在掌握其基期、报告期总成本和个体产量指数时，编制三种产品产量总指数就采用（　　　）。

    A. 加权调和平均数指数   B. 加权算术平均数指数

    C. 数量指标综合指数   D. 固定加权算术平均数指数

4. 以个体指数与报告期销售额计算的价格指数是（　　　）。

    A. 平均指标指数   B. 综合指数

    C. 加权算术平均数指数   D. 加权调和平均数指数

5. 在这一调和平均数指数的计算公式中 k 是（　　　）。

    A. 质量指标个体指数   B. 权数

    C. 数量指标个体指数   D. 同度量因素

三、多选题

1. 某商店第四季度全部商品的销售量为第三季度的 98%，这个相对数是一个（　　　）。

    A. 总指数   B. 季节指数   C. 数量指标指数

    D. 质量指标指数   E. 动态指数

2. 根据三种产品基期和报告期的生产费用和产品单位成本的个体指数资料编制的三种产品成本指数属于（　　　）。

    A. 总指数　　　　　　　B. 综合指数　　　　　　C. 平均指数

    D. 固定构成指数　　　　E. 调和平均数指数

3. 平均数指数（　　　）。

    A. 是个体指数的加权平均数

    B. 是计算总指数的一种形式

    C. 就计算方法上是先综合后对比

    D. 资料选择时，既可用全面资料，也可用非全面资料

    E. 可作为综合指数的变形形式来使用

四、计算题

1. 某企业生产的产品产量和产品价格资料如表 6-4 所示。

表 6-4　　　　　　　　　　某企业生产的产品产量和产品价格资料

产品名称	计量单位	产量		价格（元）	
		基期	报告期	基期	报告期
甲	件	880	1056	35	40
乙	台	600	660	80	90
丙	吨	400	520	70	84

根据资料计算：

（1）个体产量指数；

（2）个体价格指数；

（3）三种产品产量总指数；

（4）由于三种产品产量变动，而使产值增加或减少的绝对额；

（5）三种产品价格总指数；

（6）由于三种产品价格变动，而使产值增加或减少的绝对额。

2. 某企业总产值及产量增长速度资料如表 6-5 所示。

表 6-5　　　　　　　　　　某企业总产值及产量增长速度资料

产品名称	总产值		产量增长（%）
	2001 年	2002 年	
甲	120	150	10
乙	200	210	5
丙	400	440	20

根据资料计算：

（1）三种产品产量总指数；

（2）由于产量变动所引起的总产值增加额或减少的绝对额。

6.3 | 指数体系与因素分析

指数不仅可以反映复杂社会经济现象数量的变动情况，还可以用于分析影响经济现象总变动的各个因素的作用。因素分析是借助指数体系进行的。

6.3.1 指数体系

所谓指数体系是指在经济上有联系、在数量上保持一定对等关系的三个或三个以上指数所形成的整体。例如，

商品销售额指数=商品销售量指数×商品价格指数

产品总产值指数=产品产量量指数×产品价格指数

产品总成本指数=产品产量指数×产品单位成本指数

原材料消耗额指数=产量指数×单位产品原材料消耗量指数×单位原材料价格指数

总平均工资指数=组平均工资指数×职工天数结构指数

指数体系的作用表现为：

（1）因素分析。利用指数体系可以对复杂社会经济现象的变动进行因素分析，说明各因素变动如何影响现象总变动的，这种影响既包括相对数影响，也包括绝对数影响。

（2）相互推算。即根据指数体系中各个指数间的关系，利用已知指数推算未知指数。

6.3.2 因素分析

因素分析是指利用指数体系从数量上分析现象的综合变动受各因素影响的方向、程度和绝对数量的一种方法。根据影响因素的多少，因素分析分为指数的两因素分析法和指数的多因素分析法；根据分析指标的表现形式不同，因素分析分为总量指标因素分析法、相对指标因素分析法和平均指标因素分析法。

（1）总量指标变动的因素分析

对于复杂社会经济现象是总体，总量指标是由两个或两个以上因素指标乘积的结果。进行总量指标的因素分析，就是利用综合指数公式，从数量指标和质量指标指数的相互联系中所组成的指数体系进行分析。

一个复杂的经济总量指标，如果受两个因素的影响，则对这个总量指标的因素分析称为总量指标的两因素分析。

总量指标指数体系通常是由价值指数、数量指标指数、质量指标指数所构成的指数体系。例如，根据销售额与价格和销售量之间的经济联系，有如下关系：

销售额指数　　＝　　销售量指数　　×　　价格指数
（总量指标指数）　　（因素指数）　　　（因素指数）
（价值指数）　　　　（数量指标指数）　　（质量指标指数）

$$\overline{K}_{qp} = \overline{K}_q \times \overline{K}_p$$

$$\frac{\sum q_1 p_1}{\sum q_0 p_0} = \frac{\sum q_1 p_0}{\sum q_0 p_0} \times \frac{\sum q_1 p_1}{\sum q_1 p_0}$$

$$\sum q_1 p_1 - \sum q_0 p_0 = \left(\sum q_1 p_0 - \sum q_0 p_0\right) + \left(\sum q_1 p_1 - \sum q_1 p_0\right)$$

【例 6-5】 根据表 6-1 中的资料，分析该商场销售额的变动及其原因。

解： 根据表 6-1 中的数据计算得到：

（1）销售额变动：（销售额指数）

$$\overline{K}_{qp} = \frac{\sum q_1 p_1}{\sum q_0 p_0} \times 100\%$$

$$= \frac{600 \times 25 + 600 \times 36 + 180 \times 70}{480 \times 25 + 500 \times 40 + 200 \times 50} \times 100\%$$

$$= \frac{49200}{42000} \times 100\%$$

$$= 117.14\%$$

报告期销售额比基期销售额增加：

$$\sum q_1 p_1 - \sum q_0 p_0 = 49200 - 42000 = 7200 \text{（元）}$$

（2）销售量变动影响：（销售量指数）

$$\overline{K}_q = \frac{\sum q_1 p_0}{\sum q_0 p_0} \times 100\%$$

$$= \frac{600 \times 25 + 600 \times 40 + 180 \times 50}{480 \times 25 + 500 \times 40 + 200 \times 50} = \frac{48000}{42000} \times 100\%$$

$$= 114.29\%$$

销售量变动影响增加销售额：

$$\sum q_1 p_0 - \sum q_0 p_0 = 48000 - 42000 = 6000 \text{（元）。}$$

（3）销售价格变动影响：（价格指数）

$$\overline{K}_p = \frac{\sum q_1 p_1}{\sum q_1 p_0} \times 100\%$$

$$= \frac{600 \times 25 + 600 \times 36 + 180 \times 70}{600 \times 25 + 600 \times 40 + 180 \times 50} \times 100\%$$

$$= \frac{49200}{48000} \times 100\%$$

$$= 102.5\%$$

销售价格变动影响增加销售额：

$$\sum q_1 p_1 - \sum q_1 p_0 = 49200 - 48000 = 1200 （元）。$$

根据指数体系得相对数体系有：

$$\frac{\sum q_1 p_1}{\sum q_0 p_0} = \frac{\sum q_1 p_0}{\sum q_0 p_0} \times \frac{\sum q_1 p_1}{\sum q_1 p_0}$$

即：117.14%=114.29%×102.5

根据指数体系得绝对数体系有：

$$\sum q_1 p_1 - \sum q_0 p_0 = \left(\sum q_1 p_0 - \sum q_0 p_0 \right) + \left(\sum q_1 p_1 - \sum q_1 p_0 \right)$$

即：49200-42000=（48000-42000）+（49200-48000）

7200（元）=6000（元）+1200（元）

由上述计算结果可知：三种商品报告期比基期销售额总的增加了 17.14%，增加了 7200 元，是三种商品销售量增长 14.29%使其增加了 6000 元，三种商品销售价格上涨了 2.5%使其增加了 1200 元所导致的。

👆 知识链接

总量指标指数体系的多因素分析

一个复杂的经济总量指标，如果受三个或三个以上因素的影响，则对这个总量指标的因素分析称为总量指标的多因素分析。总量指标的多因素分析的指数体系上，表现为被研究现象的总变动指数等于 3 个或 3 个以上因素指数的乘积。同样，要保证 3 个或 3 个以上因素指数之积等于被研究现象变动的指数，最关键的是确定同度量因素的时期。在实际分析时必须注意以下几个问题。

（1）对多因素的排列顺序。要具体分析现象总体的经济内容，使之符合客观事物的联系或逻辑。各因素顺序的排列一般应遵循数量指标因素在前，质量指标因素在后的原则。

（2）遵循连环替代法的原则。即在分析受多因素影响的事物的发展变化时，要逐项分析，逐项确定同度量因素。分析完第一个因素的变动影响后，接着分析第二个因素的影响，然后再分析第三个因素的影响，依此类推。

（3）在多因素分析中，为了分析某一因素的影响，要求把其余因素固定不变。具体方法是：在分析第一个因素的影响时，就把其他所有因素固定不变，把其他所有因素作为同度量因素固定在基期。在分析第二个因素的变动影响时，则把已经分析过的因素固定在报告期，没有分析过的因素仍固定在基期。在分析第三个因素的变动影响时，就把已经分析过的两个因素固定在报告期，没有分析过的因素仍然固定在基期，依此类推。例如：分析原材料消耗额的变动原因，就属于多因素分析，所用到的指数体系是：

原材料消耗额指数=产量指数×单位产品原材料消耗量指数×单位原材料价格指数

（2）平均指标变动的因素分析

① 平均指标指数分析的一般问题

● 概念：平均指标指数是指两个不同时期的同一经济内容的平均指标值对比形成的指数，用以说明某类现象在不同时期的变动方向及程度。例如，两个不同时期的平均价格对比，可以反映平均价格的变动方向及程度；两个不同时期的平均工资对比，可以反映平均工资的变动方向及程度。

● 表现形式：平均指标指数的一般形式为：

$$\overline{K} = \frac{\overline{x_1}}{\overline{x_0}} = \frac{\dfrac{\sum x_1 f_1}{\sum f_1}}{\dfrac{\sum x_0 f_0}{x_0}}$$

式中，$\overline{K}$ 表示平均指标指数；$\overline{x_1}$ 表示报告期平均指标；$\overline{x_0}$ 表示基期平均指

● 特点：将公式（6-5）经过变形可得：

$$\overline{K} = \frac{\sum (x_1 \cdot \dfrac{f_1}{\sum f_1})}{\sum (x_0 \cdot \dfrac{f_0}{\sum f_0})}$$

平均指标指数所反映的某类现象平均变动程度受到两个因素的影响：一是受平均的经济指标（x）变动的影响；二是受总体内各部分占总体的比重（$\dfrac{f}{\sum f}$）变动的影响。

② 平均指标指数的编制步骤

● 计算平均指标指数，又称为可变构成指数 $\overline{K}_{可变}$，考察现象在不同时期总的变动方向和程度：

$$\overline{K}_{可变} = \frac{\overline{x_1}}{\overline{x_0}} = \frac{\dfrac{\sum x_1 f_1}{\sum f_1}}{\dfrac{\sum x_0 f_0}{x_0}} \tag{6-5}$$

● 计算结构影响指数，考察总体内部每部分占总体的比重（$\dfrac{f}{\sum f}$）的变动。此时假定被平均的经济指标（x）不变，且将其固定在基期：

$$\overline{K}_{结构} = \frac{\overline{x_n}}{\overline{x_0}} = \frac{\dfrac{\sum x_0 f_1}{\sum f_1}}{\dfrac{\sum x_0 f_0}{x_0}} \tag{6-6}$$

● 计算固定构成指数，考察被平均的经济指标（X）的变动。此时假定总体内部各部分占总体的比重（$\dfrac{f}{\sum f}$）不变，且将其固定在报告期：

$$\overline{K}_{\text{固定}} = \frac{\overline{x_1}}{\overline{x_n}} = \frac{\dfrac{\sum x_1 f_1}{\sum f_1}}{\dfrac{\sum x_0 f_1}{\sum f_1}} \qquad (6\text{-}7)$$

③ 平均指标指数体系

● 相对数形式：

可变构成指数=结构影响指数×固定构成指数

● 绝对数形式：

$$(\overline{x_1} - \overline{x_0}) = (\overline{x_n} - \overline{x_0}) + (\overline{x_1} - \overline{x_n})$$

【例6-6】某公司各类职工及其月工资水平资料如表6-6所示，试分析该公司全部职工总平均工资变动程度。

表6-6　　　　　　　　　　某公司各类职工及其工资水平资料

职工类别	月工资水平（元）		职工人数（人）	
	基　期	报　告　期	基　期	报　告　期
高级	560	680	100	80
中级	420	500	220	200
初级	350	420	280	320
合计	—	—	600	600

解：分别计算各期的平均指标：

$$基期\ \overline{x_0} = \frac{\sum x_0 f_0}{\sum f_0} = 410.67(元)$$

$$报告期\ \overline{x_1} = \frac{\sum x_1 f_1}{\sum f_1} = 481.33(元)$$

$$假定期\ \overline{x_n} = \frac{\sum x_0 f_1}{\sum f_1} = 401.33(元)$$

（1）计算可变构成指数可变，将表6-6中的资料代入公式（6-5）计算得：

$$\overline{K}_{\text{可变}} = \frac{\overline{x_1}}{\overline{x_0}} = \frac{\dfrac{\sum x_1 f_1}{\sum f_1}}{\dfrac{\sum x_0 f_0}{x_0}} = \frac{481.33}{410.67} = 117.21\%$$

$$\overline{x_1} - \overline{x_0} = 481.33 - 410.67 = 70.66(元)$$

说明该公司全部职工总平均工资提高了17.21%，增长了70.66元。

（2）计算结构影响指数，将表6-6中的资料代入公式（6-6）计算得：

$$\overline{K}_{结构} = \frac{\overline{x_n}}{\overline{x_0}} = \frac{\dfrac{\sum x_0 f_1}{\sum f_1}}{\dfrac{\sum x_0 f_0}{\sum f_0}} = \frac{401.33}{410.67} = 97.73\%$$

$$\overline{x_n} - \overline{x_0} = 401.33 - 410.67 = -9.34（元）$$

计算结果表明：由于该公司职工结构的变动，使公司的总平均工资降低了 2.27%，减少了 9.34 元。

（3）计算固定构成指数，将表 6-4 中的资料代入公式（6-7）计算得：

$$\overline{K}_{固定} = \frac{\overline{x_1}}{\overline{x_n}} = \frac{\dfrac{\sum x_1 f_1}{\sum f_1}}{\dfrac{\sum x_0 f_1}{\sum f_1}} = \frac{481.33}{401.33} = 119.93\%$$

$$\overline{x_1} - \overline{x_n} = 481.33 - 401.33 = 80（元）$$

计算结果表明：由于该公司内部各类职工月工资水平的变动，使公司的总平均工资提高了 19.93%，增加了 80 元。

综上计算说明：该公司全部职工总平均工资提高了 17.21%，增长了 70.66 元。是由于该公司职工结构的变动使其降低了 2.27%，减少了 9.34 元；由于各类职工月工资水平的变动，使公司的总平均工资提高了 19.93%，增加了 80 元所导致的。

练习题

一、判断题

1. 如果各种商品的销售量平均上涨 5%，销售价格平均下降 5%，则销售额不变。（　　　）

2. 在由三个指数构成的指数体系中，两个因素指数的同度量因素指标是不同期的。（　　　）

3. 因素分析的目的，就是要测定现象总变动中各因素的影响方向和影响程度。（　　　）

4. 若知各种商品的价格，报告期比基期降低了 5%，则用同样的钱，购置的商品量可增加 10%。（　　　）

5. 若知用同样多的钱，可多购置商品 10%，物价下降了 10%。（　　　）

二、单选题

1. 某企业两个车间生产同一种产品，今年一季度同去年一季度比较，由于两个分厂单位产品成本降低使企业的总平均成本下降 5%，由于产品结构变化使企业的总平均成本下降 10%，则该企业总平均成本增减变动百分比为（　　　）。

　　A. 4.5%　　　　　　B. -13.6　　　　　C. 15%　　　　　　D. -4.5%

2. 单位产品成本报告期比基期下降 5%，产量增加 5%，则生产费用（　　　）。

　　A. 增加　　　　　　B. 降低　　　　　　C. 不变　　　　　　D. 很难判断

3. 商品销售额实际增加 400 元，由于销售量增长使销售额增加 120 元，由于价格（　　）。

    A. 增长使销售额增加 280 元
    B. 增长使销售额增加 210 元

    C. 降低使销售额减少 280 元
    D. 降低使销售额减少 210 元

4. 如果用 p 表示商品的价格，用 q 表示商品销售量，则 $\sum q_1 p_1 - \sum q_1 p_0$ 综合反映（　　）。

    A. 商品价格和商品销售量变动的绝对值

    B. 商品销售额变动的绝对额

    C. 多种商品价格变动使商品销售额变动的绝对值

    D. 由于销售量的变动对销售额变动的影响程度

5. 某管理局为了全面掌握所属企业某种产品平均成本总的变动情况，需要编制（　　）。

    A. 可变构成指数
    B. 固定构成指数

    C. 结构影响指数
    D. 质量指标综合指数

三、多选题

1. 对某商店某时期商品销售额的变动进行分析，其指数体系包括（　　）。

    A. 销售量指数
    B. 销售价格指数

    C. 总平均价格指数
    D. 销售额指数

    E. 个体指数

2. 三种商品的价格指数为 110%，其绝对影响为 500 元，则结果表明（　　）。

    A. 三种商品的价格平均上涨 10%

    B. 由于价格变动使销售额增长 10%

    C. 由于价格变动使居民消费支出多了 500 元

    D. 由于价格变动使商店多了 500 元销售收入

    E. 报告期价格与基期价格绝对相差 500 元

3. 若用某企业职工人数和劳动生产率的分组资料来进行分析时，该企业总的劳动生产率的变动主要受到（　　）。

    A. 企业全部职工人数变动的影响

    B. 企业劳动生产率变动的影响

    C. 企业各类职工人数在全部职工人数中所占的比重的变动影响

    D. 企业各类工人劳动生产率的变动的影响

    E. 受各组职工人数和相应劳动生产率两因素的影响

4. 某种产品的总成本 2004 年是 50 万元，比 2003 年多 2 万元，单位产品成本 2004 年比 2003 年降低 5%，则（　　）。

    A. 总成本指数是 104.17%
    B. 总成本指数是 108.56%

    C. 总成本指数是 104%
    D. 产量指数是 109.65%

    E. 单位成本指数是 95%

5. 三个地区同一种商品的总平均价格报告期为基期的 112%，这个指数是（　　）。

    A. 总指数
    B. 可变构成指数

C. 平均数指数　　　　　　　D. 平均指标指数

E. 个体指数

四、计算题

1. 已知某商业企业三种商品的价格和销售量资料如表 6-7 所示。

表 6-7　　　　　　　　某商业企业三种商品的价格和销售量资料

商品名称	计量单位	价格（元）		销售量	
		2001 年	2002 年	2001 年	2002 年
甲	双	25	28	5000	5500
乙	件	140	160	800	1000
丙	双	0.6	0.6	1000	600

根据资料计算分析三种商品销售额的变动及原因。

2. 某商品在两个市场上出售资料如表 6-8 所示。

表 6-8　　　　　　　　某商品在两个市场上出售资料

商场	一季度		二季度	
	单价（元/公斤）	销量（公斤）	单价（元/公斤）	销量（公斤）
甲	2.9	600	2.85	500
乙	3.2	400	3.15	1000
合计		1000		1500

要求：分析该商品总平均价格的变动及原因。

项目总结

1. 统计指数概念：用来分析社会经济现象数量变动的对比性指标。广义指数指一切说明社会经济现象数量变动的相对数。广义指数是一种特殊的相对数，是用来说明多种的、不能直接加总的复杂社会经济现象综合变动程度的相对数。

2. 统计指数作用：综合反映社会经济现象总变动方向及变动程度；分析现象总变动中各因素变动的影响方向和影响程度；反映社会经济现象变动的趋势。

3. 统计指数的种类：按研究范围不同分为个体指数和总指数；按指数化指标的性质不同分为数量指标指数和质量指标指数；按采用基期的不同分为定基指数和环比指数；按计算方法不同分为综合指数和平均指数。

4. 总指数的编制方法：综合指数法下：数量指标指数采用拉氏公式、质量指标指数采用派氏公式；平均指数法下：数量指标指数采用加权算术平均数指数、质量指标指数采用加权调和平均数指数。

5. 指数的因素分析：是指利用指数体系从数量上分析现象的综合变动受各因素影响的方向、程度和绝对数量的一种方法。根据影响因素的多少，因素分析分为指数的两因素分析法和指数的多因素分析法；根据分析指标的表现形式不同，因素分析分为总量指标因素分析法、相对指标因素分析法和平均指标因素分析法。

6. 平均指标指数是对总平均指标的测定。分析平均指标的变动，需要编制三种指数：可变构成指数、固定构成指数和结构影响指数。利用上述三种指数构成的指数体系，可以分析总平均指标变动受各组平均水平和各组结构变动的影响程度。

技能训练

1. 在统计工作实践中，为了简化加权算术平均数指数的计算，常使用固定权数 W 计算固定权数加权算术平均指数。W 是经过调整计算的一种不变权数，通常用比重表示。设个体指数为 K，则固定权数加权算术平均指数的一般表达式为：$\bar{K} = \dfrac{\sum KW}{\sum W}$。以固定权数计算的加权算术平均指数在国内外统计工作中得到广泛的应用。如我国每年编制的居民消费价格指数（CPI）就是用固定加权平均法计算的。

根据表 6-9 资料，编制某市的居民消费价格指数（CPI）。

表 6-9　　　　　　　　　　　某市消费价格指数和权数资料

消费品种类	类指数（%）K	固定权数（%）W	KW
食品类	150	55	8250
衣着类	120	25	3000
日用品类	140	10	1400
文化娱乐用品类	110	4	440
医药类	104	2	208
书报杂志类	102	1	102
燃料类	120	3	360
合计	—	100	13760

2. 某地区 2012 年农副产品收购额为 144 万元，已知农副产品价格 2012 年比 2011 年提高了 20%，根据有关指数知识分析：由于农副产品提价，农民增加收益多少。

项目七

抽样推断分析法

学习目标

抽样推断是统计研究中的一种重要分析方法,是利用样本的统计资料来推断总体数量特征的原理及方法。本任务的学习目标主要是:

◆ 了解抽样推断的概念及特点
◆ 理解抽样误差产生的原因
◆ 能区别抽样误差、抽样平均误差、抽样极限误差
◆ 熟练掌握简单随机抽样组织形式的区间估计方法
◆ 掌握确定样本容量的方法

案例导入

国家统计局 2013 年 1 月 18 日发布数据,2012 年我国城镇居民人均可支配收入扣除价格因素实际增长 9.6%,农村居民人均纯收入实际增长 10.7%,均高于全年 7.8%的 GDP(国内生产总值)增速。

统计显示,2012 年全国城镇居民人均总收入 26 959 元。其中,城镇居民人均可支配收入 24 565 元,比上年名义增长 12.6%;扣除价格因素实际增长 9.6%,增速比上年加快 1.2 个百分点。

国家统计局想要统计全国城镇居民的平均收入,如果采用普查则工作量及调查费用将异常庞大。一个可行的方法是在全国抽取部分城镇居民进行调查,根据这部分调查所得收入数据资料去推断全国城镇居民的平均 水平。

从上面可以看出,或者由于人力、物力、财力或时间限制,或者由于取得全部数据是不可能的,或者虽然能够取得全面数据但数据收集本身带有破坏性(如灯泡寿命测试),我们不能收集全面数据,只能从中收集部分数据,依据这部分数据对所研究对象的数量特征或数量规律性进行推断。如何抽取这些数据,如何依据这些数据来推测总体的情况,这是本项目需要解决的问题。

(资料来源:国家统计局网站)

7.1 抽样推断的一般问题

抽样推断有其一定的特殊性。本节主要介绍抽样推断中涉及的一些概念、特点、分类、抽样误差产生的原因以及抽样平均误差和抽样极限误差的计算。

7.1.1 抽样推断的意义

抽样推断是一种非全面的调查。抽样推断是按照随机性的原则，从研究对象中抽取一部分进行观察，并根据所得到的观察数据，对研究对象的数量特征做出具有一定可靠程度的估计和推断，以达到认识总体的一种统计方法。

如灯泡厂检测所生产的灯泡的使用寿命，会抽取一部分灯泡进行寿命测试，以检测产品是否达到规定的要求。

简单地说，抽样推断就是以样本观测结果去估计未知的总体数量特征。

7.1.2 抽样推断的特点

抽样推断的特点主要表现在以下几个方面。

（1）抽样推断属于非全面调查的一种，它只调查总体中的一部分单位，而全面调查需要对总体中的所有单位都进行调查。

（2）按照随机原则从总体中抽取样本单位。而典型调查、重点调查抽取样本单位时是有意识地选取单位。

（3）抽样推断是用样本的指标数值去推断总体的指标数值。抽样推断的目的不在于了解部分单位的情况，而是根据这部分单位的数量特征来推断总体的数量特征。

（4）抽样误差是可以事先计算并控制的。在抽样推断中，以样本指标去推断总体指标不可避免地会产生抽样误差，但抽样误差是可以事先通过一定的资料加以计算，并在抽样过程中可以采取一定的措施来控制误差，从而保证抽样推断的结果达到一定的可靠程度。

抽样推断是必不可少的一种调查方法，但是，抽样推断也有它的弱点。例如，它只能提供说明整个总体情况的统计资料，而不能提供说明各级状况的详细的统计资料，这就难以满足各级领导和管理部门的要求。抽样推断也很难提供各种详细分类的统计资料。因此，抽样推断和全面调查是不能互相代替的。

7.1.3 抽样推断适用范围

由于抽样推断具有省时、省力、经济等特点，因此抽样推断在统计工作中应用非常广泛。

（1）有些事物在测量或试验时有破坏性，不可能进行全面调查。如炸弹的爆炸能力检测、人体血液指标化验、衣料成分含量检测等，都是有破坏性的，不可能进行全面调查，只能使用抽样推断。

（2）有限总体从理论上讲可以进行全面调查，但没有必要进行全面调查。例如，了解水库里鱼尾数、城镇居民可支配收入、农民纯收入等。对这类情况的了解一般采取抽样推断。

（3）全面调查后往往采取抽样推断的方法检查其质量。如历次全国人口普查后，都要进行人口抽样，以检查人口普查中各项指标的准确性。

（4）无限总体。如对生产流水线上的产品进行质量控制，可以认为产品是无限总体。

7.1.4　抽样推断中的一些基本概念

（1）总体指标

根据总体各个单位的标志值或标志特征计算的、反映总体某种属性的综合指标，称为总体指标。总体指标又称为全及指标。由于总体是唯一确定的，根据总体计算的总体指标也是唯一确定的。

不同性质的总体，需要计算不同的总体指标。对于变量总体，由于各单位的标志可以用数量来表示，所以可以计算总体平均数。

$$\bar{X} = \frac{\sum X}{N} \tag{7-1}$$

对于属性总体，由于各单位的标志不可以用数量来表示，只能用品质标志来描述，例如合格与不合格，所以，对于属性总体只能计算结构相对指标，称为总体成数。用大写英文字母 P 表示，它说明总体中具有某种标志的单位数在总体中所占的比重。变量总体也可以计算成数，即总体单位数在所规定的某变量值以上或以下的比重，视同具有或不具有某种属性的单位数比重。

设总体 N 个单位中，有 N_1 个单位具有某种属性，N_0 个单位不具有某种属性，$N_1 + N_0 = N$，P 为总体中具有某种属性的单位数所占的比重，Q 为不具有某种属性的单位数所占的比重，则总体成数为

$$P = \frac{N_1}{N} \tag{7-2}$$

$$Q = \frac{N_0}{N} = \frac{N - N_1}{N} = 1 - P \tag{7-3}$$

此外，总体指标还有总体方差 σ^2 和总体标准差 σ，它们都是测量总体标志值分散程度的指标。

$$\sigma^2 = \frac{\sum (X - \bar{X})^2}{N} \tag{7-4}$$

$$\sigma = \sqrt{\frac{\sum (X - \bar{X})^2}{N}} \tag{7-5}$$

（2）样本指标

根据样本各个单位的标志值或标志特征所计算的指标称为样本指标。和总体指标相对应还有样本平均数 $\bar{x}$、样本成数 p、样本标准差 $S_{\bar{x}}$ 和样本方差 $S_{\bar{x}}^2$ 等。$\bar{x}$ 和 p 用小写英文字母表示，以示区别。

$$\bar{x} = \frac{\sum x}{n} \tag{7-6}$$

设样本 n 个单位中有 n_1 个单位具有某种属性，n_0 个单位不具有某种属性，$n_1 + n_0 = n$，p 为样本中具有某种属性的单位数所占的比重，q 为不具有某种属性的单位数所占的比重，则成数为

$$p = \frac{n_1}{n} \tag{7-7}$$

$$q = \frac{n_0}{n} = \frac{n - n_1}{n} = 1 - p \tag{7-8}$$

样本的方差和样本标准差分别为

$$S_{\bar{x}}^2 = \frac{\sum (x - \bar{x})^2}{n} \tag{7-9}$$

$$S_{\bar{x}} = \sqrt{\frac{\sum (x - \bar{x})^2}{n}} \tag{7-10}$$

样本的成数方差和样本成数标准差分别为

$$S_p^2 = p(1-p) \tag{7-11}$$

$$S_p = \sqrt{p(1-p)} \tag{7-12}$$

由于一个总体可以抽取许多个样本，样本不同，样本指标的数值也就不同，所以样本指标的数值不是唯一确定的。实际上样本指标是样本变量的函数，它本身也是随机变量。

（3）重复抽样与不重复抽样

在抽样调查中，从总体中抽取样本时，根据每个单位是否允许重复抽取可将抽取样本方法分为重复抽样和不重复抽样。

重复抽样，又称有放回抽样或重置抽样，是指在逐个抽取样本单位时，被抽中的总体单位经登记、观察后，再放回总体中，接着继续抽取下一个样本单位的抽样方法。因此一个单位有重复被抽中的可能。其特点是：每次抽中的单位将其数量标志登记后放回原总体，重新参加下一次抽选；每个单位在每次抽取过程中，抽中与不抽中的机会都完全一样。

不重复抽样，又称无放回抽样或不重置抽样，是指在逐个抽取样本单位时，被抽中的总体单位经登记、观察后，不再放回总体中去参加下一次抽选的抽样方法。其特点是：每个单位最多只能被抽中一次；每个单位抽中与不抽中的机会在各次抽选过程中是不一样的。

（4）抽样的组织形式

根据统计研究的目的和研究对象的特点，抽样调查可以采用不同的组织方式，在统计实践中，抽样调查的组织方式主要有以下四种，实际调查所用的方法通常可以是这四种方法的各种形式的组合。

① 简单随机抽样

简单随机抽样也称为纯随机抽样。从包含 N 个抽样单元的总体中抽取容量为 n 的简单随机样本，可以是从总体中逐个不放回地抽取 n 次，每次都是在尚未入样的单元中等概率抽取的，也可以是从总体中一次取得全部 n 个单元，只要保证全部可能的样本每个被抽到的概率都相等即可。简单随机抽样是抽样的最基本形式。

简单随机抽样主要有以下两种做法。

● 抽签法。给总体各单位编码后，然后按随机原则进行抽取。这种方法较为简单，但是对于总体单位数较多时，这种方法存在一定的困难。

● 随机数表法。将总体中的每个单位编上号码，然后使用随机数表，在随机数表中任选一个数字开始向任意方向数，遇到属于总体单位编号范围内的数字号码就确定为样本单位，直到完成预定的单位数为止。

简单随机抽样是其他抽样方法的基础，因为它在理论上最容易处理，并且当总体包含的抽样单元数 N 不太大时实施并不困难。但是当 N 很大时实施就很困难。另外当 N 很大时所抽到的样本单元往往很分散，使调查很不方便。因此在大规模的抽样调查中很少单独采用简单随机抽样。

② 分层抽样

分层抽样又称为类型抽样，将总体按照某一标志进行分组，在各组中按照随机原则抽取样本单位的组织方式。

通过分类，把总体中标志值比较接近的单位归为一组，使各组单位之间的差异程度缩小，分布比较均匀。在各组中都要抽取样本单位，这样使样本分布更加接近于总体分布，提高样本的代表性，当总体各单位差异较大时，采用分层抽样可以大大提高估计的精度。

③ 等距抽样

等距抽样又称机械抽样，它先将总体各单位按某一标志排队，然后以相等的间隔抽取样本单位的一种组织方式。例如，从 100 个单位的总体中按等距抽样的方法抽取 10 个单位，可以先将总体中的各单位按照某一标志按次序进行排队，可以先抽取编号为 2 的单位，然后再抽取编号为 12 的单位，依次类推。

等距抽样具有组织方便、样本单位在总体中的分布较为均匀、抽样误差较小等优点。因此在实际应用较为广泛。但是，如果数据具有周期性，并且抽样间隔恰好与它的抽样长度吻合，采用等距抽样可能会带来一定的问题。在这种情况下，抽样可能是非随机性的。例如，一份有 150 名大学生的名册由 5 个班组成，每个班 30 人，如果这 5 个班的名册都按成绩进行了排序，那么采取每 30 人的等距抽样，可能抽到的都是好学生、差学生或是中等学生。所以，等距抽样的前提是总体单位是随机排列的。

④ 整群抽样

整群抽样是将总体各个单位划分为互不重叠的若干群,然后以群为单位从中随机抽取一些群,对选中群所有单位进行全面调查的抽样组织方式,整群抽样采用不重复抽样。理论上,每个群都含有不同的总体单位,它是总体的一个缩影。例如,群可以是居委会、公司、家庭、学校、地区。

整群抽样具有很多的优点,最突出的是调查简便、费用低。首先群通常很容易获得,其次,由于调查的范围缩小到了群,从总体中抽样的成本明显降低了。在整群抽样中,每个单位的调查成本一般低于分层抽样,因为每个单位的列出成本和寻找成本都降低了。联系总体单位的时间和费用都可以降低。此外,整群抽样还可以简化抽样调查的管理过程。有时,整群抽样是唯一可行的办法。

整群抽样也有很多的缺点。当群内的各个单位都相似时,整群抽样的统计效率会低于简单随机抽样。还有,整群抽样带来的统计分析成本和问题都远远超过了简单随机抽样。

(5) 抽样误差

① 抽样误差

抽样误差是指通过调查搜集到的数据与研究对象真实结果之间的差异。抽样误差有两类:登记性误差和代表性误差。

登记性误差是指在调查过程中,由于观察、测量、登记、计算上的差错所引起的工作误差。这种误差是人为引起的,可以在工作中严格执行规范要求从而减少或避免误差的产生。

代表性误差是指用总体中的部分单位的统计数据为代表去推断总体指标所产生的误差。其原因是样本各单位的结构情况不能代表总体分布的情况所产生的。这个误差是不可避免的。

代表性误差又可以分为系统性误差和随机误差。系统性误差是指在抽样调查中由于没有遵循随机原则而产生的误差。如调查人员在调查时随意更改随机抽中的调查单位,或者认为选择容易调查的单位或结果较好的单位。随机误差又称抽样误差,是由于抽样的随机性引起的样本结果与总体真值之间的误差。在抽样中,我们依据随机原则抽取样本,可能抽中由一些单位组成的样本,也可能抽中由另一些单位组成的样本。根据不同的样本,可以得到不同的观测结果。随机误差在抽样推断中是不可避免的,只能加以控制。

随机误差可以分为抽样实际误差和抽样平均误差。抽样实际误差是指一个样本指标与总体指标之间的差别,即 $|\bar{x} - \bar{X}|$,$|p - P|$,在实施抽样调查时,因为总体平均数和总体成数是确定的未知数,抽样实际误差是无法计算的。

② 抽样平均误差

抽样平均误差是指所有可能出现的样本指标与总体指标之间的平均离差,用以反映抽样误差的一般水平。根据随机原则从一个总体中抽取若干个样本单位,可以组成多个样本。所以样本指标会有很多个数值,它是一个随机变量。因此抽样误差有一个一个随机变量。对所有抽样误差计算平均数,即为抽样平均误差。

③ 影响抽样平均误差的因素

● 总体标志的变异程度。总体标志变异程度越大，抽样平均误差就越大；反之，总体标志变异程度越小，则抽样平均误差就越小。

● 样本容量 n 的多少。在其他条件不变的情况下，样本容量 n 越大，抽样误差就越小；反之，抽样误差越大。

● 抽样方法的选择。在抽样调查时，采用何种方式和组织形式会直接影响到抽样误差的大小。在相同的情况下，不重复抽样比重复抽样的误差小，是因为重复抽样存在同一单位被多次抽中的可能，所以样本对总体的代表性就较差。

④ 抽样平均误差的计算

● 抽样平均数的平均误差

设以 $\mu_{\bar{x}}$ 表示抽样平均数的平均误差，m 表示全部可能的样本数目，则

$$\mu_{\bar{x}} = \sqrt{\frac{\sum (\bar{x} - \bar{X})^2}{m}} \qquad (7\text{-}13)$$

上式是按照抽样平均误差的定义计算的，实际计算时总体单位数较多，可以抽取的样本数也很多，因此上述公式在实际中很难使用。实际工作中按以下公式进行计算抽样平均误差。分重复抽样和不重复抽样两种情况。

在重复抽样情况下，抽样平均数的平均误差 $\mu_{\bar{x}}$ 与总体标准差 σ 和样本容量 n 有关，计算公式

$$\mu_{\bar{x}} = \frac{\sigma}{\sqrt{n}} \qquad (7\text{-}14)$$

不重复抽样条件下，抽样平均数的平均误差 $\mu_{\bar{x}}$ 不仅与总体标准差 σ 和样本容量 n 有关，还和总体单位数 N 有关，其计算公式

$$\mu_{\bar{x}} = \sqrt{\frac{\sigma^2}{n}\left(\frac{N-n}{N-1}\right)} \qquad (7\text{-}15)$$

当总体单位数 N 很大时，这个公式可近似表示为：

$$\mu_{\bar{x}} = \sqrt{\frac{\sigma^2}{n}\left(1 - \frac{n}{N}\right)} \qquad (7\text{-}16)$$

与重复抽样公式相比，不重复抽样公式多了一个校正因子 $\sqrt{\frac{N-n}{N-1}}$ 来加以修正，这个因子小于1，所以不重复抽样误差小于重复抽样误差。

【例 7-1】 5 个工人的日产量分别为（单位：件）：6，8，10，12，14，用重复抽样的方法，从中随机抽取 2 个工人的日产量，用以代表这 5 个工人的总体水平。则抽样平均误差为多少？

解： 根据题意可得：$\bar{X} = \dfrac{6+8+10+12+14}{5} = 10$（件）

总体标准差：$\sigma = \sqrt{\dfrac{\sum (X - \bar{X})^2}{N}} = \sqrt{8}$（件）

重复抽样时：$\mu_{\bar{x}} = \dfrac{\sigma}{\sqrt{n}} = \dfrac{\sqrt{8}}{\sqrt{2}} = 2$（件）

不重复抽样时：$\mu_x = \sqrt{\dfrac{\sigma^2}{n}\left(\dfrac{N-n}{N-1}\right)} = \sqrt{\dfrac{8}{2}\left(\dfrac{5-2}{5-1}\right)} = 1.732$（件）

● 抽样成数的平均误差

抽样成数的平均误差用 μ_p 表示，根据样本平均误差和总体标准差的关系，可以得到样本成数的平均误差的计算公式。

a. 在重复抽样下

$$\mu_p = \frac{\sigma}{\sqrt{n}} = \sqrt{\frac{P(1-P)}{n}} \qquad (7\text{-}17)$$

b. 在不重复抽样下

$$\mu_p = \sqrt{\frac{\sigma^2}{n}\left(\frac{N-n}{N-1}\right)} = \sqrt{\frac{P(1-P)}{n}\left(\frac{N-n}{N-1}\right)} \qquad (7\text{-}18)$$

当总体单位数 N 很大时，可近似地写成：

$$\mu_p = \sqrt{\frac{P(1-P)}{n}\left(1-\frac{n}{N}\right)} \qquad (7\text{-}19)$$

在上述抽样平均误差的计算中，σ 和 P 是总体的标准差和成数，而总体的统计数据通常是未知的，可以用样本的标准差 S_x 和样本成数 p 或者是历史资料来代替。在实际工作中，常用不重复抽样的方法来抽取调查单位，进行总体指标的推断时，用重复抽样的方法来计算抽样平均误差。

【例 7-2】某企业生产的产品，按正常生产经验，合格率为 90%，现从 5000 件产品中抽取 50件进行检验，求合格率的抽样平均误差。

解：根据题意，在重复抽样条件下，合格率的抽样平均误差为：

$$\mu_p = \sqrt{\frac{P(1-P)}{n}} = \sqrt{\frac{0.9 \times 0.1}{50}}$$
$$= 4.24\%$$

在不重复抽样条件下，合格率的抽样平均误差为：

$$\mu_p = \sqrt{\frac{P(1-P)}{n}\left(1-\frac{n}{N}\right)} = \sqrt{\frac{0.9 \times 0.1}{50}\left(1-\frac{50}{5000}\right)}$$
$$= 4.22\%$$

【例 7-3】在某银行 10000 名储户中随机抽取 100 名进行统计调查，发现有活期储户 30 名，在重复抽样条件下，试计算估计全部储户中活期储户所占比重时的抽样平均误差。

解：根据题意，$N = 10000, n = 100, n_1 = 30$，则 $p = \dfrac{n_1}{n} = \dfrac{30}{100} = 30\%$。

在重复抽样条件下，$\mu_p = \sqrt{\dfrac{P(1-P)}{n}}$，$P$ 用 p 代替：

$$\mu_p = \sqrt{\frac{30\% \times (1-30\%)}{100}} = 4.58\%$$

（6）抽样极限误差

① 抽样极限误差的概念和计算

抽样平均误差说明了某一总体的所有样本指标与总体指标间误差的平均数，但在实际工作中往往只能抽取一个样本，因此实际抽样误差一般不会等于抽样平均误差。所以，用抽样平均误差无法准确地推断总体指标值。所以引入抽样极限误差。抽样极限误差，又称置信区间和抽样允许误差范围，是指在一定的把握程度 P 下保证样本指标与总体指标之间的抽样误差不超过某一给定的最大可能范围，记作 Δ。作为样本的随机变量——抽样指标值（$\bar{x}$ 或 p），是围绕以未知的唯一确定的总体指标真值（$\bar{X}$ 或 P）为中心上下波动，它与总体指标值可能会产生正或负离差，这些离差均是抽样指标的随机变量，因而难以避免，只能将其控制在预先要求的误差范围（$\Delta_{\bar{x}}$ 或 Δ_p）内。

$$\left|\bar{x} - \bar{X}\right| \leqslant \Delta_{\bar{x}} \tag{7-20}$$

$$\left|p - P\right| \leqslant \Delta_p \tag{7-21}$$

② 抽样估计的概率度

抽样极限误差 Δ 是单个样本值与总体指标值之间的绝对离差，而抽样平均误差 μ 是所有可能样本值与总体指标值之间的平均离差，用抽样极限误差与抽样平均误差相比，从而使由单一样本值得到的抽样极限误差标准化，这样可称为抽样标准极限误差，但通常称其为概率度 t 或相对误差范围。

$$t = \frac{\Delta_{\bar{x}}}{\mu_{\bar{x}}} = \frac{\left|\bar{x} - \bar{X}\right|}{\sigma / \sqrt{n}} \tag{7-22}$$

$$t = \frac{\Delta_p}{\mu_p} = \frac{\left|p - P\right|}{\sqrt{\dfrac{P(1-P)}{n}}} \tag{7-23}$$

③ 抽样估计的可靠程度

置信区间的测定总是在一定的概率保证程度下进行的，因为既然抽样误差是一个随机变量，就不能指望抽样指标落在置信区间内成为必然事件，只能视为一个可能事件，这样就必定要用一定的概率来给予保证。抽样误差的可能范围是估计的准确性问题，而保证抽样指标落在抽样误差的可能范围之内则是估计的可靠性问题。所以抽样估计可靠程度又称置信度。具体地说，置信区间是以一定的概率把握程度确定总体指标所在的区间。置信度是总体指标落在某个区间的概率把握程度。

抽样估计的可靠程度即概率用 P 表示，P 是 t 的函数。而 $P = F(t)$ 表明概率分布是概率度 t 的函数。确定抽样估计的可靠程度，就是要确定抽样平均数 $\bar{x}$ 或抽样成数 P 落在置信区间（$\bar{x} - \Delta_{\bar{x}}$，$\bar{x} + \Delta_{\bar{x}}$）或（$P - \Delta_p$，$P + \Delta_p$）中的概率 P。$F(t)$ 的函数形式为：

$$P\left(\left|\bar{x} - \bar{X}\right| \leqslant t\mu_{\bar{x}}\right) = F(t)$$

$$P\left(\left|p - P\right| \leqslant t\mu_p\right) = F(t)$$

由此可知，t 增大，Δ 也增大，即 $t\mu$ 增大，这表明所要求的误差范围增大，说明从总体中随机抽取一个样本，其样本值落在这个较大的置信区间内可能性或把握性 P 越大；反之，t 减小，Δ 也减小，即 $t\mu$ 减小，这表明所要求的误差范围减小，说明从总体中随机抽取一个样本，其样本值落在这个较小的置信区间内的可能性或把握性越小。

应用标准正态分布概率表，可以得出抽样指标落在置信区间内的置信度。

$$F(1) = P\left(\left|\bar{x} - \bar{X}\right| \leqslant 1\mu_{\bar{x}}\right) = 68.27\%$$

$$F(2) = P\left(\left|\bar{x} - \bar{X}\right| \leqslant 2\mu_{\bar{x}}\right) = 95.45\%$$

$$F(3) = P\left(\left|\bar{x} - \bar{X}\right| \leqslant 3\mu_{\bar{x}}\right) = 99.73\%$$

即样本平均数落在 $(\bar{x} - \mu_{\bar{x}})$ 和 $(\bar{x} + \mu_{\bar{x}})$ 之间的可能性为 68.27%；落在 $(\bar{x} - 2\mu_{\bar{x}})$ 和 $(\bar{x} + 2\mu_{\bar{x}})$ 之间的可能性为 95.45%；落在 $(\bar{x} - 3\mu_{\bar{x}})$ 和 $(\bar{x} + 3\mu_{\bar{x}})$ 之间的可能性为 95.73%。

下面将常用的概率保证程度即概率面积与对应的概率度列入表 7-1 中：

表 7-1 常用置信度、概率度对应表

置信度 $F(t)$	概率度 t	置信度 $F(t)$	概率度 t
0.6827	1.00	0.9545	2.00
0.7995	1.28	0.99	2.58
0.8664	1.50	0.9973	3.00
0.90	1.64	0.99994	4.00
0.9500	1.96	0.999999	5.00

【例 7-4】在某银行 10000 名储户中随机抽取 100 名进行统计调查，发现有活期储户 30 名，重复抽样条件下，试计算置信度为 99.73% 时的活期储户所占比重的抽样极限误差。

解：根据例 7-3 的计算结果，得到抽样平均误差为 $\mu_p = 4.58\%$。置信度为 99.73% 对应的概率度 $t = 3$。

重复抽样条件下，抽样极限误差为：$\Delta_p = t\mu_p = 3 \times 4.58\% = 13.74\%$。

7.2 总体指标的推断

总体指标的推断就是用样本指标去估计未知的总体指标。总体指标的推断有点估计和区间估计两种方法。

7.2.1 点估计

点估计也称定值估计，它是以抽样得到的样本指标作为总体指标的估计量，并以样本指标的实际值直接作为总体未知参数的估计值的一种推断方法。如电信公司随机抽取了最近一个月 100 位客户的账单，计算每个客户的通话时长为 308 分钟，用这个样本均值统计量作为总体均值的一个估计量，那么这个样本均值就是被用作点估计。点估计的精度取决于样本的代表性。如果从总体中抽取了其他的随机样本，那么这些样本的点估计有可能不同。所以点估计适用于对推断准确程度与可靠程度要求不高的情况。

7.2.2　区间估计

点估计能够给出总体参数的具体估计值，但是点估计无法提供这个估计值的精确性和可靠性。区间估计就是以一定的概率保证估计包含总体参数的一个值域，即根据样本指标和抽样平均误差推断总体指标的可能范围。它包括两部分内容：一是这一可能范围的大小；二是总体指标落在这个可能范围内的概率。区间估计既说清估计结果的准确程度，又同时表明这个估计结果的可靠程度，所以区间估计是比较科学的。

用样本指标来估计总体指标，要达到 100%的准确而没有任何误差，几乎是不可能的，所以在估计总体指标时就必须同时考虑估计误差的大小。从人们的主观愿望上看，总是希望花较少的钱取得较好的效果，也就是说希望调查费用和调查误差越小越好。但是，在其他条件不变的情况下，缩小抽样误差就意味着增加调查费用，它们是一对矛盾。因此，在进行抽样调查时，应该根据研究目的和任务以及研究对象的标志变异程度，科学确定允许的误差范围。

根据公式（7-20）和公式（7-21）可以得到：

$$\bar{X} - \Delta_{\bar{x}} \leqslant \bar{x} \leqslant \bar{X} + \Delta_{\bar{x}}$$

$$P - \Delta_p \leqslant p \leqslant P + \Delta_p$$

由于 $\Delta_{\bar{x}}$ 和 Δ_p 是预先给定的抽样方案中所允许的误差范围，所以利用 $\Delta_{\bar{x}}$ 和 Δ_p 可以反过来估计未知的总体指标的取值可能的范围。可得：

$$\bar{x} - \Delta_{\bar{x}} \leqslant \bar{X} \leqslant \bar{x} + \Delta_{\bar{x}} \tag{7-24}$$

$$p - \Delta_p \leqslant P \leqslant p + \Delta_p \tag{7-25}$$

公式（7-24）表示总体平均数 $\bar{X}$ 是以样本平均数 $\bar{x}$ 为中心，在 $\bar{x} - \Delta_{\bar{x}}$ 和 $\bar{x} + \Delta_{\bar{x}}$ 之间变动，区间 $(\bar{x} - \Delta_{\bar{x}}, \bar{x} + \Delta_{\bar{x}})$ 为总体平均数的置信区间；公式（7-25）表示被估计的总体成数是以样本成数 p 为中心，在 $p - \Delta_p$ 和 $p + \Delta_p$ 之间变动，区间 $(p - \Delta_p, p + \Delta_p)$ 为总体成数的置信区间。

【例 7-5】某企业对某批电子元件进行检验，随机抽取 100 只，测得平均耐用时间为 1000 小时，标准差为 50 小时，合格率为 94%，求：

（1）以耐用时间的允许误差范围 $\Delta_{\bar{x}} = 10$ 小时，估计该批产品平均耐用时间的区间及其概率保证程度。

（2）以合格率估计的误差范围不超过 2.38%，估计该批产品合格率的区间及其概率保证程度。

（3）试以 95%的概率保证程度，对该批产品的平均耐用时间做出区间估计。

（4）试以 95%的概率保证程度，对该批产品的合格率做出区间估计。

解：（1）的计算步骤：

① 求样本指标：

$$\bar{x}=1000 小时 \qquad \sigma=50(小时)$$

$$\mu_{\bar{x}}=\frac{\sigma}{\sqrt{n}}=\frac{50}{\sqrt{100}}=5(小时)$$

② 根据给定的 $\Delta_{\bar{x}}=10$ 小时，计算总体平均数的上、下限：

下限 $\bar{x}-\Delta_{\bar{x}}=1000-10=990(小时)$

上限 $\bar{x}+\Delta_{\bar{x}}=1000+10=1010(小时)$

③ 根据 $t=\dfrac{\Delta_{\bar{x}}}{\mu_{\bar{x}}}=\dfrac{10}{5}=2$，查概率表得 $F(t)=95.45\%$

由以上计算结果，估计该批产品的平均耐用时间在 990~1010 小时之间，有 95.45% 的概率保证程度。

求（2）的计算步骤：

① 求样本指标：

$$p=94\%$$

$$\mu_{p}=\sqrt{\frac{p(1-p)}{n}}=\sqrt{\frac{0.0564}{100}}=2.38\%$$

② 根据给定的 $\Delta_{p}=2.38\%$，求总体合格率的上、下限：

下限 $p-\Delta_{p}=94\%-2.38\%=91.62\%$

上限 $p+\Delta_{p}=94\%+2.38\%=96.38\%$

③ 根据 $t=\dfrac{\Delta_{\bar{x}}}{\mu_{x}}=\dfrac{2.38\%}{2.38\%}=1$，查概率表得 $F(t)=68.27\%$

由以上计算结果，估计该批产品的合格率在 91.62%~96.38% 之间，有 68.27% 的概率保证程度。

求（3）的计算步骤：

① 求样本指标：

$$\bar{x}=1000 小时 \qquad \sigma=50(小时)$$

$$\mu_{\bar{x}}=\frac{\sigma}{\sqrt{n}}=\frac{50}{\sqrt{100}}=5(小时)$$

② 根据给定的 $F(t)=95\%$，查概率表得 $t=1.96$。

③ 根据 $\Delta_{\bar{x}}=t\mu_{\bar{x}}=1.96\times5=9.8$，计算总体平均耐用时间的上、下限：

下限 $\bar{x}-\Delta_{\bar{x}}=1000-9.8=990.2(小时)$

上限 $\bar{x}+\Delta_{\bar{x}}=1000+9.8=1009.8(小时)$

所以，以 95% 的概率保证程度估计该批产品的平均耐用时间在 990.2~1009.8 小时之间。

求（4）的计算步骤：

① 求样本指标：

$$p=94\%$$

$$\sigma_{p}^{2}=p(1-p)=0.94\times0.06=0.0564$$

$$\mu_p=\sqrt{\frac{p(1-p)}{n}}=2.37\%$$

$$\Delta_p=t\mu_p=1.96\times2.37\%=4.6\%$$

② 下限 $p-\Delta_p=94\%-4.6\%=89.4\%$

上限 $p+\Delta_p=94\%+4.6\%=98.6\%$

所以，以 95%的概率保证程度估计该批产品的合格率在 89.4%~98.6%之间。

7.3 样本容量的确定

选择一个合理的样本容量是一个很重要的问题。本节主要介绍样本容量的概念、影响因素以及样本容量的计算。

7.3.1 样本容量的概念

在抽样调查时，应当确定一个适当的样本容量，也就是抽取多大的样本来估计总体参数。样本的容量越大，抽样误差就越小，但是样本容量越大，成本就越高；样本容量过小，使得抽样误差增大。

7.3.2 影响样本容量的因素

（1）总体各单位标志值的差异程度。在其他条件不变的情况下，总体各单位标志值的差异度越大，样本对总体的代表性就越小，就需要更大的样本容量；总体各单位标志值的差异度越小，样本对总体的代表性就越大，就需要小一些的样本容量。

（2）抽样极限误差的大小。在其他条件不变的情况下，要求的抽样误差越小，则需要的样本容量越大，反之亦然。对于重复抽样而言，在其他条件不变的情况下，误差范围缩小 $\frac{1}{2}$，则样本容量必须增加 4 倍；而误差范围扩大 1 倍，则样本容量只需原来的 $\frac{1}{4}$。

（3）抽样推断的置信度。抽样推断要求的置信度越高，则需要的样本容量越大，如果要求的置信度越低，则需要的样本容量则可以小一些。

7.3.3 样本容量的计算

（1）推断总体均值时样本容量的确定

重复抽样时：

$$\because\Delta_{\bar{x}}=t\mu_{\bar{x}}=t\sqrt{\frac{\sigma^2}{n}}$$

$$\therefore n = \frac{t^2\sigma^2}{\Delta_{\bar{x}}^2} \tag{7-26}$$

不重复抽样时：

$$\because \Delta_{\bar{x}} = t\mu_{\bar{x}} = t\sqrt{\frac{\sigma^2}{n}(1-\frac{n}{N})}$$

$$\therefore n = \frac{Nt^2\sigma^2}{N\Delta_{\bar{x}}^2 + t^2\sigma^2} \tag{7-27}$$

（2）推断总体成数时样本容量的确定

① 重复抽样时：

$$\because \Delta_p = t\sqrt{\frac{P(1-P)}{n}}$$

$$\therefore n = \frac{t^2P(1-P)}{\Delta_p^2} \tag{7-28}$$

② 不重复抽样时：

$$\because \Delta_p = t\sqrt{\frac{P(1-P)}{n}(1-\frac{n}{N})}$$

$$\therefore n = \frac{Nt^2P(1-P)}{N\Delta_p^2 + t^2P(1-P)} \tag{7-29}$$

【例 7-6】某校有 5000 名学生参加全国英语四级考试，根据往年情况，成绩的标准差为 20 分，及格率为 75%，要求在 95.54% 的概率保证下，平均成绩的极限误差不超过 2 分，四级考试及格率的极限误差不超过 5%，在重复抽样条件下，问至少要抽取多少名学生进行成绩调查？

解：题意可知，$N = 5000$，$\sigma = 20$，$P = 75\%$，$\Delta_{\bar{x}} = 2$，$\Delta_p = 5\%$，$F(t) = 0.9545$

由 $F(t) = 0.9545$ 可知 $t = 2$

重复抽样条件下，均值的样本容量为

$$n = \frac{t^2\sigma^2}{\Delta_{\bar{x}}^2} = \frac{2^2 \times 20^2}{2^2} = 400 \text{（名）}$$

成数的样本容量为

$$n = \frac{t^2P(1-P)}{\Delta_p^2} = \frac{2^2 \times 0.75 \times (1-0.75)}{0.05^2} = 300 \text{（名）}$$

计算结果表明：在重复抽样下，了解学生平均成绩需抽取 400 名学生，了解学生及格率时需抽取 300 名学生，而在一次抽样中，若两个样本指标的样本容量不同，应取样本容量较大的才能同时满足要求，即应抽取 400 名学生调查。

7.3.4 样本容量计算时应注意的问题

（1）计算得到的样本容量如果是小数时，一般是取整，小数是只进不舍，而不是通常的四舍五入的方法。

（2）在相同条件下，不重复抽样需要的样本容量要比重复抽样的样本容量要小。在实际工作中，一般 N 比较大时，两个公式的计算的结果相差不大，所以计算一般使用重复抽样的公式以简化计算。

（3）对于同一总体既要进行样本平均数的推断，又要进行样本成数的推断时，应采用较大的样本容量，使之同时满足两个指标的抽样要求。

练习题

一、判断题

1. 随机抽样就是随意抽样。（　　）

2. 某企业在调查本厂的产品质量时，有意把管理较差的某车间的产品不算在内。这种做法必将导致系统性偏差。（　　）

3. 重复抽样误差一定大于不重复抽样误差。（　　）

4. 当总体单位数很大时，重复抽样和不重复抽样计算的抽样平均误差相差无几。（　　）

5. 同等样本容量条件下，若增加抽样估计的误差，则估计的可靠性也将会下降。（　　）

二、单选题

1. 抽样推断的主要目的在于（　　）。

    A. 计算和控制误差　　　　　　B. 了解总体单位情况

    C. 用样本来推断总体　　　　　D. 对调查单位作深入的研究

2. 抽样推断所必须遵循的基本原则是（　　）。

    A. 随意原则　　　　B. 可比性原则　　　　C. 准确性原则　　　　D. 随机原则

3. 下列属于抽样推断的事项有（　　）。

    A. 为了测定车间的工时损失，对车间的每三班工人中的第一班工人进行调查

    B. 为了解某大学生食堂卫生状况，对该校的一个食堂进行了调查

    C. 对某城市居民 1% 的家庭调查，以便研究该城市居民的消费水平

    D. 对某公司三个分厂中的第一个分厂进行调查，了解该工厂的能源利用效果

4. 在抽样推断中，样本的容量（　　）。

    A. 越多越好　　　　　　　　　B. 越少越好

    C. 由统一的抽样比例决定　　　D. 取决于抽样推断可靠性的要求

5. 已知总体成数 $P = 0.8$，则总体方差为（　　）。

    A. 0.24　　　　　　　　　　　B. 0.25

    C. 0.36　　　　　　　　　　　D. 0.16

6. 在重复抽样条件下，样本平均数的抽样平均误差公式为（　　）。

    A. $\mu_{\bar{x}} = \dfrac{\sigma^2}{\sqrt{n}}$　　　　B. $\mu_{\bar{x}} = \sqrt{\dfrac{\sigma}{n}}$　　　　C. $\mu_{\bar{x}} = \dfrac{\sigma}{\sqrt{n}}$　　　　D. $\mu_{\bar{x}} = \dfrac{\sigma^2}{n}$

三、多选题

1. 常见的抽样组织形式有（　　　）。

   A. 简单随机抽样 　　　 B. 分层抽样 　　　 C. 等距抽样

   D. 整群抽样 　　　 E. 重复抽样

2. 以下关于抽样推断说法正确的是（　　　）。

   A. 抽样推断属于非全面调查的一种

   B. 按照随机原则从总体中抽取样本单位

   C. 抽样推断是用样本的指标数值去推断总体的指标数值

   D. 抽样误差是可以事先计算并控制的

   E. 重点调查也是属于抽样推断的一种

3. 影响抽样平均误差大小的因素有（　　　）。

   A. 总体标志的变异程度 　　　 B. 样本容量 n 的多少

   C. 总体单位数的多少 　　　 D. 样本标志的变异程度

   E. 抽样方法的选择

4. 抽样推断中的抽样误差（　　　）。

   A. 是不可避免要产生的 　　　 B. 是可以通过改进调查方法来消除的

   C. 是可以事先计算出来的 　　　 D. 只能在调查结束后才能计算

   E. 其大小是可以控制的

四、计算题

1. 某企业生产一批灯泡 10 000 只，随机抽取 400 只做耐用时间试验和合格检验，测算结果，平均使用时间为 2 000 小时，标准差 12 小时，其中有 80 只不合格，计算平均使用时间和合格率的抽样平均误差，若以 95.45% 的可靠性，计算抽样极限误差。

2. 在 500 个抽样产品中，有 95% 的合格品，试计算合格率的抽样平均误差，并用 95.45%（$t=2$）的概率保证程度对全部产品中的合格率做出区间估计（百分数保留二位小数）。

3. 从过去调查资料显示，甲产品的重量标准差不超过 2 克，要求极限误差不超过 0.2 克，可靠程度 95.45%，确定重复抽样的样本容量；甲产品的合格率为 90%。合格率抽样误差不超过 3%，在 95.45% 的可靠程度下，确定重复抽样的样本容量。

项目总结

---

1. 抽样推断的概念：是按照随机性的原则，从研究对象中抽取一部分进行观察，并根据所得到的观察数据，对研究对象的数量特征做出具有一定可靠程度的估计和推断，以达到认识总体的一种统计方法。

2. 总体指标的概念：根据总体各个单位的标志值或标志特征计算的、反映总体某种属性的综合指标。样本指标的概念：根据样本各个单位的标志值或标志特征所计算的指标。

3. 抽样按抽取样本方法分为重复抽样和不重复抽样。按抽样组织形式分为：简单随机抽样、分层抽样、等距抽样和整群抽样。抽样误差有两类：登记性误差和代表性误差。代表性误差又可以分为系统性误差和随机误差。

4. 抽样平均误差指所有可能出现的样本指标与总体指标之间的平均离差，用以反映抽样误差的一般水平。影响抽样误差的因素：总体标志的变异程度，样本容量 n 的多少，抽样方法的选择。

5. 抽样极限误差，又称置信区间和抽样允许误差范围，是指在一定的把握程度 P 下保证样本指标与总体指标之间的抽样误差不超过某一给定的最大可能范围，记作 Δ。

6. 总体指标的推断有点估计和区间估计两种方法。区间估计就是以一定的概率保证估计包含总体参数的一个值域，即根据样本指标和抽样平均误差推断总体指标的可能范围。它包括两部分内容：一是这一可能范围的大小；二是总体指标落在这个可能范围内的概率。

7. 影响样本容量的因素：总体各单位标志值的差异程度，抽样极限误差的大小，抽样推断的置信度。

技能训练

某地有储户 4 万户，采用不重复随机抽样从中抽出 9% 的储户调查，资料如表 7-2 所示。

表 7-2　　　　　　　　　某地储户调查资料表

存款（千元）	户　数	其中工人户
400	900	360
500	1800	720
600	900	180

试在 95.45% 的概率保证条件下，估计：

（1）4 万户储户平均存款的可能范围。

（2）4 万户储户中工人户比重的可能范围（结果留两位小数）。

项目八

相关分析与回归分析法

学习目标

相关回归分析是较常用的统计分析方法,它主要是从数量上研究现象之间的相互联系的方法。本任务的学习目标主要是:

- ◆ 正确理解函数关系、相关关系及回归分析的概念与区别
- ◆ 明确相关分析与回归分析的特点及它们之间的关系
- ◆ 熟练掌握一元线性回归方程的模型的建立及其运用
- ◆ 熟悉掌握相关分析的方法
- ◆ 能对社会经济现象的依存关系进行合理的判断分析及预测

案例导入

英国著名生物学家兼统计学家高尔顿(F.Galton)在研究人类遗传问题时,为了研究父代与子代身高的关系,高尔顿搜集了 1078 对父亲及其儿子的身高数据。他发现了这样一个事实:总的趋势是父亲的身高增加时,儿子的身高也倾向于增加。但是,通过对实验数据进行的分析,高尔顿发现了一个很有趣的现象:当父亲的身高高于平均身高时,他们儿子的身高比他们更高的概率要小于比他们更矮的概率;父亲矮于平均身高时,他们儿子的身高比他们更矮的概率要小于比他们更高的概率。这反应了一个规律,即这两种身高的父亲的儿子,身高有向他们父辈的平均身高发展的趋势。对于这个一般结论的解释是:大自然具有一种约束力,使人类身高分布相对稳定而不产生两极分化,这就是所谓回归效应。

高尔顿无论是在进行人类学测量、实验心理学研究,还是进行遗传优生的研究中,都充分依赖于数据分析,进行了大量的计算和统计工作。

同学们:在经济高速发展的今天,企业的经营正朝着精细化发展,小到一个产品广告设计,大到企业的战略决策无不渗透着定量分析工具的应用。

在社会经济现象和自然现象中，事物之间的关系是错综复杂的，彼此之间相互影响、相互依赖。例如。商品的销售额与其价格的关系；产品产量与其单位产品原材料消耗量的关系；销售量与广告费之间存在密切的关系。本任务所要讨论的回归分析和相关分析就是探讨这种关系的规律的一种分析方法。相关与回归分析是处理变量数据之间相关关系的一种统计方法。通过相关分析，可以判断两个或两个以上的变量之间是否存在相关关系、相关关系的方向、形态及相关关系的密切程度；回归分析是对具有相关关系现象间数量变化的规律性进行测定，确立一个回归方程式，来寻求变量之间关系的性质并进行预测。那就让我们一起来学习这方面的知识。

8.1 | 相关分析的意义和内容

8.1.1 相关关系的含义

在自然界和社会经济活动中，存在着无数不同的事物和现象，这些事物和现象之间直接或间接地彼此联系着，每一事物和现象的存在和发展都与其周围的事物和现象的存在和发展相联系，并为之所影响和制约。这种联系往往表现为数量上的依存关系，也就是说，当某些事物或现象的数量发生了变动，必然要影响到另一有联系的事物或现象的数量也发生相应的变动，这种关系通常叫作变量关系。在大量的变量依存关系中，存在着两种不同的类型：函数关系和相关关系。

（1）函数关系

函数关系是指变量之间存在的一种完全确定性的一一对应关系，在这种关系中，对于某一变量的一个数值，都有另一变量的唯一确定的值与之对应。客观世界的各种现象之间，特别是在自然界，广泛存在着函数关系。如圆面积对半径的依存关系就可以用个确定的公式反映出来：$S = \pi R^2$，这里 π 是常数，面积 S 完全由半径 R 来确定，即给定 R 一个值，面积 S 就有唯一确定的值与之相对应，它们之间是确定性的函数关系。

（2）相关关系

相关关系是指变量之间的一种不完全确定的关系，即对于某一变量的每一个数值，另一变量有若干个数值与之相适应。如：身高 1.75 米的人可以表现为许多不同的体重；再如，施肥量与亩产之间，一定的施肥量，其亩产数值可能各不相同。之所以发生这种情况，是因为体重、亩产受很多因素的影响。但是很明显施肥量与亩产量之间、身高与体重之间的关系是非常密切的。在各种经济活动和生产过程中，许多经济的、技术的因素之间都存在着这种相关关系。分析这种关系的内在联系和表现形式是统计研究的一项重要任务。

在相关关系中，相互联系的现象之间通常存在着一定的因果关系，这时就把其中起着影响作用的变量叫作自变量（用 x 来表示），由于受到自变量影响而发生变动的变量叫作因变量（用 y

来表示）。如上例中，施肥量是自变量，亩产量是因变量。对于互为因果或分不清因果关系的变量，可根据研究一个定为自变量，另一个为因变量。例如，为了研究在一定工业总产值消耗多少电，就可以把工业总产值看作自变量，把耗电量看作因变量。

☞ **知识链接**

相关关系与其他关系的区别与联系

相关关系和函数关系有区别。函数关系是指两个变量之间存在着相互依存关系，但是它们的关系值是固定的，而具有相关关系的变量之间关系值是不固定的。相关关系与函数关系也是有联系的，由于有观察或测量误差等原因，函数关系在实质中往往是通过相关关系表现出来；另外，相关关系也具有某种变动规律性，所以，相关关系经常可以用一定的函数形式去近似地描述。

相关关系的因果关系也有区别。从相关关系的内容来讲，有许多是由于因果关系而产生的，如施肥量和亩产量，劳动生产率和成本等，但它也包括互为因果的关系。如身高和体重，生产量和销售量。同时它还包括非直接的因果关系。如：哥哥高，妹妹也高，这产生于同一原因，父母亲的身材比较高。所以相关关系比因果关系的概念要广泛。但是这种关系必须是客观存在的真实的关系。

8.1.2 相关关系的类型

由于自然现象与社会经济现象之间联系的复杂性，它们的相关关系可以表现为各种不同的形式和类型。我们要把握和研究相关关系，有必要对其进分类。

（1）按变量之间相关因素的多少分

按变量之间的相关因素的多少分，有单相关和复相关。

单相关是指研究变量之间的相关关系时，只涉及两个变量；即一个自变量和一个因变量。如只研究生产设备能力这一因素对劳动生产率的影响。

复相关是指研究变量之间的相关关系时，涉及三个或三个以上的变量，即两个或两个以上自变量和一个因变量。如同时研究生产设备能力、工人出勤率两个因素对劳动生产率的影响，即为复相关。可见，单相关是复相关的基础。

（2）按变量之间相关关系的方向分

按变量之间相关关系的方向分，有正相关和负相关。

所谓正相关，就是当自变量（X）的数值增加或减少时，因变量（y）的数值也随之增加或减少。相关的两个变量之间变动的方向完全一致。如生产设备能力增加，劳动生产率也随之提高；工商税额增加，财政收入也随之增加；单位产品原材料消耗量减少，单位产品的成本也随之降低。

所谓负相关，是指当自变量（x）的数值由小变大不断增加时，（y）的数值却由大变小、不断减少，相关的两个变量之间变动的方向完全相反。如劳动生产率提高，单位产品成本随之降低；商品价格降低，则销售量随之上升等。

（3）按变量之间相关关系的表现形式分

按变量之间相关关系的表现形式分，有直线相关和曲线相关。

如果自变量的数值变动一个单位量，因变量的数值随之发生大致均等的变动，从平面图形上看，这种相关关系近似地表现为一条直线形式，就称为直线相关，又称线性相关。

如果自变量的数值变动一个单位量，因变量的数值随之发生变动，但变动量大致不均等，从平面图形上看，这种相关关系近似地表现为各种不同的曲线形式，就称之为曲线相关，又称非线性相关。

（4）按变量之间相关的程度分

按变量之间相关的程度分，有完全相关、不相关和不完全相关。

完全相关是指变量之间具有完全确定性的关系，这是相关关系的特例，实际上就是函数关系。

不相关是指变量之间没有任何关系，且是各自独立、互不影响的。

不完全相关是介于完全相关与不相关之间，是相关分析所研究的重要对象。

现象之间最简单的相关关系是两变量的直线相关。

8.1.3　相关关系分析的内容

对现象之间变量关系的研究，统计是从两方面进行的。一方面，运用相关表、相关图及相关系数对变量之间相关关系的类型及密切程度进行测定，称为相关分析。另一方面，运用相应的函数关系式来描述各变量之间的变动关系，并根据这一函数关系式和给定的自变量 x 来估计因变量的值 y，这种统计分析方法称为回归分析。相关——回归分析的目的是对相关的密切程度和变化的规律性在数量上加以表现，进而得以进行各种推算和预测。相关与回归分析的主要内容如下：

（1）相关分析

通过相关分析，确定现象之间有无关系及相关关系的表现形式。

① 确定现象之间相关关系的类型

相关分析的研究对象是现象之间的相关关系。而现象之间有无关系是个定性认识的问题，所以进行相关分析之前，首先要根据经济理论、专业知识和实践经验对被研究对象进行定性判断。

当确认现象之间具有相关关系时，才能运用相关分析方法进行定量分析。为了验证定性判断是否正确，还要运用大量的实际资料，通过编制相关表、绘制相关图及计算相关系数对被研究现象是否真正存在相关关系，以及相关关系的形式做出进一步的判断。

② 测定现象之间相关关系的密切程度

由于相关关系是一种不严格的数量关系，它们的关系有的不大密切，有的比较密切。所以相关分析的一个重要内容，就是要从现象之间不严格的数量关系中想办法来判断它们之间相关关系的密切程度，只有相关关系的密切程度达到一定的标准，对其进行研究才具有实际意义。判断相关关系密切程度的主要方法是计算相关系数或相关指数。相关图表能帮助我们做出一般性的判断，相关系数能从数量上明确说明直线相关关系的密切程度与方向，要确定曲线相关关系的密切程度则需要计算相关指数。

(2) 回归分析

通过回归分析，说明现象变量之间的数量影响关系。

① 建立相关变量之间的一般关系的数学表达式（即回归方程）

如果相关的程度高，就需要进行回归分析，即建立相关变量之间的一般关系的数学表达式。如果现象之间表现为直线相关，采用配合直线方程的方法；如果表现为曲线相关，就采用配合曲线方程的方法。所配合的方程称为回归方程式，它是进行判断、推算和预测的依据。

② 对因变量估计值的可靠程度进行检验

根据回归方程，可以给出自变量的若干数值，求得因变量的相应的估计值。估计值与实际值之间存在误差的，确定因变量估计值误差大小的指标叫作回归误差。回归误差越小，则因变量估计值的可靠程度越高；反之，因变量估计值的可靠程度越低。

练习题

一、判断题

1. 正相关指的是因素标志和结果标志的数量变动方向都是上升的。（　　　）

2. 相关系数和函数关系都属于完全确定性的依存关系。（　　　）

3. 变量之间的相关关系更多的表现为完全相关。（　　　）

二、单选题

1. 当自变量的数值确定后，因变量的数值也随之完全确定，这种关系属于（　　　）。

 A. 相关关系　　　　B. 函数关系　　　　C. 回归关系　　　　D. 随机关系

2. 现象之间的相互关系可以归纳为两种类型，即（　　　）。

 A. 相关关系和函数关系　　　　　　B. 相关关系和因果关系

 C. 相关关系和随机关系　　　　　　D. 函数关系和因果关系

3. 具有因果关系的现象（　　　）。

 A. 必然具有函数关系　　　　　　　B. 必然具有相关关系

C. 必然具有线形相关关系　　　　D. 必然具有非线形相关关系

三、多选题

1. 下列属于正相关的是（　　　）。

　A. 家庭收入越多，其消费支出也越多

　B. 某产品产量随工人劳动生产率的提高而增加

　C. 流通费用率随商品销售额的增加而减少

　D. 生产单位产品所耗工时随劳动生产率的提高而减少

　E. 产品产量随生产用固定资产价值的减少而减少

2. 下列现象属于相关关系的是（　　　）。

　A. 家庭收入与支出的关系

　B. 圆的半径与圆的面积的关系

　C. 产品产量与单位成本的关系

　D. 施肥量与粮食单位面积产量的关系

　E. 机械化程度与农业劳动力的关系

8.2 相关关系的测定

　　直线相关分析是相关分析法中的最基本的方法，同时又是最简单的方法。在统计学中，对现象的数量之间是否存在直线相关关系、相关关系的密切程度如何，可以通过制作相关图表或计算相关系数来实现。

8.2.1 相关表和相关图

　　对两个现象变量作相关分析时，首先必须取得一系列的成对的统计资料。这是相关分析的原始数据。根据资料是否经过分组，相关表可以分为简单相关表与分组相关表。

　　简单相关表是指根据总体单位的原始资料，将其中一个变量的数值按一定的顺序排列，同时列出与之对应的另一个变量的变量值而形成的表格。例如，研究棉纱产量与单位成本之间的关系，搜集数据排列形成表 8-1 就是简单相关表。

表 8-1　　　　　　　　某种棉纱产量与单位成本之间的关系

月　份	产量（吨）	单位成本（千元/吨）
1	97	7.2
2	100	7
3	103	6.9
4	109	6.7
5	110	6.5

续表

月　　份	产量（吨）	单位成本（千元/吨）
6	115	6.5
7	108	7.2
8	106	7.2
9	114	6.8
10	118	6.8

从上述相关表可以看出，随着棉纱产量的增加，其单位成本有减少的趋势。

相关图也称散点图，是根据原始数据，在直角坐标中绘制出两个变量相对应的观察值的所有点，从这些点的分布情况观察分析两个变量间的关系，这个图称为相关图。该图表明相关点分布状况，如将上表的资料画在一坐标系中，以 x 轴代表产量，y 轴代表单位成本，各点的分布状况如图，即散点图（相关图）。

从上图中 10 个点的分布情况看，产量越大单位成本越低，点的分布接近一直条线，该直线是从左上角至右下角，即变量之间呈负相关，另外，从图中还可以看出，各点是比较密集的，说明这两个变量之间的相关关系是比较密切的。

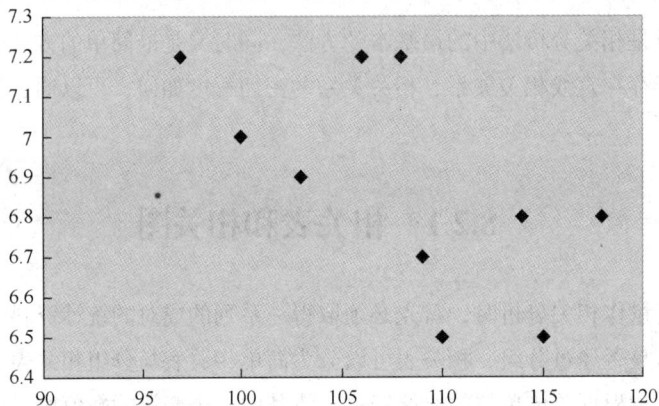

分组相关表和相关图

当相关资料包括的对应数值很多时，直接根据两变量各原始值编制相关表、绘制相关图进而计算各相关指标，工作量很大，且相关表会很长，也不方便，相关图也不好绘制，在这种情况下，可编制分组相关表或绘制分组相关图。

分组相关表是指将原始资料按某一变量的变量值进行统计分组，并计算相对应的变量值的平均数以后整理形成的表格。例如，为研究耕作深度与亩产量的关系，分别搜集了 30 块地的耕作深度与亩产量的数据，共 60 个数据值。由于数据多，所以把 30 块地按耕作深度分组，形成成分组相关表如表 8-2 所示。

表 8-2	某乡某农作物耕作深度与平均亩产量分组资料	
耕作深度（厘米）	田块数（块）	平均亩产量（公斤/亩）
8	4	427
10	5	498
12	9	568
14	7	631
16	4	683
18	1	734
合计	30	—

分组相关表更能清晰地反映两变量之间相关关系的存在。从分组相关表中可以看出，耕作深度每增加 2 厘米，平均亩产量增加大致均等的量（即 60 公斤左右），由此可以初步判断耕作深度与亩产量之间存在直线正相关关系。

8.2.2 相关系数

相关图表可以帮助我们直观地看出所观察的两个现象的数量变动之间是否存在直线相关关系和相关方向。但是，无法说明两个现象在数量上相关程度的高低。要从量上测量相关的密切程度，只能借助于相关系数。

相关系数是研究和判断两个现象之间线性相关密切程度大小的一个统计分析指标。通常用 r 来表示。

相关系数的最简单的一种计算方法是积差法，它是用两个变量的协方差与其标准差的乘积之比来计算的。其计算公式如下：

$$r = \frac{\sigma^2 xy}{\sigma_x \sigma_y} = \frac{\sum (x - \overline{x})(y - \overline{y})}{\sum (x - \overline{x})^2 \sum (y - \overline{y})^2} \qquad (8-1)$$

从上式可以看到，相关系数的性质表现为：（1）取值范围是在-1 和+1 之间，即-1≤r≤+1；（2）r>0 为正相关，r<0 则为负相关；（3）r 的绝对值越接近于 1，表示相关关系越强，越接近于 0，表示相关关系越弱；（4）|r|=1，则表明两个变量完全相关，r=0，则表明两个变量不存在直线相关关系。

在实际分析时，我们通常采用以下标准，判别现象之间相关的密切程度。

$|r| < 0.3$	微弱相关
$0.3 \leq |r| < 0.5$	低度相关
$0.5 \leq |r| < 0.8$	显著相关
$0.8 \leq |r| < 1$	高度相关

由于运用积差法公式，要计算两个数列的平均数，再求离差平方，是很复杂的，而且平均数往往是除不尽的小数，容易影响计算数字的准确性。为了解决这个问题，可以将上述公式简化为不用平均数而直接运用原始资料的简捷法计算公式。

$$r = \frac{n\sum xy - (\sum x)(\sum y)}{\sqrt{n\sum x^2 - (\sum x)^2}\sqrt{n\sum y^2 - (\sum y)^2}} = b\frac{\sigma_x}{\sigma_y} \qquad (8\text{-}2)$$

运用这个简捷法公式计算相关系数，只需要计算自变量平方（x^2），因变量平方（y^2）和自变量与因变量的乘积（xy）等三项资料，整个计算过程就比较简捷而且准确了。现以表 8-3 的资料为例来计算和分析某工业局所属的 10 个企业的生产设备能力（千瓦）与劳动生产率（万元／人）之间的相关程度。

表 8-3　　　　　　　　　　　　简便方法相关系数计算表

企业	生产设备能力（千瓦）x	劳动生产率（万元/人）y	x^2	y^2	xy
1	1.8	0.5	3.24	0.25	0.90
2	2.3	0.8	5.29	0.64	1.84
3	3.4	0.9	11.56	0.81	3.06
4	4.5	0.9	20.25	0.81	4.05
5	5.9	1.2	34.81	1.44	7.08
6	6.0	1.5	36.00	2.25	9.00
7	7.6	1.4	57.76	1.96	10.64
8	7.8	1.6	60.86	2.56	12.48
9	8.2	1.8	67.24	3.24	14.76
10	9.8	2.2	96.04	4.84	21.56
合计	57.3	12.8	393.03	18.8	85.37

$$r = \frac{n\sum xy - (\sum x)(\sum y)}{\sqrt{n\sum x^2 - (\sum x)^2}\sqrt{n\sum y^2 - (\sum y)^2}}$$

$$= \frac{10 \times 85.37 - 57.3 \times 12.8}{\sqrt{10 \times 393.03 - 57.3^2}\sqrt{10 \times 18.8 - 12.8^2}} = \frac{120.26}{\sqrt{647.01}\sqrt{24.16}} \approx 0.961$$

根据相关密切程度判断标准，因为相关系数等于 0.961，所以可知生产设备能力（千瓦）与劳动生产率（万元／人）之间存在高度直线正相关关系。

练习题

一、判断题

1. 只有当相关系数接近+1 时，才能说明两变量之间存在高度相关关系。（　　　）

2. 在任何相关条件下，都可以用相关系数说明变量之间相关的密切程度。（　　　）

3. 相关系数有正负、有大小，因而它反映的是两现象之间具体的数量变动关系。（　　　）

二、单选题

1. 变量之间的相关程度越低，则相关系数的数值（   ）。

    A. 越小   B. 越接近于 0   C. 越接近于-1   D. 越接近于 1

2. 当 r =0.8 时，下列说法正确的是（   ）。

    A. 密集在一条直线的周围   B. 80%的点高度相关

    C. 其线形程度是 r =0.4 的两倍   D. 两变量高度正线形相关

3. 下列关系中属于负相关的有（   ）。

    A. 总成本与原材料消耗量   B. 合理范围内的施肥量与农产量

    C. 居民收入与消费支出   D. 产量与单位产品成本

4. 某研究人员发现，举重运动员的体重与他能举起的重量之间的相关系数为 0.6，则（   ）。

    A. 体重越重，运动员平均能举起的重量越多

    B. 平均来说，运动员能举起其体重 60%的重量

    C. 如果运动员体重增加 10 公斤，则可多举 6 公斤的重量

    D. 举重能力的 60%归因于其体重

5. 下列哪两个变量之间的相关程度高（   ）。

    A. 商品销售额和商品销量的相关系数是 0.9

    B. 商品销售额和商业利润率的相关系数是 0.84

    C. 平均流通费用率和商业利润率的相关系数是-0.94

    D. 商品销售价格与销量的相关系数是-0.91

三、多选题

1. 一个由 100 人组成的 25～64 岁男子的样本，测得其身高与体重的相关系数 r 为 0.4671，则下列选项正确的有（   ）。

    A. 较高的男子趋于较重   B. 身高与体重存在显著正相关

    C. 体重较重的男子趋于较高   D. 身高与体重存在低度正相关

    E. 46%的较高的男子趋于较重

2. 收入水平与受教育程度之间的相关系数 r 为 0.6314，这种相关属于（   ）。

    A. 单相关   B. 复相关

    C. 高度相关   D. 正相关

    E. 显著相关

3. 机床的使用年限与维修费用之间的相关系数 0.7213，合理范围内施肥量与粮食亩产量之间的相关系数是 0.8521，商品价格与需求量之间的相关系数是-0.9345，则（   ）。

    A. 商品价格与需求量之间的线形相关性最低

    B. 商品价格与需求量之间的线形相关性最高

    C. 施肥量与粮食亩产量之间的线形相关性最高

    D. 施肥量与粮食亩产量之间的线形相关性最低

    E. 机床的使用年限与维修费用之间的线形相关性最低

四、计算题

检查五位同学统计学的学习时间与成绩分数资料如表 8-4 所示。

表 8–4 五位同学统计学的学习时间与成绩分数

学习时数（小时）	学习成绩（分）
4	40
6	60
7	50
10	70
13	90

根据资料计算学习时数与学习成绩之间的相关系数；说明两变量相关的方向和程度。

8.3 一元线性回归分析

8.3.1 回归分析的意义

在相关分析中，通过定性认识，并从相关表和相关图中看清了两变量 x 和 y 之间确实存在相关关系，而且通过相关系数的计算知道了它们之间的密切程度。但是，还不能说明两个变量之间存在的数量比例。当给自变量某一个值时，不可能根据相关系数来估计或预计出因变量可能发生的数值。例如，表 8-3 的计算结果，得出生产设备能力（千瓦）与劳动生产率（万元／人）之间的存在高度直线相关关系也只能说生产设备能力的增加或减少一定会引起劳动生产率的提高或降低变化。但要问当生产设备能力达到 8.5 千瓦时，相应的劳动生产率大约为多少时，或者两者之间的数量关系，相关系数就无能为力。而要测定现象之间数量变化上的一般关系，通常使用的数学方法总称为回归分析法，回归分析能够解决相关系数不能解决的问题。

（1）回归分析的含义和种类

回归分析就是对具有相关关系的两个变量之间数量变化的一般关系进行测定，确定一个与之相应的数学表达式：（称为回归方程式），以便进行估计或预测的统计方法。

根据自变量的多少，回归分析分为简单回归分析和多元回归分析。简单回归分析是研究一个因变量与一个自变量之间的相关关系的回归分析；多元回归分析是研究一个因变量与多个自变量之间的相关关系的回归分析。根据相关关系的形式不同，又有线性回归分析与非线性回归分析之分。如果是研究一个因变量与一个自变量之间线性相关关系，就叫作一元（简单）线性回归分析；如果是研究一个因变量与多个自变量之间的线性相关关系，就叫作多元线性回归分析。本节主要介绍一元线性回归分析，它是最简单的，也是最基本的回归分析，是回归分析的基础。

（2）回归分析的特点

一元线性回归分析具有以下特点。

① 区分自变量和因变量。两个变量不是对等的，必须区分出自变量和因变量。如果是互为因果关系则根据研究的目的来确定因变量（y）与自变量（x）。

② 求回归方程。在没有明显的因果关系的两个变量 x 与 y 之间可以求得两个回归方程——y 依 x 的回归方程及 x 依 y 的回归方程。两个方程是互相独立的，不能互相替换。

③ 回归方程的作用。回归方程的主要作用在于给出自变量的数值来估计因变量的数值。一个回归方程只能做一种推算。

知识链接

回归分析与相关分析的区别与联系

一、回归分析与相关分析的区别

1. 相关关系是用来度量变量与变量之间关系的紧密程度的一种方法，在本质上只是对客观存在的关系的测度。回归分析是根据所拟合的回归方程研究自变量与因变量一般关系值的方法，可由已给定的自变量数值来推算因变量的数值，它具有推理的性质。

2. 在研究相关关系时，不需要确定哪个是自变量，哪个是因变量，但回归分析的首要问题就是确定哪个是自变量，哪个是因变量。

3. 现象之间的相关关系的研究，只能计算一个相关系数；而回归分析时回归系数可能有两个，也就是两现象互为因果关系时，可以确定两个独立回归方程，从而就有两个不同的回归系数。

二、回归分析与相关分析的联系

两者是相辅相成的，由相关分析法测定的变量之间相关的密切程度，对是否有必要进行回归分析以及进行回归分析意义的大小起着决定的作用，相关程度大，进行回归分析的意义也大，相关程度小，进行回归分析的意义就小，甚至没有必要进行回归分析。同时，相关系数还是检验回归系数的标准，回归分析的结果也可以推算相关系数。因此，相关分析与回归分析是相互补充密切联系的，相关分析需要回归分析来表明现象数量关系的具体形式，而回归分析则应建立在相关分析的基础上。

8.3.2　直线回归方程的建立与应用

从上例的相关系数的计算结果我们知道生产设备能力（千瓦）与劳动生产率（万元／人）之间存在着高度直线正相关关系。这时就可以利用数学模型中的直线方程来反映生产设备能力（千瓦）（x）与劳动生产率（万元／人）（y）之间的数量关系。

直线的一般方程为：$y=a+bx$，这个方程中的 y 值是 x 值的函数，是确定性关系，也就是说只要给定一个 x 值，y 值也就随之确定，但是前面已经讲过，具有相关关系的两个变量之间的数量关系是不严格的、非确定性的。要用上述直线方程来反映它们之间的数量关系，实际上就是用确定的函数关系来表达不确定的相关关系。所以方程中 x 值所对应的不是各个实际的 y 值，而是 y 的所有可能值的平均数，就是把一定范围内的其他因素的影响用计算平均数的方法消除以后，来反映 y 随 x 变动的规律性。为了区别，一般都用 yc 来代替 y 的估计值（也称回归理论值）。这样方程式应改写为：

$$y_c = a + bx$$

式中，y_c 表示因变量的估计值，x 为自变量的实际值；a、b 为待定参数。

这个方程就称为 y 依 x 的直线回归方程，这时就把非确定性的相关关系转化为确定性的函数关系了。其几何意义是：a 是直线方程的截距，b 是斜率。其经济意义是：a 是当 x 为零时 y 的估计值，b 是当 x 每变动一个单位时，y 平均变动的数量，b 也叫回归系数。回归系数 b 的符号与相关系数 r 的符号一致并且意义相同。当 b 的符号为正时，自变量和因变量同方向变动；当 b 的符号为负时，自变量和因变量反方向变动。回归系数 b 与相关系数 r 的区别是：相关系数 r 的取值范围是确定的，即 $-1\sim+1$ 之间，而回归系数 b 的取值并没有一个确定的范围，其大小是依据 y 的计量单位而确定。

配合回归直线的目的就是要求找到一条理想的直线，用直线上的点来代表所有的相关点。数理统计证明，用最小平方法配合的直线最理想，也最具有代表性。

最小平方法配合直线，就是要求实际值与回归值的离差平方和最小。其求 a、b 参数的方法同任务五中介绍的。

即：$b = \dfrac{n\sum xy - \sum x \sum y}{n\sum x^2 - (\sum x)^2}$

$$a = \overline{y} - b\overline{x} \tag{8-3}$$

现在我们仍用表 8-3 的资料来说明建立直线回归方程的步骤：

第一步，求解 a 和 b 两个参数。运用公式（8-3），计算如下：

$$b = \frac{n\sum xy - \sum x \sum y}{n\sum x^2 - (\sum x)^2} = \frac{10\times85.37 - 57.3\times12.8}{10\times393.03 - 57.3^2} = \frac{120.26}{647.01} \approx 0.186$$

$$a = \overline{y} - b\overline{x} = \frac{12.8}{10} - 0.186\times\frac{57.3}{10} \approx 0.214$$

第二步，将求出的 a、b 两个参数值代入直线回归方程，则得：

$$y_c = a + bx = 0.214 + 0.186x$$

这个方程就是表明某工业局所属的 10 个企业的生产设备能力变动，影响劳动生产率变动的直线回归方程。

式中，$a=0.214$ 万元／人是劳动生产率的起点值，在相关图上表现为 y 轴上 0.214（万元／人）处的一个点；$b=0.186$ 万元／人是回归系数，表示生产设备能力每增加 1 千瓦，劳动生产率的平均增加值。

运用上述建立的直线回归方程可以进行预测，即依据直线回归方程给定一个自变量，求相应的因变量的估计值。

如上例中，求当生产设备能力 $x=3$（千瓦）时，劳动生产率的估计值是多少？具体解法如下：

$$y_c = a + bx = 0.214 + 0.186x = 0.214 + 0.186 \times 3 = 0.772(万元 / 人)$$

回归分析的目的是要通过直线回归方程在所有的相关点中，配合一条直线来代表两个变量的一般关系值及其变动趋势。这条直线称为回归直线。意思是把分散的每对变量值的相关点，都回归到这条直线上来，所以回归直线是理论直线而不是实际直线。

8.3.3 回归标准误差

回归方程的一个重要作用在于根据自变量的已知值，推算因变量的估计值（理论值），这个估计值和真正的实际值可能一致，也可能不一致。因而，就产生估计值的代表性问题。当 Yc 值与 y 值基本一致，表明推断准确；而当 Yc 值与 y 值相差甚远时，表明推断不准确。显而易见，将一系列 YC 与 y 加以比较，可以发现其中存在一系列离差（$y{-}Yc$），其中有的为正离差，有的为负离差。回归方程的代表性如何，一般是通过估计标准误差指标来加以检验的。那么，什么是估计标准误差呢？

估计标准误差是用来说明回归方程代表性大小的统计指标。它是以回归直线为中心反映各观察值与估计值平均数之间离差程度的大小，从另一方面看，也就是反映着估计值平均数 y_c 的代表性的可靠程度，其计算原理与标准差基本相同，计算公式如下。

估计标准误差的计算有两种方法。

$$S_{yx} = \sqrt{\frac{\sum (y - y_c)^2}{n}}$$

公式中 S_{yx} 代表估计标准误差，即 x 为自变量，y 为因变量时的估计标准误差。此种方法在计算时运算量比较大的，也比较麻烦，需计算出所有的估计值。

如果已经有了直线回归方程的参数值，可用下面方法计算。

$$S_{yx} = \sqrt{\frac{\sum y^2 - a \sum y - b \sum xy}{n}} \tag{8-4}$$

仍以表 8-3 的资料来说明回归标准误差的计算：

$$S_{yx} = \sqrt{\frac{\sum y^2 - a \sum y - b \sum xy}{n}}$$

$$= \sqrt{\frac{18.8 - 0.214 \times 12.8 - 0.186 \times 85.37}{10}} = \sqrt{\frac{0.18198}{10}} \approx 0.135$$

计算结果表明，时间观察值和理论值的平均误差为 0.135 万元/人。

在相关回归分析中，估计标准误差的作用主要表现在两个方面：一是可以说明以回归直线为中心的所有相关点的离散程度。估计标准误差值越小，则所有观察点越靠近回归直线即关系越密切；反之，则所有观察点离回归直线越远，即越不密切。二是可以说明回归直线的代表性大小。

练习题

一、判断题

1. 回归系数 b 和相关系数 r 都可用来判断现象之间相关的密切程度。（　　　）

2. 若直线回归方程 $y'=170-2.5x$，则变量 x 和 y 之间存在负的相关关系。（　　　）

3. 按直线回归方程 $y'=a+bx$ 配合的直线，是一条具有平均意义的直线。（　　　）

4. 估计标准误差指的是实际值 y 与估计值 y' 的平均误差程度。（　　　）

5. 根据航班正点率（％）与旅客投诉率（次/万名）建立的回归方程为：$y=6.02-0.07x$，其中回归系数为-0.07，表示旅客投诉率与航班正点率之间是低度相关。（　　　）

二、单选题

1. 每一吨铸铁成本（元）依铸铁废品率（1%变动的回归方程为：$y'=56+8x$，这意味着（　　　）。

    A. 废品率每增加 1%，成本每吨增加 64 元

    B. 废品率每增加 1%，成本每吨增加 8%

    C. 废品率每增加 1%，成本每吨增加 8 元

    D. 废品率每增加 1%，则每吨成本为 56 元

2. 若回归直线方程中的回归系数 $b=0$ 时，则相关系数（　　　）。

    A. $r=1$ B. $r=-1$

    C. $r=0$ D. r 无法确定

3. 已知 x 与 y 之间存在负相关关系，指出下列哪个回归方程肯定是错误的（　　　）。

    A. $y'=-20-0.82x$ B. $y'=300-1.82x$

    C. $y'=-150+0.75x$ D. $y'=87-0.32x$

4. 对于有线性相关关系的两变量建立的直线回归方程 $y'=a+bx$ 中，回归系数 b（　　　）。

    A. 可以小于 0   B. 只能是正数

    C. 可以为 0   D. 只能是负数

5. 估计标准误差说明回归直线的代表性，因此（　　　）。

    A. 估计标准误差数值越大，说明回归直线的代表性越大

    B. 估计标准误差数值越大，说明回归直线的代表性越小

    C. 估计标准误差数值越小，说明回归直线的代表性越小

    D. 估计标准误差数值越小，说明回归直线的实用性越小

三、多选题

1. 工人的工资（元）依劳动生产率（千元）的回归方程为：$y'=10+70x$，这意味着（　　　）。

    A. 如果劳动生产率等于 1000 元，则工人工资为 70 元

B. 如果劳动生产率每增加 1000 元，则工人的工资平均提高 70 元

C. 如果劳动生产率每增加 1000 元，则工人工资提高 80 元

D. 如果劳动生产率等于 1000 元，则工人工资为 80 元

E. 如果劳动生产率每下降 1000 元，则工人的工资平均减少 70 元

2. 根据样本资料得产量（万件）与单位产品成本（百元）之间的回归方程为 $y'=920-8x$，这意味着（   ）。

A. 产量与单位成本之间是负相关

B. 产量与单位成本之间是正相关

C. 产量是 1 万件时，单位成本平均为 912 百元

D. 产量每增加 1 万件，单位成本平均增加 8 百元

E. 产量每增加 1 万件，单位成本平均减少 8 百元

3. 指出下列表述哪些肯定是错误的（   ）。

A. $y'=80+5x$ $r=0.6128$

B. $y'=-30+5x$ $r=0.8746$

C. $y'=80-5x$ $r=0.6521$

D. $y'=-30+5x$ $r=-0.8746$

E. $y'=-100-2x$ $r=-1.2011$

4. 回归估计标准差说明（   ）。

A. 自变量与因变量的平均离差   B. 自变量之间的平均离差

C. 回归估计的精确度   D. 回归方程的代表性大小

E. 因变量各实际值与其估计值之间的平均差异

5. 如果两个变量之间完全相关，则以下结论中正确的有（   ）。

A. 相关系数 r 的绝对值等于 1   B. 相关系数 r 等于 0

C. 回归系数 b 大于 0   D. 回归估计标准差 s 等于 1

E. 回归估计标准差 s 等于 0

四、计算题

1. 假设某地区住宅建筑面积与建造碳酸的有关资料如表 8-5 所示。

表 8-5   某地区住宅建筑面积与建造碳酸的有关资料

建筑地编号	建筑面积 x（万平方米）	建造成本 y（万元）
1	4	14
2	2	12
3	3	13
4	5	15
5	4	14
6	5	15

根据上表资料：

（1）建立建筑面积与建造成本的回归方程；

（2）解释回归系数的经济意义；

（3）估计当建筑面积为 4.5 万平方米时，建造成本可能为多少。

2. 根据某地区历年人均收入（元）与商品销售额（万元）资料计算的有关数据如下（x 代表人均收入，y 代表销售额）：

$n=9$ $\qquad$ $\sum y =260$ $\qquad$ $\sum x^2 =34362$ $\qquad$ $\sum xy =16918$ $\qquad$ $\sum x =354$

根据资料：

（1）建立以商品销售额为因变量的直线回归方程，并解释回归系数的意义。

（2）若 2002 年人均收入为 800 元，试计算该年商品销售额。

项目总结

1. 客观现象之间的数量联系存在着两种不同的类型：一种是确定型的函数关系；另一种是非确定型的相关关系。

2. 相关关系可以按不同的标志加以区分：按相关的程度可分为完全相关、不完全相关和不相关；按相关的形式可分为线性相关和曲线性相关；按所研究的变量多少可分为单相关、复相关；按变量之间相关关系的方向分，有正相关和负相关。

3. 相关关系的测定方法：相关表、相关图和相关系数。

相关系数是研究和判断两个现象之间线性相关密切程度大小的一个统计分析指标，通常用 r 来表示。

4. 一元线性回归分析就是对具有线性相关关系的两个变量之间数量变化的一般关系进行测定，研究当给定一个自变量，来观察因变量如何变化，以便进行估计或预测的统计方法。采用最小二乘法进行直线回归方程的建立。

5. 回归估计标准误差是用来说明回归方程代表性大小的统计指标。它是以回归直线为中心反映各观察值与估计值平均数之间离差程度的大小，从另一方面看，也就是反映着估计值平均数 yc 的代表性的可靠程度，其计算原理与标准差基本相同。

技能训练

有十个同类企业的生产性固定资产年平均价值和工业增加值资料如表 8-6 所示。

表 8–6　　　　十个同类企业的生产性固定资产年平均价值和工业增加值资料

企业编号	生产性固定资产价值（元）	工业增加值（万元）
1	318	524
2	910	1019

企业编号	生产性固定资产价值（元）	工业增加值（万元）
3	200	638
4	409	815
5	415	913
6	502	928
7	314	605
8	1210	1516
9	1022	1219
10	1225	1624
合　计	6525	9801

根据资料：

（1）计算相关系数，说明两变量相关的方向和程度；

（2）建立直线回归方程，指出回归系数的经济意义；

（3）计算估计标准误差；

（4）估计当生产性固定资产价值为 1500 元时，工业增加值可能为多少万元。

项目九
Excel 在统计分析中的应用

学习目标

Excel 是美国微软公司的 Office 办公软件中的一个组件，Excel 操作简单，具有较强的统计功能，是统计工作常用的工具。本任务的主要学习目标是：

- 掌握用 Excel 数据分析程序的安装
- 掌握用 Excel 整理统计数据
- 掌握用 Excel 计算描述统计量
- 掌握用 Excel 进行相关分析与回归分析
- 掌握用 Excel 进行时间数列分析

案例导入

表 9-1　　　　　　　　　　某班英语考试成绩

学号	听力分数	阅读分数	写作分数	综合测试分数	总分
1	13	30	28	11	82
2	15	33	26	11	85
3	11	33	24	10	78
4	9	32	27	7	75
5	13	33	24	10	80
6	10	33	29	10	82
7	14	34	23	11	82
8	9	27	17	7	60
9	15	32	24	8	79
10	12	32	22	9	75
11	15	34	22	10	81
12	12	31	20	9	72

续表

学号	听力分数	阅读分数	写作分数	综合测试分数	总分
13	11	33	28	11	83
14	9	31	18	6	64
15	12	34	27	8	81
16	12	32	20	8	72
17	14	33	24	10	81
18	13	34	18	9	74
19	15	32	24	12	83
20	11	28	17	8	64
21	10	33	18	9	70
22	6	27	13	4	50
23	14	31	26	11	82
24	13	33	20	11	77
25	13	34	24	11	82
26	14	34	25	13	86
27	8	33	16	6	63
28	11	31	26	10	78
29	12	28	18	5	63
30	13	30	19	11	73
31	14	34	26	12	86
32	9	32	20	8	69
33	13	32	21	14	80
34	9	32	21	10	72
35	10	27	12	4	53
36	11	28	22	10	71
37	12	29	18	9	68

如表 9-1 所示，某班英语老师想对该班的成绩进行统计分析，那么 Excel 是一个很好的工具。

9.1 Excel 数据分析程序的安装

本任务内容基于 Excel 2003 版本进行介绍。

Excel 的数据处理除了提供了很多的函数外，另外还有个功能就是数据分析，但这个工具必须加载相应的宏后才能使用。

操作步骤：

第1步：选择"工具"下拉菜单，执行"加载宏"命令。

第2步：在弹出的"加载宏"的对话框中选择"分析工具库"复选框，单击"确定"按钮（见图9-1），即可安装好"分析工具库"插件。安装完成后，在"工具"菜单栏中就出现了一个"数据分析"的命令，如图9-2所示。

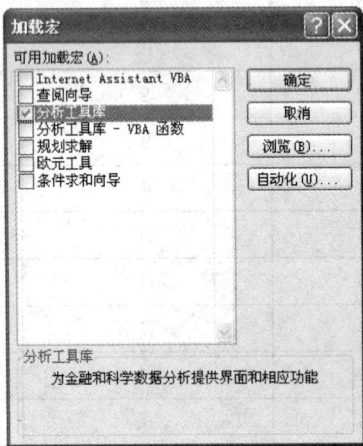

图9-1　加载分析库工具库的界面

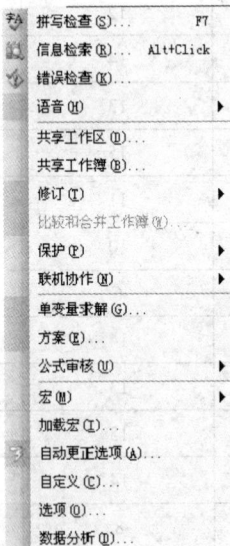

图9-2　加载分析工具库后"工具"菜单

第3步：选择"数据分析"命令，打开"分析工具库"对话框（见图9-3），就可以见到统计中常用的数据分析模块，如相关系数、描述统计、回归、抽样等功能。

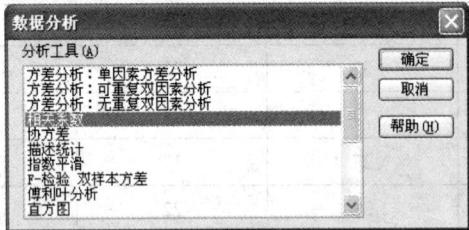

图9-3　数据分析对话框

9.2 | 用 Excel 整理统计数据

本节主要讲述利用"数据分析"中的"直方图"的模块进行数据整理。

【例9-1】某地电信公司下属40个分公司的业务收入计划完成百分比资料如下：

97、123、119、112、113、117、105、107、120、107、125、142、

103、115、119、88、115、158、146、126、108、110、137、136、

108、127、118、87、114、105、117、124、129、138、100、103、

92、95、127、104

（1）据此编制分布数列（提示：业务收入计划完成百分比是连续变量）；

（2）计算向上累计频数（率）；

（3）画出次数分布直方图。

操作步骤：

第 1 步：打开 Excel 界面，在"A1"单元格输入"业务收入计划"，并从上到下依此在"A 列"输入 40 个分公司的数据。根据实际的需要可以将数据分成若干个组，可以将"B1"单元格输入"各组上限"，本例中的 8 个组的上限分别为 90，100，110，120，130，140，150，160。请注意，Excel 在统计各组频数时，是按"各组上限包含在本组内"的原则处理的。

第 2 步：选择"工具"下拉菜单，选择"数据分析"。

第 3 步：在分析工具中选择"直方图"，如图 9-4 所示。

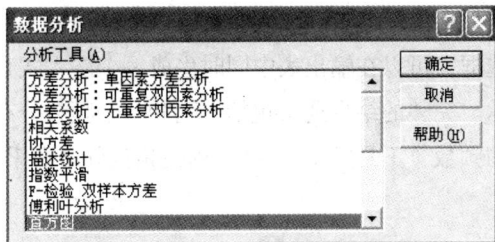

图 9-4 "数据分析"对话框

第 4 步：当出现"直方图"对话框时，在"输入区域"方框内键入A1：A41（"$"符号起到固定单元格坐标的作用，表示绝对引用地址），40 个数据已输入该区域内（如果是分组排列的，就应选择整个矩形区域）。在"接收区域"方框内键入B1：B9，因为在"输入区域"和"接收区域"都包含了标志，所以勾选"标志"复选框。在"输出区域"方框内键入D1。对话框中，勾选"累积百分率"、"图表输出"复选框，如图 9-5 所示。最后单击"确定"按钮，就可得到结果。

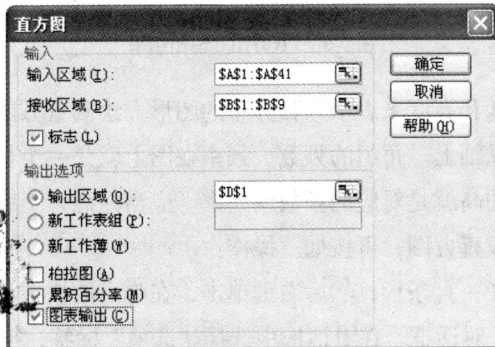

图 9-5 "直方图"对话框

对话框内主要选项的含义如下。

输入区域：在此输入待分析数据区域的单元格范围。

接收区域（可选）：在此输入接收区域的单元格范围，该区域应包含一组可选的用来计算频数的边界值。这些值应当按升序排列。只要存在的话，Excel 将统计在各个相邻边界值之间的数据出现的次数。如果省略此处的接收区域，Excel 将在数据组的最小值和最大值之间创建一组平滑分布的接收区间。

标志：如果输入区域的第一行或第一列中包含标志项，则选中此复选框；如果输入区域没有标志项，则清除该复选框，Excel 将在输出表中生成适宜的数据标志。

输出区域：在此输入计算结果显示的单元格地址。如果不输入具体位置将覆盖已有的数据，Excel 会自动确定输出区域的大小并显示信息。

柏拉图：选中此复选框，可以在输出表中同时显示按升序、降序排列频率数据。如果此复选框被清除，Excel 将只按升序来排列数据。

累积百分比：选中此复选框，可以在输出结果中添加一列累积百分比数值，并同时在直方图表中添加累积百分比折线。如果清除此选项，则会省略以上结果。

图表输出：选中此复选框，可以在输出表中同时生成一个嵌入式直方图表。

有关结果如图 9-6 所示。完整的结果通常包括三列和一个频数分布图，第一列是数值的区间范围，第二列是数值分布的频数（不是频率），第三列是频数分布的累积百分比。

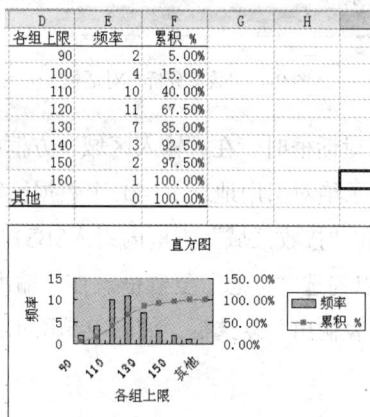

图 9-6 "直方图"输出结果

直方图是用矩形的宽度和高度来表示频数分布的图形。绘制直方图时，将所研究的变量放在横轴上，频数、频率放在纵轴上。每组的频数、频率在图上就是一个长方形，长方形的底在横轴上，宽度是组距，长方形的高就是对应的频数或频率。应当注意，上图实际上是一个条形图，而不是直方图，若要把它变成直方图，可按如下操作：

用鼠标左键单击图中任一直条形，然后右键单击，在弹出的快捷菜单中选取"数据系列"格式，弹出"数据系列格式"对话框。在对话框中选择"选项"标签，把"分类间距"宽度改为0，如图 9-7 所示。按确定后即可得到直方图，如图 9-8 所示。

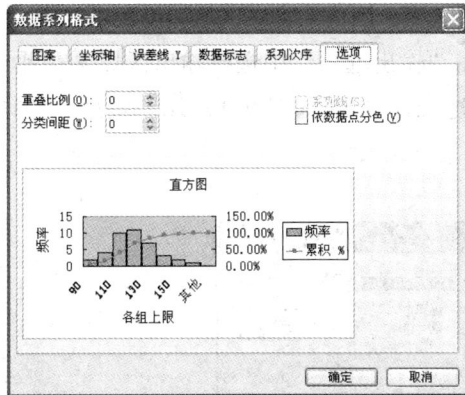

图 9-7 "数据系列格式"对话框之"选项"标签

直方图

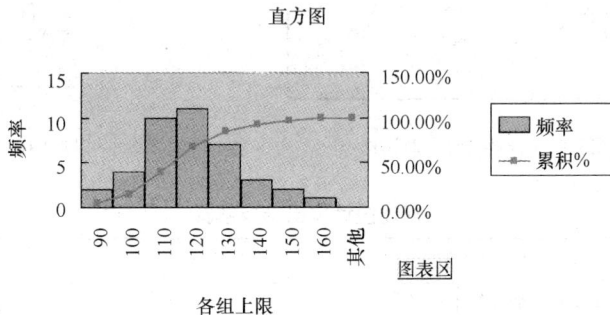

图 9-8 最后的"直方图"

9.3 | 用 Excel 计算描述统计量

我们学习了平均指标，也掌握了测定数据的集中趋势和离散程度的常用统计量，下面将利用 Excel 中的"数据分析"功能来计算这些统计量。

【例 9-2】利用 Excel 中的"数据分析"功能，对某班 50 名学生某课程的考试成绩进行描述统计分析：

82 74 79 75 93 93 86 75 86 80 82 79 77 80 75 81 79 80 73 76
86 75 92 81 81 87 91 79 75 86 77 92 78 93 85 83 84 80 78 70 83
81 75 80 60 73 81 77 81 79

操作步骤：

第 1 步：打开 Excel 界面，在"A1"单元格输入"成绩"，并从上到下依次在"A 列"输入 50 个学生的成绩。

第 2 步：选择"工具"下拉菜单，再选择"数据分析"选项。

第 3 步：在分析工具中选择"描述统计"。

第 4 步：当出现对话框时，在"输入区域"方框内键入 A1：A51（或用鼠标选择这区域），

"分组方式"选择"逐列"单选框，因为"输入区域"包含了"成绩"这个标志，所以勾选"标志位于第一行"复选框，在"输出选项"中选择输出区域（在此选择D1），再选择"汇总统计"（该选项给出全部描述统计量），如图 9-9 所示。最后，选择确定。输出结果如图 9-10所示。

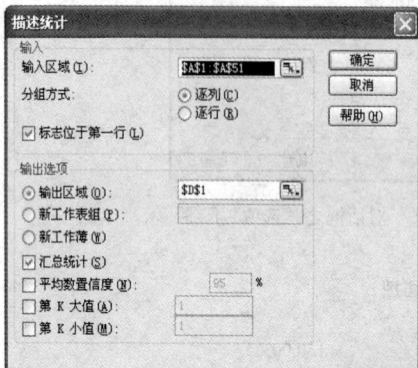

图 9-9 "描述统计"对话框

图 9-10 输出结果

表 9-2　　　　　　　　　　　　　描述统计输出结果解释

平均（算术平均值）	80.56
标准误差（抽样标准误差）	0.904934
中值（中位数）	80
模式（众数）	75
标准偏差（样本标准差）	6.398852
样本方差（方差）	40.94531
峰值（峰度系数）	1.348912
偏斜度（偏度系数）	-0.10933
区域（极差或全距）	33
最小值（第 K 个最小值）	60
最大值（第 K 个最大值）	93
求和（标志值总和）	4028
计数（总频数）	50

9.4 | 用 Excel 进行相关分析和回归分析

9.4.1　用 Excel 进行相关分析

相关分析可用于判断两组数据之间的关系。我们可以使用"相关分析"来确定两个区域中数据的变化是否相关。用 Excel 进行相关分析有两种方法，一是利用相关系数函数计算，如"CORREL 函数"和"PERSON 函数"；另一种是利用"数据分析"功能相关分析宏计算。这里主要介绍后者。

【例 9-3】2002 年至 2011 年中国人均 GDP 和人均消费金额资料（见表 9-3），计算相关系数。

表 9-3　　　　　　　　　2002 年~2011 年中国人均 GDP 和人均消费金额

年份	人均 GDP（元）	人均消费金额（元）
2002	9398	4144
2003	10542	4475
2004	12336	5032
2005	14185	5596
2006	16500	6299
2007	20169	7310
2008	23708	8430
2009	25608	9283
2010	30015	10522
2011	35181	12272

资料来源：2012 年中国统计年鉴

操作步骤如下

将数据输入工作表，如图 9-11 所示，然后按如下步骤操作。

第 1 步：选择"工具"下拉菜单，再选择"数据分析"选项。

第 2 步：在分析工具中选择"相关系数"。

第 3 步：当出现对话框时，在"输入区域"方框内键入 A1：B11，勾选"标志位于第一行"复选框，在"输出选项"中选择输出区域选择"新工作表组"。如图 9-12 所示，单击"确定"按钮。

图 9-11　输入数据

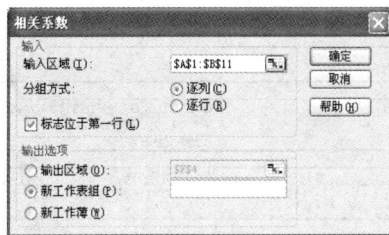

图 9-12　"相关系数"对话框

根据上述步骤计算的相关系数矩阵如图 9-13 所示。表中得出了两个变量之间的相关系数，"人均 GDP（元）"与"人均消费金额（元）"的相关系数为 0.999455724，属于高度正相关。

图 9-13　"相关系数"输出结果

9.4.2 用 Excel 进行回归分析

根据 9.4.1 中的表 9-2 中的资料，编制"人均消费金额"关于"人均 GDP"一元线性回归方程。操作步骤如下。

第 1 步：选择"工具"下拉菜单，选择"数据分析"选项。

第 2 步：在分析工具中选择"回归"。

第 3 步：当出现对话框时，在"Y 值输入区域"方框内键入 B2：B11，在"X 值输入区域"方框内键入 A2：A11，在"输出选项"中选择"新工作表"，如图 9-14 所示。单击"确定"按钮。得到图 9-15 所示的结果。

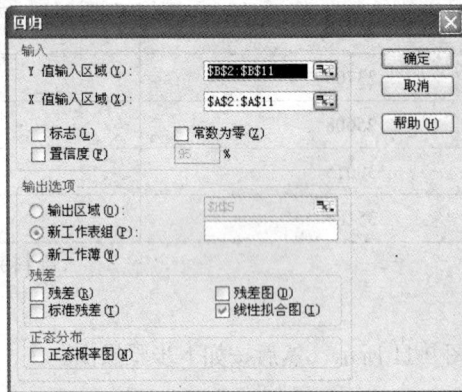

图 9-14 "回归"对话框

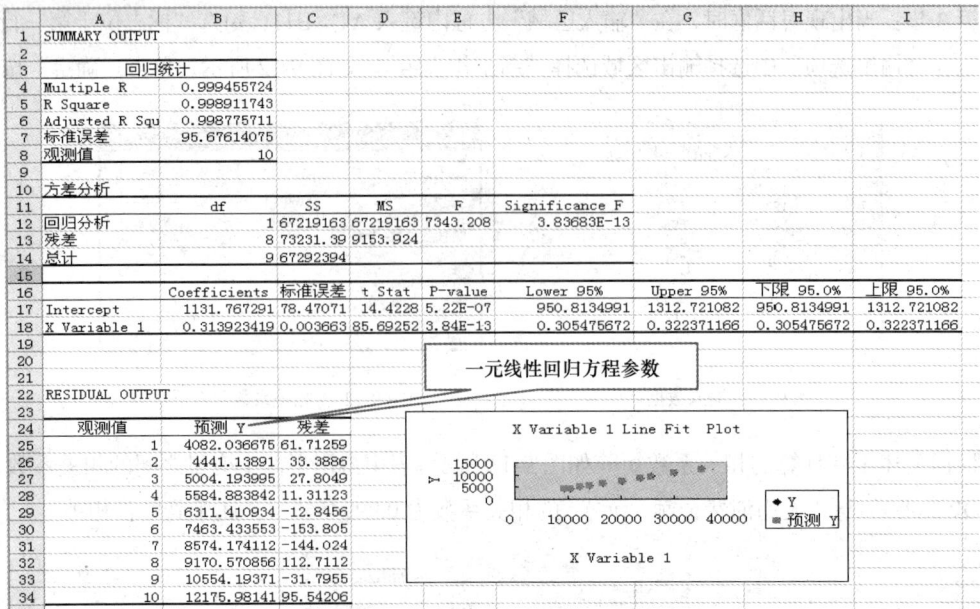

图 9-15 "回归"输出结果

所以，该例题中得到的一元线性回归方程为：$\hat{y} = 1131.767 + 0.313923x$。

9.5 | 用 Excel 进行时间数列分析

9.5.1 用移动平均法进行预测

根据 9.4.1 中的表 9-3 中的资料，利用 Excel 对其进行三项移动平均。

操作步骤如下。

第 1 步：将原始数据录入 Excel 表格中，如图 9-16 所示。

第 2 步：选择"工具"下拉菜单，选择"数据分析"选项。

第 3 步：在分析工具中选择"移动平均"。

第 4 步：弹出移动平均对话框，相应做如下输入，即可得到如附图 9-3 所示的对话框。在"输入区域"内输入："B2：B11"，即原始数据所在的单元格区域。在"间隔"内输入："3"，表示使用三步移动平均法。在"输出区域"内输入："C1"，即将输出区域的左上角单元格定义为 C1。选择"图表输出"复选框和"标准误差"复选框。

图 9-16　录入数据

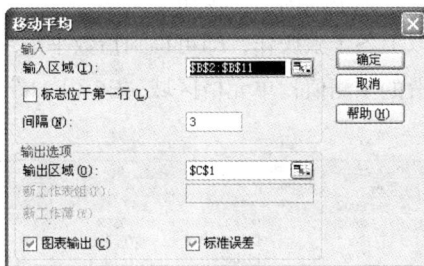

图 9-17　"移动平均"对话框

第 5 步：单击"确定"按钮。

便可得到移动平均结果，如图 9-18 所示。

分析：在附图 9-18 中，"C3：C10"对应的数据即为三步移动平均的预测值；单元格区域"D5：D10"即为标准误差。

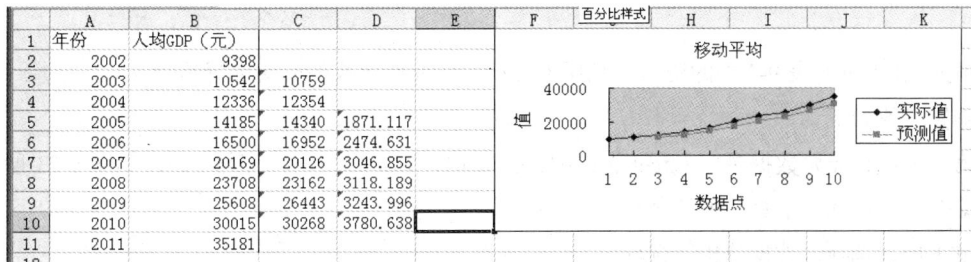

图 9-18　"移动平均"输出结果

9.5.2　用指数平滑法进行预测

根据 9.4.1 中的表 9-3 中的资料，利用 Excel 对其进行指数平滑法进行预测。

操作步骤如下。

第 1 步：将原始数据录入 Excel 表格中，如图 9-16 所示。

第 2 步：选择"工具"下拉菜单。

第 3 步：选择"数据分析"选项。

第 4 步：在分析工具中选择"指数平滑"，单击"确定"按钮。

第 5 步：在弹出"指数平滑"对话框，作相应输入，即可得到如图 9-19 所示的对话框。在"输入区域"内输入："B2：B11"，即原始数据所在的单元格区域。在"阻尼系数"内输入："0.5"（阻尼系数=1-平滑系数=1-0.5=0.5）。在"输出区域"内输入："D2"，即将输出区域的左上角单元格定义为D2。选择"图表输出"复选框和"标准误差"复选框。

第 6 步：单击"确定"按钮。

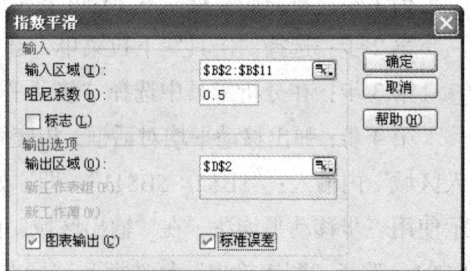

图 9-19　"指数平滑"对话框

经过以上各步骤操作，即可得到指数平滑结果，如图 9-20 所示。"C3：C12"对应的数据即为指数平滑的预测值；单元格区域"E6：E11"即为标准误差。

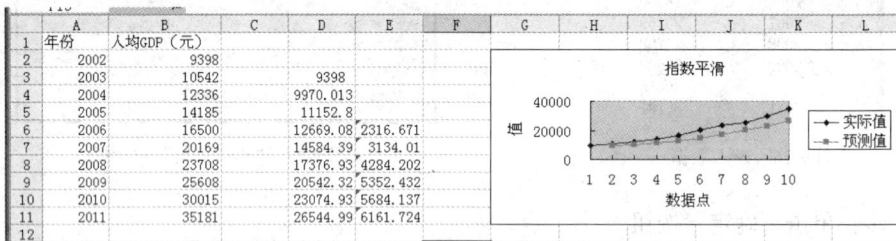

图 9-20　指数平滑结果

9.5.3　用回归法进行预测

根据 9.4.1 中的表 9-3 中的资料，利用 Excel 对其进行指数平滑法进行预测。

操作步骤如下。

第 1 步：将原始数据录入 Excel 表格中，为简化计算，设置时间序号 t 列，如图 9-21 所示。

第 2 步：选择"工具"下拉菜单。

第 3 步：选择"数据分析"选项。

第 4 步：在分析工具中选择"回归"，单击"确定"按钮。

第 5 步：当出现对话框时，在"Y 值输入区域"方框内输入："B2：B11"，在"X 值输入区域"方框内输入："C2：C11"，在"输出选项"中选择"输出区域"，"输出区域"方框中输入："E1"，勾选"线性拟合图"复选框，如图 9-22 所示。单击"确定"按钮，得到回归分析结果和线性拟合图，如图 9-23 所示。

第 6 步：在线性拟合图的任意数据点上右击，在弹出的菜单中执行"添加趋势线"命令，弹出"添加趋势线"对话框。在该对话框的"类型"选项卡中选择"线性"趋势预测/回归分析类型，在"选择数据系列"中选择"Y"，如图 9-24 所示。切换到"选项"选项卡，勾选"显示公式"、"显示 R 平方值"复选框，如图 9-25 所示。

	A	B	C
1	年份	人均GDP（元）	时间序号t
2	2002	9398	1
3	2003	10542	2
4	2004	12336	3
5	2005	14185	4
6	2006	16500	5
7	2007	20169	6
8	2008	23708	7
9	2009	25608	8
10	2010	30015	9
11	2011	35181	10

图 9-21　输入原始数据

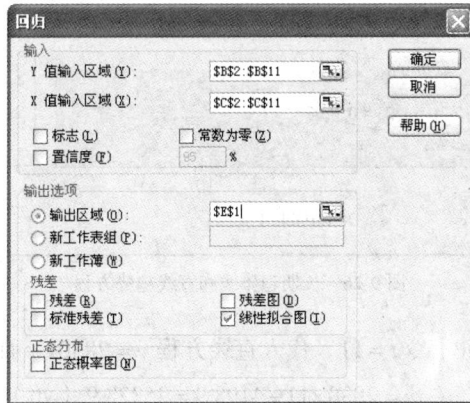

图 9-22　"回归"对话框

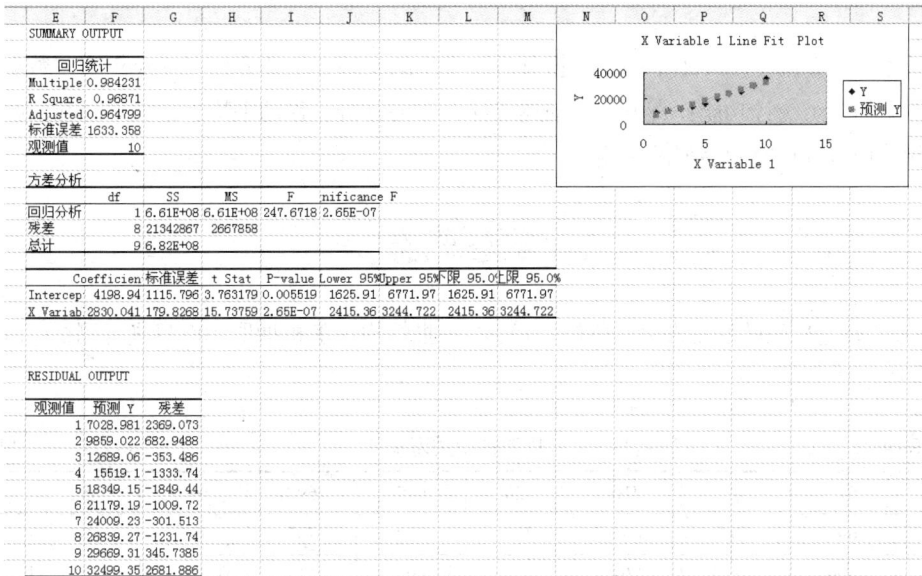

图 9-23　回归分析结果和线性拟合图

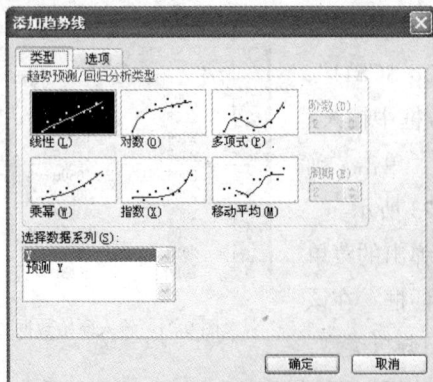

图 9-24 "类型"选项卡设置   图 9-25 "选项"选项卡设置

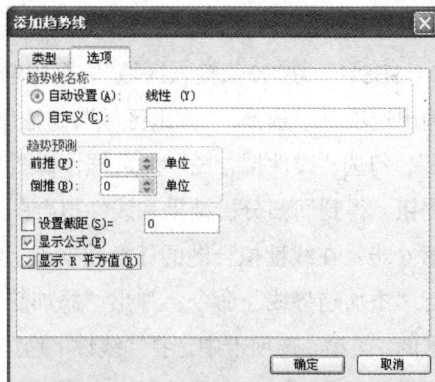

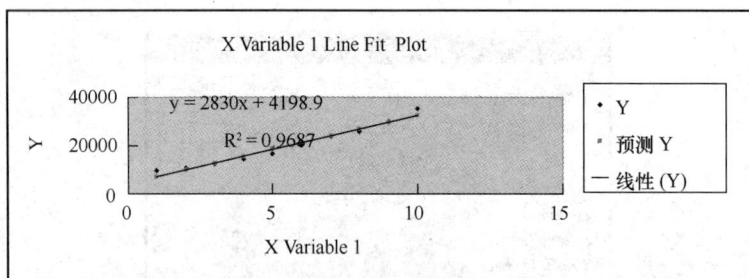

图 9-26 长期趋势线和直线趋势方程

预测 2012 年的人均 GDP，令 $t=11$，代入直线方程 $y=2830x+4198.9$，可得：

$$y=2830\times11+4198.9=35328.9（元）$$

项目总结

本任务首先介绍了 Excel 中的"数据分析"模块的安装，主要介绍了 Excel 中"数据分析"模块的常见的几个统计功能：直方图、描述统计、相关分析、移动平均、指数平滑和回归。并利用"回归"功能进行时间序列的预测。

技能训练

1. 为了确定灯泡的使用寿命（单位：h），在一批灯泡中随机抽取 100 只进行测试，所得结果如表 9-4 所示。

表 9-4   灯泡的使用寿命   单位：h

720	613	695	716	720	677	698	690	684	696
717	692	697	664	708	712	707	725	677	716
666	696	729	708	701	693	713	699	691	694
747	697	712	673	700	713	695	692	722	717

续表

741	652	683	659	686	709	710	692	691	707
699	701	674	699	734	678	704	697	677	711
714	748	701	667	662	693	685	706	708	736
697	711	709	678	685	697	719	720	703	667
699	723	729	705	695	693	690	713	695	691
673	699	702	731	714	693	695	739	721	667
729	718	721	680	696	746	688	703	728	702

（1）据此编制分布数列；

（2）计算向上累计频数（率）；

（3）画出次数分布直方图。

2. 随机抽取 25 个网络用户，得到他们的年龄数据如下（单位为岁）：

19 15 29 25 24 23 21 38 22 18 30 20 19 19 16 23

27 22 34 24 41 20 31 17 23

利用 Excel 进行描述统计分析。

3. 随机抽取 10 家航空公司，对其最近一年的航班正点率和顾客投诉次数进行了调查，所得数据如表 9-5 所示。

表 9-5　　　　　　　　　　　　航班正点率和顾客投诉次数资料

航空公司编号	航班正点率（%）	投诉次数（次）
1	81.8	21
2	76.6	58
3	76.6	85
4	75.7	68
5	73.8	74
6	72.2	93
7	71.2	72
8	70.8	122
9	91.4	18
10	68.5	125

利用 Excel 完成以下要求：

（1）计算航班正点率和投诉次数之间的相关系数。

（2）用航班正点率作自变量，顾客投诉次数作因变量，求出一元线性回归方程。

4. 已知某企业 2003～2012 年产品销售额如表 9-6 所示。试利用 Excel 建立一元线性回归方程，并预测 2013 年销售额。

表 9-6　　　　　　　　某企业 2003～2012 年产品销售额资料　　　　　　　　单位：万元

年份	2003	2004	2005	2006	2007	2008	2009	2010	2011	2012
销售额	100	119	125	135	147	159	167	179	195	215

参考文献

［1］贾俊平，何晓群，金勇进. 统计学. 北京：中国人民大学出版社，2007。

［2］李洁明，祁新娥. 统计学原理. 上海：复旦大学出版社，2006。

［3］栗方忠. 统计学原理. 大连：东北财经大学出版社，2001。

［4］李卉妍等. 统计学. 北京：电子工业出版社，2007。

［5］孙允午. 统计学. 上海：上海财经大学出版社，2006。

［6］贾怀勤等. 应用统计. 北京：对外经贸大学出版社，2005。

［7］曾五一. 统计学. 北京：中国金融出版社，2006。

［8］刘春英. 应用统计. 北京：清华大学出版社，2006。

［9］周后红，邵坤. 统计学原理与实务. 北京：中国建材出版社，2011。

［10］梁俊平，施燕萍. 统计学原理. 3 版. 北京：电子工业出版社，2009。

［11］刘荣华等. 统计学原理. 北京：立信会计出版社，2012。

［12］［美］戴维·安德森，丹尼斯·斯威尼，托马斯·威廉斯. 商务与经济统计. 北京：机械工业出版社，2004。